中等职业教育"十一五"规划教材

中职中专金融类教材系列

金 融 基 础

张 杰 主 编

李 颖 副主编

科学出版社

北 京

内 容 简 介

本书较全面地叙述了货币、金融的产生与发展、职能及作用,金融市场、金融体系及其运行机制等金融基础知识;分为金融概述、货币与货币制度、信用与利率、金融市场、金融体系及金融机构、商业银行、中央银行、货币供求与经济、国际金融、网络银行及金融安全等 10 章,重点介绍了货币基本常识,金融市场的构成,金融机构的基本框架,商业银行和中央银行基本情况、业务、管理等内容。

本书可作为中等职业学校金融事务专业教学用书,也可作为财经类专业的教学参考用书,还可作为金融企业人员的技术培训用书。

图书在版编目(CIP)数据

金融基础/张杰主编. —北京:科学出版社,2009
(中等职业教育"十一五"规划教材·中职中专金融类教材系列)
ISBN 978-7-03-024033-0

Ⅰ.金… Ⅱ.张… Ⅲ.金融学-专业学校-教材 Ⅳ.F830

中国版本图书馆 CIP 数据核字(2009)第 020661 号

责任编辑:李 娜 / 责任校对:刘彦妮
责任印制:吕春珉 / 封面设计:耕者设计工作室

科 学 出 版 社 出版
北京东黄城根北街 16 号
邮政编码:100717
http://www.sciencep.com
新科印刷有限公司 印刷
科学出版社发行 各地新华书店经销
*
2009年3月第 一 版 开本:787×1092 1/16
2019年8月第六次印刷 印张:20 3/4
字数:400 000
定价:49.00元
(如有印装质量问题,我社负责调换〈新科〉)
销售部电话:010-62134988 编辑部电话:010-62137374(SF02)

序

培养既具有可持续发展能力，又具有初步职业技能，在金融事务第一线岗位从事服务工作的应用型人才，是中等职业学校金融类专业的培养目标。围绕这一目标，我们按照"依据职业能力需求，围绕岗位业务流程，遵循职业生涯发展规律"的课程构建思路，编写了这套金融教材系列。

本教材系列包括金融基础、经济法基础、财政与税收、银行柜面技能实训、银行柜面业务处理、银行前台综合业务实训等课程，内容涵盖"通用能力"、"专业技能"和"拓展能力"三个课程模块，与目前各中职学校普遍实施的模块化课程体系相适应，把知识传授和能力培养紧密结合起来，增强课程的灵活性、适应性和实践性。

本系列教材有以下几个特点：

1. 围绕金融职业能力需求设计内容

以市场为导向，结合中等职业学校专业课程教学实际，在内容的编排上打破传统的学科体系及学科之间的界限，围绕能满足就业基本需要的理论知识和实践技能来优化教学内容。

2. 突出实训为主要教学手段

以银行、证券、保险等金融行业第一线岗位的技能需求为指导，从单项技能的训练到综合业务流程的实践，将金融事务的实训贯穿教学过程的始终。改变以往的金融理论为主导的金融教材，围绕技能核心，让学生在实训中掌握理论知识，真正提高学生的动手能力。

3. 形式灵活便于操作

考虑到各中职学校金融类专业侧重点不同，本教材系列既自成体系又可独立成篇，方便广大教师选用。在各教学模块的设计上以任务式教学为主要方法，通过实用性强的任务设计和灵活多样的版式编排，着力提高学生的学习兴趣。

全国多所财经类中等职业学校教学经验丰富的金融专业教师，以高度负责的态度共同参与了这套教材的编写。可以说，每本教材都是作者多年教学经验的总结。我们相信，本套金融教材

一定能使我国中等职业技术学校从事金融职业教育的老师得到
启发和帮助。

韩涌波

2008 年 6 月

前　　言

近年来，中国金融市场发生了巨大变化，金融作为"现代经济的核心"，在经济发展中发挥着重要作用，随着中国经济体制、教育体制改革的不断深化，中等职业学校财经类专业教学方式的改革已成为教育教学改革的重要课题，"金融基础"这一课程正是适应这一要求而推出的。"金融基础"是中等职业学校金融、经济和管理专业的一门主干专业课程。其任务是使学生掌握必需的金融常识，使学生具有从事金融类工作所必需的金融基础知识，初步形成认识、理解、分析一些金融实际问题的能力，培养学生的职业素养，为提高学生综合素质，从事金融工作时增强适应职业变化的能力和继续学习的能力打下一定的基础。

通过本课程的学习，学生能够了解货币、金融的起源，理解货币的职能；理解信用的产生和发展、信用的形式和信用工具的使用，了解金融市场的作用及其在市场经济条件下金融市场运行机制及各主体行为规律；阐述金融市场的组织架构，掌握中央银行、商业银行、保险公司、信托投资机构等金融机构、非金融机构的性质、职能及业务内容；了解货币理论、金融改革、网络金融等；理解金融业在国民经济中的地位、作用，为学习金融实务专业做好专业基础知识准备。

本教材可作为金融、经济和管理各专业中等职业学校学生的必修课教材或参考书，也可作为其他各专业的公共选修课教材。此外，本书还可供对金融市场有兴趣的读者参阅。

本教材以提高学生综合素质和职业能力为目的，突出其综合性和实践性。为更好地促进知识内容的更新，编者结合多年的教学经验和教学改革的需要，对内容和形式做了独特的设计。本书具有以下特色。

1）注重其实践性。与实际工作的联系更加紧密，学生毕业后能更快地进入工作角色。

2）体现以能力为本位。以培养学生综合素质为主线，提高学生分析问题和解决问题的能力。

3）符合时代特色。融入了国内外专家、学者在这一领域最新的研究成果和作者在这一领域的教学科研成果，吸收了一些新的案例；突出金融新知识，反映金融动态和新的成果，吸收当前金融新技术、新方法的要求，具有高度前瞻性。

4）语言通俗易懂，以案例导入，提高学生的学习兴趣。

本教材建议学时为 72 课时，其中授课 68 课时，机动 4 课时，具体分配建议见下表。

课时分配表

章　　次	课程内容	讲授课时
第一章	金融概述	4
第二章	货币与货币制度	8
第三章	信用与利率	10
第四章	金融市场	6
第五章	金融体系及金融机构	10
第六章	商业银行	8
第七章	中央银行	8
第八章	货币供求与经济	6
第九章	国际金融	6
第十章	网络银行及金融安全	2
机　　动		4
合　　计		72

本书由沈阳金融学校张杰提出编写大纲并统稿。具体分工如下：第一、十章由沈阳金融学校王哲编写；第二、三章由张杰和延边财经学校胡艳编写；第四、七章由沈阳金融学校李颖编写；第五、六章由张杰编写；第八、九章由锦州财经学校廉玉昆和黄显明编写。

由于作者水平有限，书中不妥之处在所难免，恳请读者批评指正。

目 录

第一章

金融概述

本章导读

随着金融全球化浪潮的迅猛推进，国际间资本流通的速度不断加快，金融业越来越受到各国政府的普遍重视，金融业的地位被确立为"百业之首"。与此同时，随着我国金融体制改革的不断深化，金融业在我国经济生活中的地位日趋重要。

本章引例

金融在《辞源》中的释文是："今谓金钱之融通状态曰金融。"这一释义基本上奠定了我国对于金融的解释，通俗易懂，流传至今。现代意义上的"金融"是指货币流通和信用活动以及与之相联系的经济活动的总称。

关键词

金融　金融特征　现代金融范围

解析

金融并不神秘，从现代角度来讲，与货币有关的一切活动，都与金融有关。

第一节　现代金融的基本概念

一、金融的概念及发展

所谓金融，简而言之就是资金的融通，即研究钱与钱之间的关系。"金融"从字面上解释为"资金融通"的意思。广义的金融泛指一切与信用货币的发行、保管、兑换、结算、融通有关的经济活动，甚至包括金银的买卖；狭义的金融专指信用货币的融通。

（一）金融业的产生

金融业起源于公元前2000年古巴比伦寺庙和公元前6世纪古希腊寺庙的货币保管和收取利息的放款业务。公元前5～公元前3世纪在古希腊雅典和古罗马先后出现了银钱商和类似银行的商业机构。在欧洲，从货币兑换业和金匠业中发展出现代银行。最早出现的银行是意大利威尼斯的银行（1580年）。1694年英国建立了第一家股份制银行——英格兰银行（见图1-1），这为现代金融业的发展确立了最基本的组织形式。此后，各资本主义国家的金融业迅速发展，并对加速资本的积聚和生产的集中起到巨大的推动作用。19世纪末20世纪初，主要资本主义国家进入垄断资本主义阶段。以信用活动为中心的银行垄断与工业垄断资本相互渗透，形成金融资本，控制了资本主义经济的命脉。

（二）我国金融业的产生

中国金融业的起点可追溯到公元前256年以前周代出现的办理赊贷业务的机构，《周礼》称之为"泉府"。南齐时（479～502年）出现了以收取实物作抵押进行放款的机构——"质库"，即后来的当铺，当时由寺院经营，至唐代改由贵族垄断，宋代时出现了民营质库。明朝末期钱庄（北方称银号）曾是金融业的主体，后来又陆续出现了票号、官银钱号等其他金融机构。由于长期的封建统治，现代银行在中国出现较晚。鸦片战争以后，外国银行开始进入中国，最早的是英国丽如银行（1845年）。随后又相继设立了英国的麦加利银行（即渣打银行）和汇丰银行、德国

图1-1 英格兰银行总部

的德华银行、日本的横滨正金银行、法国的东方汇理银行、俄国的华俄道胜银行等。中国人自己创办的第一家银行是1897年成立的中国通商银行。辛亥革命以后，特别是第一次世界大战开始以后，中国银行业开始有较快的发展，银行逐步成为金融业的主体，钱庄、票号等相应退居次要地位，并逐步衰落。中国银行业的发展基本上是与民族资本主义工商业的发展互为推进的。这表明了金融业与工商业之间的紧密联系及其对国民经济的重要影响。

中华人民共和国的金融业始创于革命根据地。最早的金融机构是第一次国内革命战争时期在广东、湖南、江西、湖北等地出现的农村信用合作社，以及1926年12月在湖南衡山柴山洲特区由农民协会创办的柴山洲特区第一农民银行。随着革命战争的发展，各革命根据地纷纷建立起农村信用合作社和银行。1948年12月1日，中国人民银行在河北石家庄市成立。中华人民共和国成立后，各解放区银行逐步并入中国人民银行。人民政府没收了国民党的官僚资本银行,并对私营金融业进行了社会主义改造。在此基础上建立起高度集中统一的国家银行体系。同时,政府在广大农村地区发动和组织农民建立了大批集体性质的农村信用合作社,并使其发挥了国家银行在农村基层机构的作用。高度集中的"大一统"国家银行体系与众多的农村信用合作社相结合是 20 世纪 50~70 年代中国金融业最显著的特点。1979 年起,中国开始对金融业进行体制改革。中国人民银行摆脱了具体的工商信贷业务,开始行使中央银行的职能;国家专业银行逐一成立;保险公司重新成立并大力发展国内外业务;股份制综合性银行和地区性银行开始建立;信托投资机构大量发展;租赁公司、财务公司、城市信用合作社、合作银行、证券公司、证券交易所、资信评估公司、中外合资银行、外资银行等都得到一定程度的发展,形成一个以专业银行为主体,中央银行为核心,各种银行和非银行金融机构并存的现代金融体系。

金融业经过长时间的历史演变,从古代社会比较单一的形式,逐步发展成多种门类的金融机构体系。在现代金融业中,银行占有主导地位。商业银行是现代银行最早和最典型的形式,城市银行、存款银行、实业银行、抵押银行、信托银行、储蓄银行等,虽然都经营金融业务,但是业务性质常有较大差异,而且,金融当局往往对其业务范围有所限制。现代商业银行一般综合经营各种金融业务。大商业银行除在本国设有大量分支机构外,往往在国外也设有分支机构,从而成为世界性的跨国银行。现代大商业银行通常是大垄断财团的金融中心。持股公司已成为当代发达资本主义国家金融业的重要组织形式。与商业银行性质有所不同的是专业银行。专业银行一般由国家(政府)出资或监督经营。其业务特别是信贷业务,大都侧重于某一个或几个行业,并以重点支持某些行业的发展为经营宗旨。中央银行的建立是金融业发展史上的一个里程碑。在现代金融业中,中央银行处于主导地位。中央银行是货币发行银行、政府的银行和银行的银行,负责制定和执行国家的金融政策,调节货币流通和信用活动,一般情况下,也是金融活动的管理与监督机关。除银行外,现代金融业中还包括各种互助合作性金融组织(如合作银行、互助银行、信用合作社或信用组合等)、财务公司(又称商人银行)、贴现公司、保险公司、证券公司、金融咨询公司、专门的储蓄汇兑机构(储金局、邮政储汇局等)、典当业、金银业、金融交易所(证券交易所、黄金交易所、外汇交易市场等）和资信评估公司等。现代金融业的经营手段已实现现代化，电子计算机和自动化服务相当普及。

二、金融的特征

（一）多样性

金融活动的内容和形式以及活动对象呈现多样性的特征。现代金融机构的业务内容大大超出了古代金融机构单一的存、贷、汇兑业务。仅从组织形式划分，就有主要从事一般的货币存储、信贷和汇兑业务的银行类金融机构和专门从事特殊货币业务的证券公司、信托投资公司、财务公司、保险公司及典当行等非银行金融机构。

（二）网络性

现代金融活动已不再是孤立的、互不联系的，在经营区域或经营产品上相互关联、相互影响。现代金融就像一张相互关联的巨大网络，每一独立区域内的一次具体金融活动就是这张巨大网络的一个节点，其活动既受到其他节点的影响和牵制，又或多或少地影响该网络的其他节点。例如，我国每次调整银行利率都会影响债券和股票价格。

现代市场经济中，金融不仅是体现社会经济盛衰的晴雨表，而且其自身的健康与否也会对经济活动产生巨大的反作用。1997年亚洲金融风暴就是从泰国的泰铢贬值开始的，直至影响到整个亚洲的经济发展。这场金融风暴打破了亚洲经济飞速发展的景象，亚洲某些经济大国的经济一片萧条，甚至一些国家的政局一度动荡不安。由此可见，大到国际范围，小到一国或一国内的某一经济领域，现代金融对社会经济的影响是不可忽视的。

三、现代金融的范围

现代金融的范围涉及现代金融活动的各种形式以及金融活动直接涉及的各个方面。按其活动方式划分，包括金融融资和金融投资；按其活动区域划分，包括国内金融和国际金融；按其所涉及的流通市场划分，包括货币市场、证券市场、黄金市场、期货市场和外汇市场。

第二节　金融与经济的关系

一、金融与日常生活

在日常生活中，货币无处不在。家庭与个人从不同的来源取得货币收入，在不同的消费需求中将其支付出去：工人，公务员，文、教、卫、体工作者有货币工资、津贴、奖金等收入；农民有农业经营的收入；个体经营者通过提供服务、推销商品取得货币收入；享受社会保障待遇人员有退休金、各种福利、救济金的收入。日常生活中需要的各种商品必须用货币来购买，需要别人提供服务时也要用货币来支付。学生上学缴纳的学杂费、住宿费、书本费等也要用货币支付，其货币收入来源有父母资助，也有国家的奖学金、助学贷款等。

从企业来看，其生产、销售等活动以及企业发展无时无刻不伴随着货币的收支。

非经营性的机关、团体，其运转和职能的发挥也离不开货币。其日常经费来自于国家各级财政的拨款，这就涉及国家的财政收支。

这些经济活动中，各个经济主体的收支不平衡是经常出现的，当收入大于支出，称为盈余，就可以贷出多余的款额；反之，当支出大于收入，称为赤字，就需要借入货币来弥补资金缺口。盈余与赤字的资金调剂采用一种有偿的借贷方式，即所谓的信用形式。这种货币的债权债务关系突破了借贷双方的直接融资形式，由此促成了银行等金融中介机构的出现。

不仅一国国内到处存在货币的收支，国际间的经济、政治、文化、体育等领域交流以及个人交往也处处存在货币的流通。

二、金融与市场经济

在市场经济中，货币是一般等价物，是流动性、灵活性最强的财富。谁掌握了一定量的货币，谁就掌握了相应财富的支配权，也就掌握了在市场上选择的权利。

西方经济学中，货币被看作是"经济选票"，即社会生产什么产品，要取决于货币取向。形形色色的消费者对商品是购买还是不购买,这就是投不投选票的问题;是愿意出较高的价格还是只愿意出较低的价格,这就是投多少选票的问题。受消费者欢迎的商品,自然畅销,生产厂商获得盈利因而需要扩大再生产;不受消费者欢迎的商品,自然滞销因此生产厂商就被淘汰。所以市场经济的实质是经济民主,消费者有选择的权利,市场竞争的优胜劣汰原则就是在这种投票过程中产生的。

在中国 1979 年以前的计划经济体制中,货币的功能受到了诸多限制,许多时候有钱也买不到东西。当时的生活必需品极度匮乏,于是政府不得不用票证对紧缺的消费品进行配给。以北京为例,不同时期有不同的票证,主要有粮票、油票、布票、工业券,还有粮本、副食本等。但票证制会产生恶性循环,没有一个国家能靠票证配给制度成功渡过紧缺难关。票证限制了人们选择的自由,给人们生活带来很大的不便,又不可能从本质上解决资源短缺的问题。解决问题的真正方法只有进行体制改革,改革开放的过程就是从计划经济向市场经济过渡的过程,是逐步取消票证、配额的过程,也是对货币功能限制的解除过程。在市场经济中,资源配置主要是通过市场,在价格调控下达到供求平衡,以达到对资源的高效利用。

三、货币与财富

货币在生活中有多层含义。在经济学家看来,货币是作为购买手段并能清偿债务的支付工具。货币不仅仅指现金钞票,还包括各种储蓄存款。

在商品生产中,作为一般等价物的货币的确成为社会财富的一般性代表。但货币并不等于社会财富本身,至多只是社会财富的一部分。古话讲"珠玉金银,饥不可食,寒不可衣"。

总之,货币与每个人的工作、生活息息相关,无论是领取报酬、购物、储蓄,或者是贷款、还债,都离不开货币。货币与国家的国民经济更是密切相连,货币和货币供应量是国家进行宏观调控的重要手段之一。经济学家经常密切关注货币供应量与国民经济是否是同步起伏的周期循环,当货币供应量过大时,就会导致通货膨胀。通货膨胀既扩大供求矛盾,又扰乱经济秩序。如果发生通货膨胀,金融调控部门就会根据总的政策目标和实际的经济状况,运用各种货币政策工具进行调控。

案例分析

1997 年亚洲金融危机

金融危机又称金融风暴，是指一个国家或几个国家与地区的全部或大部分金融指标（如短期利率、货币资产、证券、房地产、土地（价格）、商业破产数和金融机构倒闭数）的急剧、短暂和超周期的恶化。其特征是人们基于经济未来将更加悲观的预期，整个区域内货币币值出现幅度较大的贬值，经济总量与经济规模出现较大的损失，经济增长受到打击。往往伴随着企业大量倒闭，失业率提高，社会普遍的经济萧条，甚至有些时候伴随着社会动荡或国家政治层面的动荡。

一、1997 年亚洲金融危机概况

1997 年 6 月，一场金融危机在亚洲爆发，这场危机的发展过程十分复杂。到 1998 年 12 月，大体上可以分为 3 个阶段：1997 年 6～12 月；1998 年 1～7 月；1998 年 7～12 月。

第一阶段：1997 年 7 月 2 日，泰国宣布放弃固定汇率制，实行浮动汇率制，引发了一场遍及东南亚的金融风暴。当天，泰铢对美元汇率下降了 17%，外汇及其他金融市场一片混乱。在泰铢波动的影响下，菲律宾比索、印度尼西亚盾、马来西亚林吉特相继成为国际炒家的攻击对象。8 月，马来西亚放弃保卫林吉特的努力。一向坚挺的新加坡元也受到冲击。印尼虽是受"传染"最晚的国家，但受到的冲击最为严重。10 月下旬，国际炒家移师国际金融中心中国香港，矛头直指香港联系汇率制。台湾当局突然弃守新台币汇率，一天贬值 3.46%，加大了对港币和香港股市的压力。10 月 23 日，香港恒生指数大跌 1 211.47 点；28 日，下跌 1 621.80 点，跌破 9 000 点大关。面对国际金融炒家的猛烈进攻，香港特区政府重申不会改变现行汇率制度，恒生指数上扬，再上万点大关。接着，11 月中旬，韩国也爆发金融风暴，17 日，韩元对美元汇率跌至创纪录的 1 008∶1。21 日，韩国政府不得不向国际货币基金组织求援，暂时控制了危机。但到了 12 月 13 日，韩元对美元汇率又降至 1 737.60∶1。韩元危机也冲击了在韩国有大量投资的日本金融业。1997 年下半年，日本的一系列银行和证券公司相继破产。于是，东南亚金融风暴演变为亚洲金融危机。

第二阶段：1998 年初，印度尼西亚金融风暴再起，面对有史以来最严重的经济衰退，国际货币基金组织为印尼开出的药方未

能取得预期效果。2月11日,印尼政府宣布将实行印尼盾与美元保持固定汇率的联系汇率制,以稳定印尼盾。此举遭到国际货币基金组织及美国、西欧的一致反对。国际货币基金组织扬言将撤回对印尼的援助。印尼陷入政治经济大危机。2月16日,印尼盾对美元比价跌破 10 000∶1。受其影响,东南亚汇市再起波澜,新元、马币、泰铢、菲律宾比索等纷纷下跌。直到4月8日印尼同国际货币基金组织就一份新的经济改革方案达成协议,东南亚汇市才暂告平静。1997年爆发的金融危机使得与东南亚关系密切的日本经济陷入困境。日元汇率从 1997 年 6 月底的 115 日元兑 1 美元跌至 1998 年 4 月初的 133 日元兑 1 美元;五六月间,日元汇率一路下跌,一度接近 150 日元兑换 1 美元的关口。随着日元的大幅贬值,国际金融形势更加不明朗,亚洲金融危机继续深化。

第三阶段:1998 年 8 月初,乘美国股市动荡、日元汇率持续下跌之际,国际炒家对中国香港发动新一轮进攻。恒生指数一直跌至 6 600 多点。香港特区政府予以回击,金融管理局动用外汇基金进入股市和期货市场,吸纳国际炒家抛售的港币,将汇市稳定在 7.75 港元兑换 1 美元的水平上。经过近一个月的苦斗,使国际炒家损失惨重,无法再次实现把香港作为"超级提款机"的企图。国际炒家在香港失利的同时,在俄罗斯更遭惨败。俄罗斯中央银行 8 月 17 日宣布年内将卢布兑换美元汇率的浮动幅度扩大到 6.0~9.5∶1,并推迟偿还外债及暂停国债交易。9 月 2日,卢布贬值 70%。这一切促使俄罗斯股市、汇市急剧下跌,引发金融危机乃至经济、政治危机。俄罗斯政策的突变,使得在俄罗斯股市投入巨额资金的国际炒家大伤元气,并带动了美欧国家股市和汇市的全面剧烈波动。如果说在此之前亚洲金融危机还是区域性的,那么,俄罗斯金融危机的爆发,则说明亚洲金融危机已经超出了区域性范围,具有了全球性的意义。到 1998 年底,俄罗斯经济仍没有摆脱困境。1999 年,金融危机结束。

二、对亚洲金融危机起因的分析

1997 年亚洲金融危机的爆发,有多方面的原因,我国学者一般认为可以分为直接触发因素、内在基础因素和世界经济因素等几个方面。

1. 直接触发因素

1)国际金融市场上游资的冲击。目前在全球范围内大约有 7 万亿美元的流动国际资本。国际炒家一旦发现在某个国家或地区有利可图,马上会通过炒作冲击该国或地区的货币,以在短期内获取暴利。

2）亚洲一些国家的外汇政策不当。这些国家为了吸引外资，一方面保持固定汇率，一方面又扩大金融自由化，给国际炒家提供了可乘之机。例如，泰国在本国金融体系没有理顺之前，于1992年取消了对资本市场的管制，使短期资金的流动畅通无阻，为外国炒家炒作泰铢提供了条件。

3）为了维持固定汇率制，亚洲一些国家长期动用外汇储备来弥补逆差，导致外债的增加。

4）亚洲一些国家的外债结构不合理。在中期、短期债务较多的情况下，一旦外资流出超过外资流入，而本国的外汇储备又不足以弥补其不足，这些国家的货币贬值便是不可避免的了。

2. 内在基础性因素

1）透支性经济高增长和不良资产的膨胀。保持较高的经济增长速度，是发展中国家的共同愿望。当高速增长的条件变得不够充足时，为了继续保持速度，这些国家转向靠借外债来维护经济增长。但由于经济发展的不顺利，到20世纪90年代中期，亚洲有些国家已不具备偿债能力。在东南亚国家，房地产泡沫带来的只是银行贷款的坏账和呆账；至于韩国，由于大企业从银行获得资金过于容易，造成一旦企业状况不佳，不良资产立即膨胀的状况。不良资产的大量存在，反过来影响投资者的信心。

2）市场体制发育不成熟。一是政府在资源配置上干预过度，特别是干预金融系统的贷款投向和项目；二是金融体制特别是监管体制不完善。

3）"出口替代"型模式的缺陷。"出口替代"型模式是亚洲不少国家经济成功的重要原因。但这种模式也存在着3个方面的不足：一是当经济发展到一定的阶段，生产成本会提高，出口会受到抑制，引起这些国家国际收支的不平衡；二是当这一出口导向战略成为众多国家的发展战略时，会形成国家之间的相互挤压；三是产品的阶梯性进步是继续实行出口替代的必备条件，仅靠资源的廉价优势是无法保持竞争力的。亚洲一些国家在实现了高速增长之后，没有解决上述问题。

3. 世界经济因素

1）经济全球化带来的负面影响。经济全球化使世界各地的经济联系越来越密切，但由此而来的负面影响也不可忽视，如民族国家间利益冲突加剧，资本流动能力增强，防范危机的难度加大等。

2）不合理的国际分工、贸易和货币体制，对第三世界国家不利。在生产领域，仍然是发达国家生产高技术产品和高新技术本身，产品的技术含量逐级向欠发达、不发达国家下降，最不发达国家只能做装配工作和生产初级产品。在交换领域，发达国家能用低价购买初级产品和垄断高价推销其产品。在国际金融和货币领域，整个全球金融体系和制度也有利于金融大国。

三、亚洲金融危机的影响与反思

亚洲金融危机影响极其深远，暴露了亚洲一些国家经济高速发展背后的某些深层次问题。从这个意义上来说，不仅是坏事，也是好事，这为推动亚洲发展中国家深化改革，调整产业结构，健全宏观管理提供了一个契机。由于改革与调整的任务十分艰巨，这些国家的经济全面复苏需要一定的时间。但亚洲发展中国家经济成长的基本因素仍然存在，经过克服内外困难，亚洲经济形势的好转和进一步发展是大有希望的。

发生在1997～1998年的亚洲金融危机，是继20世纪30年代世界经济大危机之后，对世界经济有深远影响的又一重大事件。这次金融危机反映了世界和各国的金融体系存在着严重缺陷，包括许多被人们认为是经过历史发展选择的比较成熟的金融体制和经济运行方式，在这次金融危机中都暴露出许许多多的问题，需要进行反思。这次金融危机给人们提出了许多新的课题，提出了要建立新的金融法则和组织形式的问题。

亚洲金融危机的爆发，尽管在各国有其具体的内在因素：经济持续过热，经济泡沫膨胀，引进外资的盲目性——短期外债过量，银行体系的不健全，银企勾结和企业的大量负债等，危机也有其外在原因：国际炒家的"恶劣"行径。但是人们还应进一步追本溯源，找到危机生成的本质因素——现代金融经济和经济全球化趋势。

金融危机是资本主义经济危机固有的内容，1929～1933年的世界经济大恐慌，更是以严重的金融危机为先导。1994年的墨西哥金融危机和1997年的亚洲金融危机首先发生于资本主义世界。可见，金融危机有其制度根源，是资本主义危机。金融危机的可能性存在于市场经济固有的自发性的货币信用机制，一旦金融活动失控，货币及资本借贷中的矛盾激化，金融危机就表现出来。以金融活动高度发达为特征的现代市场经济本身是高风险经济，蕴藏着金融危机的可能性。

经济全球化和经济一体化是当代世界经济的又一重大特征。经济全球化是市场经济超国界发展的最高形式。第二次世界大战后各国之间商品关系的进一步发展，各国在经济上更加互相依存，商品、服务、资本、技术、知识国际间的频繁流动，经济全球化趋势表现得更加鲜明。金融活动的全球化是当代资源在世界性配置和经济落后国家与地区跃进式发展的重要原因，但国际信贷、投资大爆炸式地发展，其固有矛盾深化，金融危机必然会在那些制度不健全的、最薄弱的环节爆发。综上所述，现代市场经济不仅存在着导源于商品生产过剩、需求不足的危机，而且存在着金融信贷行为失控、新金融工具使用过度与资本市场投机过度而引发的金融危机。在资本主义世界，这种市场运行机制的危机又受到基本制度的催化和使之激化。金融危机不只是资本主义国家难以避免，也有可能出现于社会主义市场经济体制中。

金融体制的不健全、金融活动的失控是金融危机的内生要素。正由于此，在当前我国的体制转型中，人们应该高度重视和切实做好政府调控的市场经济体制的构建，特别要花大力气健全金融体制，大力增强对内生的和外生的金融危机的防范能力。总结：亚洲金融危机爆发后，人们对危机爆发的原因进行了广泛和深入的探讨，指出了危机爆发的内在原因和外在原因，刘诗白教授则进一步指出深层次的原因，即现代货币信用机制导致危机的爆发。只要现代市场经济存在，市场经济所固有的货币信用机制就可能导致金融危机。只不过，金融危机只是发生在那些制度不健全的、最薄弱的国家。这一点在社会主义市场经济国家也不例外。虽然如此，但是我国可以通过健全金融体制来防范金融危机。

次 贷 危 机

次贷危机（subprime lending crisis）又称次级房贷危机，也译为次债危机，是指一场发生在美国，因次级抵押贷款机构破产、投资基金被迫关闭、股市剧烈震荡引起的风暴。次贷危机致使全球主要金融市场隐约出现流动性不足危机。美国"次贷危机"是从 2006 年春季开始逐步显现的。2007 年 8 月席卷美国、欧盟和日本等世界主要金融市场。次贷危机的产生原因是，在美国，贷款是非常普遍的现象，从住房到汽车，从信用卡到电话账单，贷款无处不在。美国人很少全款买房，通常都是长时间贷款。但是，在美国失业和再就业是很常见的现象。这些收入并不稳定甚至根本没有收入的人，他们怎么买房呢？因为信用等级达不到标准，他们就被定义为次级信用贷款者，简称次级贷款者。由于之前的房价很高，银行认为尽管贷款给了次级信用贷款者，如果贷款者无法偿还贷款，则可以利用抵押的房屋拍卖或出售后收回银行贷款。但是由于房价突然走低，贷款者无力偿还时，银行把房屋出售，却发现得到的资金不能弥补当时的贷款和利息，甚至无法弥补贷款额本身，这样银行就会在这种贷款上出现亏损。

一个两个贷款者出现这样的问题还好，但由于分期付款的利率上升，加上贷款者本身就是次级信用贷款者，这样就导致了大量无法偿还的贷款。正如上面所说，银行收回房屋却卖不到高价，导致大面积亏损，引发了次债危机。

2007 年 2 月 13 日，美国新世纪金融公司（New Century Finance）发出 2006 年第四季度盈利预警。汇丰控股为在美次级房贷业务增加 18 亿美元坏账准备。

面对来自华尔街 174 亿美元逼债，作为美国第二大次级抵押贷款公司——新世纪金融（New Century Financial Corp）在 4 月 2 日宣布申请破产保护、裁减 54% 的员工。

8 月 2 日，德国工业银行宣布盈利预警，后来估计出现了 82 亿欧元的亏损，因为旗下的一个规模为 127 亿欧元的"莱茵兰基金"（Rhineland Funding）以及银行本身少量地参与了美国房地产次级抵押贷款市场业务而遭到巨大损失。德国央行召集全国银行同业商讨拯救德国工业银行的篮子计划。

8 月 6 日，美国第十大抵押贷款机构——美国住房抵押贷款投资公司正式向法院申请破产保护，成为继新世纪金融公司之后美国又一家申请破产的大型抵押贷款机构。

8 月 8 日，美国第五大投资银行贝尔斯登宣布旗下两支基金倒闭，原因同样是由于次贷风暴。

8 月 9 日，法国第一大银行巴黎银行宣布冻结旗下三只基金，同样是因为投资美国次贷债券而蒙受了巨大损失。此举导致欧洲股市重挫。

8 月 13 日，日本第二大银行瑞穗银行的母公司瑞穗集团宣布与美国次贷相关损失为 6 亿日元。日、韩银行已因美国次级房贷风暴产生损失。据瑞银证券日本公司的估计，日本九大银行持有美国次级房贷担保证券已超过 1 万亿日元。此外，包括 Woori 在内的 5 家韩国银行总计投资 5.65 亿美元的担保债权凭证（CDO）。投资者担心美国次贷问题会对全球金融市场带来巨大冲击。不过日本分析师深信日本各银行投资的担保债权凭证绝大多数为最高信用评等，次贷危机影响有限。

其后花旗集团也宣布，7 月份由次贷危机引起的损失达 7 亿美元，不过对于一个年盈利 200 亿美元的金融集团，这只是个小数目。

美国"次贷危机"的影响范围将有多广？这是目前世界经济界和金融界密切关注的问题。从其直接影响来看，首先，受到冲击的是众多收入不高的购房者。由于无力偿还贷款，他们将面临住房被银行收回的困难局面。其次，今后会有更多的次级抵押贷款机构由于收不回贷款遭受严重损失，甚至被迫申请破产保护。最后，由于美国和欧洲的许多投资基金买入了大量由次级抵押贷款衍生出来的证券投资产品，它们也将受到重创。

这场危机无疑给国内金融业带来了不少启示。在金融创新、房贷市场发展和金融监管等方面——美国次贷风波爆发以来，无论从全球资本市场的波动还是美国实体经济的变化来看，次贷之殇在美国乃至全球范围内都不容小觑。对于中国来说，这场风波为国内金融业敲响了居安思危的警钟。

美国次贷风波中首当其冲遭受打击的就是银行业，重视住房抵押贷款背后隐藏的风险是当前中国商业银行应该特别关注的问题。在房地产市场整体上升的时期，住房抵押贷款对商业银行而言是优质资产，贷款收益率相对较高、违约率较低，一旦出现违约还可以通过拍卖抵押房地产获得补偿。目前，房地产抵押贷款在中国商业银行的资产中占有相当大比重，也是贷款收入的主要来源之一。根据新巴塞尔资本协议，商业银行为房地产抵押贷款计提的风险准备是较低的。然而一旦房地产市场价格普遍下降和抵押贷款利率上升的局面同时出现，购房者还款违约率将会大幅上升，拍卖后的房地产价值可能低于抵押贷款的本息总额甚至本金，这将导致商业银行的坏账比率显著上升，对商业银行的盈利性和资本充足率造成冲击。当然，中国房地产市场近期内出现价格普遍下降的可能性不大，但是从长远看，银行系统抵押贷款发放风险不可忽视，必须在现阶段实施严格的贷款条件和贷款审核制度。

事实上，美国次贷危机的源头就是美国房地产金融机构在市场繁荣时期放松了贷款条件，推出了前松后紧的贷款产品。中国商业银行应该充分重视美国次贷危机的教训，第一，应严格保证首付政策的执行，适度提高贷款首付的比率，杜绝出现零首付的现象；第二，应采取严格的贷前信用审核，避免出现虚假按揭的现象。

在次贷风波爆发之前，美国经济已经在高增长率、低通胀率和低失业率的平台上运行了 5 年多，有关美国房市"高烧不退"的话题更是持续数年。中国与美国房市降温前的经济景象存在一定相似性。

　　本次美国次贷危机的最大警示在于,要警惕为应对经济周期
而制定的宏观调控政策对某个特定市场造成的冲击。导致美国次
贷危机的重要原因在于美联储加息导致房地产市场下滑。当前中
国面临着通货膨胀加速的情况,如果央行为了遏制通胀压力而采
取大幅提高人民币贷款利率的对策,那么就应该注意两方面影
响:第一是贷款收紧对房地产开发企业的影响,这可能造成开发
商资金链断裂;第二是还款压力提高对抵押贷款申请者的影响,
可能造成抵押贷款违约率上升。而这两方面的影响都最终汇集到
商业银行系统,造成商业银行不良贷款率上升、作为抵押品的房
地产价值下降,最终影响到商业银行的盈利性甚至生存能力。

　　人们需要认识中国和美国经济周期以及房市周期的差异性。
美国是一个处于全球体系之下的有着悠久市场经济历史的国家,
周期性很强,目前正处于本轮经济周期的繁荣后期。

　　中国则还没有经历过一个完整的经济周期,即使从改革开放
算起到现在也只有30年的历程,从1992年提出建立社会主义市
场经济到现在更是只有15年的时间。处于这一阶段,中国经济
的关键词是供需不平衡,固定投资需求大。这是区别于美国经济
接近10年一个周期的重点所在。此外,中美房市的周期也有所
不同。中国实施住房改革后,结束了此前多年无住房市场的局面,
需求大幅飙升。虽然中国房地产市场也存在投机因素,但需求大
而供给有限是促使房价走高的最重要原因。而且,对于中国,政
府有调控余地。

　　本次美国次贷危机也给中国宏观调控(macro-economic
control)提出了启示。主要有以下3个方面。

　　1)有必要把资产价格纳入中央银行实施货币政策时的监测
对象。因为一旦资产价格通过财富效应或者其他渠道最终影响到
总需求或总供给,就会对通货膨胀率产生影响。即使是实施通货
膨胀目标制的中央银行,也很有必要把资产价格的涨落作为制定
货币政策的重要参考。

　　2)进行宏观调控时必须综合考虑调控政策可能产生的负面
影响。例如美联储连续加息时,可能对房地产市场因此要承担的
压力重视不够。

　　3)政府不要轻易对危机提供救援。危机是对盲目投资和盲
目多元化行为的惩罚,如果政府对这种行为提供救援,将会导致
道德风险的滋生。本次发达国家中央银行在金融市场上联手注
资,可能会催生下一个泡沫。

美国雷曼兄弟公司

美国雷曼兄弟公司（Lehman Brothers Holdings）是为全球公司、机构、政府和投资者的金融需求提供服务的一家全方位、多元化投资银行。公司于 1850 年创立，目前的雇员人数为 12 343 人，员工持股比例达到 30%。2002 年公司收入的 37%产生于美国之外。雷曼兄弟全球总部设于美国纽约，地区总部则位于伦敦及东京，在世界各地设有办事处。雷曼兄弟被美国《财富》杂志选为《财富》500 强公司之一。

公司的业务能力受到广泛认可，拥有包括众多世界知名公司的客户群，如阿尔卡特、戴尔、富士、IBM、英特尔、美国强生、乐金电子、默沙东医药、摩托罗拉、NEC、百事、菲利普莫里斯、壳牌石油、住友银行及沃尔玛等。

2008 年 9 月 15 日，雷曼兄弟公司宣布破产，有着 158 年悠久历史的金牌老字号彻底走向了覆灭。

受次贷危机的影响，2008 年以来，雷曼兄弟公司股价的累计跌幅已高达 94%。

戴维森资本管理公司（D.A.Davidson & Co.）的首席分析师弗莱彻·狄金森表示："雷曼的破产给华尔街蒙上了一层巨大的阴影。而这也向市场传达了一个强烈暗示，政府将不再会采取直接接管措施"。

作为美国第四大投资银行，政府部门无视其破产行为而不加以援助，这就是成熟资本市场的重要体制之一。对于国内的企业来说，发生这种事情简直无法想象。事实上，"两房事件"的救助也在美国引起了广泛的争议，也招致众多国会议员的强烈反对，只不过，美国政府出于对国内资本市场信誉的维护，从国内经济的利益点出发，才不得不接管过来。毕竟，"两房"牵涉到众多国外的资本投资，若"两房"倒塌，不仅对美国经济造成严重打击，更为重要的是，美国信用同时倒塌，今后相当长的时间将得不到国际投资者丝毫的援助。

第 二 章

货币与货币制度

本章导读

本章从货币的产生发展历程入手，深刻、细致地探讨了货币的概念和货币制度，并对现代货币和货币流通作了充分的揭示与剖析。

本章引例

劣币驱逐良币

美国于 1791 年建立金银复本位制，以美元作为货币单位，并规定金币和银币的比价 1∶15。当时法国等实行复本位制的国家规定金银的比价为 1∶15.5。结果是黄金很快就在美国的流通领域消失了，金银复本位制实际上变成了银本位制。

关键词

货币　货币制度　货币流通　人民币　货币流通规律

解析

当美国规定金银的比价为 1∶15 和法国等实行复本位制的国家规定金银的比价为 1∶15.5 时，人们可以在美国取得 1 盎司黄金，将其输送到法国可换取 15.5 盎司的白银，然后再将 15.5 盎司的白银运回美国，在美国再购买 1 盎司黄金，还剩下 0.5 盎司的白银，除了弥补运输费用以外，还可以得到一笔利润。如此循环往复，就能获得更多的利润。这样，黄金很快就在美国的流通领域消失了，金银复本位制实际上变成了银本位制。

第一节 货币的产生

一、货币的起源

1. 货币的出现

货币的出现是与交换联系在一起的。在漫长的人类历史上，有很长一段时间是没有货币的。直到原始社会末期，社会生产力有了一定的发展，人类的劳动除满足基本需求以外，尚有节余，这才出现了最初的产品交换。最初的商品交换是简单的物与物的直接交换，如古埃及的瓦罐换鱼、中国的石斧换羊等。物物交换需要同时满足两个条件：需求双重巧合；时间双重巧合。例如，一个樵夫需要一把斧子，但他只有原木；而铁匠有斧子，但他需要一只羊，就不能一次成交。而牧羊人有羊，他需要用原木盖房子，这样通过间接交换才能满足各自的需求。如果有一个媒介作为中间物，人们先把自己多余的物品换成某种中间物，即等价物，然后再用换得的等价物交换自己真正想要的东西。现实交换中的媒介就是货币。根据史料的记载和考古的发掘，在世界各地，商品交换都经过两个发展阶段：先是物物直接交换，然后是通过媒介的交换。物物交换带来很大不便，随着交换的不断发展，逐渐出现了通过媒介的交换，即先把自己的物品换成作为媒介的物品，然后再用所获得的媒介物品去换取自己所需要的物品。在世界上，牲畜曾在很多地区充当这种媒介；在中国，最早的比较定型的媒介是"贝"。

2. 货币的发展

最初的商品交换是偶然的、简单的物物交换，价值表现的形式也是偶然的，马克思把这种形式称为简单的、个别的或偶然的价值形态，即一种商品的价值形态偶然地表现在另一种商品上。原始社会末期，私有制开始形成，伴随着第一次社会大分工的发展，农业和畜牧业逐渐分离，交换活动逐渐频繁并转入经常化，简单的价值形态发展为扩大的价值形态，一种商品的价值可以分别由许多不同的商品表现出来。人类社会的第二次大分工，手工业从农业中分离出来，私人劳动与社会劳动的矛盾进一步发展，物物交换的方式已经不能适应社会经济发展的客观需要，一种为人们普遍乐于接受的商品就开始自发地从众多商品中分离出来，作为交换的媒介，执行一般等价物的作用，扩大的价值形态发展为一般价值形态，即所有的商品同时用一种商品来表现自己的价值。这种充当交换媒介的商品起着货币的作用，具有货币的雏形，最后由这种商品固定地充当，一般价值形态过渡到货币形态，这是价值形态发展过程中的最后阶段。

二、货币的职能

货币职能是指货币在经济生活中所起的作用。货币职能是货币本质的体现。货币的本质是货币职能的基础，是其职能的依据。货币的职能可以按照价值尺度、流通手段、货币贮藏、支付手段和世界货币的顺序加以排列。价值尺度和流通手段是货币的基本职能，具有货币质的规定性；贮藏手段和支付手段是货币的派生职能。

1. 价值尺度

价值尺度是指以货币作为尺度来表现和衡量一切商品价值的大小。就是用货币作为比较价值的工具。商品的价值用货币表现出来时叫作价格。价值是价格的基础，商品价格的高低，一般与商品本身价值大小成正比。价格标准是货币执行价值尺度的技术规定，即计量单位元、英镑等。货币执行价值职能是只需观念上的货币，不需要现实的货币。

2. 流通手段

流通手段又称交易媒介，是指货币在交易中充当交易的媒介。由原始的物物直接交换即商品交换：商品＝商品（W—W）；变为以货币为媒介的间接交换即商品流通：商品＝货币＝商品（W—G—W）。商品流通是以货币为媒介的商品交换。流通中的货币，不是观念上的货币，必须是现实的货币。

3. 贮藏手段

由于货币是一般等价物，人们可以将其当作财富的代表储藏起来，即货币暂时退出流通领域处于相对静止状态时，执行价值储藏功能。作为贮藏手段的货币，如果是足值的货币——金

想一想

1台冰箱4 000元，体现了货币的什么职能？

想一想

我们可以用"米"来比较物体的长度，用"克"来比较物品的质量，那么用什么来比较物品的价值？

银铸币或金银条块则是存储财富，如果是不足值的纸币则是存储购买力。

自货币产生以来，货币储藏形式也不断发展变化。典型意义上的贮藏手段是金属货币条件下的金银储藏。随着现代货币流通的发展，人们除了以金银积累和储存价值外，更为普通的还是采用银行存款和储蓄的方式。

4. 支付手段

支付手段是货币在延期支付或买卖商品的情况下，作为价值的独立运动形式进行单方面转移时所发挥的职能。

当货币被用来清偿债务或支付赋税、租金、工资等，就执行着货币的支付手段职能。其范围包括：①大宗交易；②财政收支，银行存贷；③工资、佣金、房租、地租、水电费等。支付手段的特点是可能先买后卖。而流通手段是只能先卖后买。

5. 世界货币

世界货币是指货币具有在世界市场充当一般等价物的职能。世界货币在国际经济关系中有以下 3 种作用：一是作为一般的购买手段，用来购买外国商品；二是作为一般的支付手段，用来平衡国际收支差额；三是作为财富的代表，由一国转移到另一国。

第二节　货币形式的发展

一、货币的定义

在社会发展中，因社会分工的不同需要交换生活必需品，从而产生了货币。本质上来看，货币体现着人类社会的生产关系，是固定地充当一般等价物的特殊商品。货币是价值尺度和流通手段的统一。

货币的通俗定义有多种，其中之一是把货币等同于现金，把货币仅仅定义为现金，对于经济分析而言是过于狭窄了。因为可开列支票的存款在流通领域中与现金一样，可用以支付所购买的商品与劳务。如果把货币定义为现金，那么就难以把货币与人们所进行的全部购买活动联系起来。事实上，正是因为

小资料

你知道吗？支付手段的职能最初是由赊销引起的，因此，它是与商业信用相联系的。

小资料

第一次世界大战以前，世界货币的职能主要由黄金行使，但第一次世界大战以后，黄金退出了货币舞台，少数经济实力强大国家的货币逐步取得了世界货币的地位，如美元、德国马克、日元、英镑等。这些年，还出现了区域性货币，如欧元。

讨论

货币完全等同于现金或财富吗？

货币与购买相关联，才使货币问题引起人们极大的兴趣。因此，在现代经济学中必须把可开列支票的存款与现金一起包括在货币的定义之中。货币的另一种通俗定义是把货币等同于财富。把货币定义为财富，从而把货币与股票、债券、不动产等相混同，那么在经济分析中就无法界定货币的基本特性。事实上，货币作为一般等价物，是社会财富的一般性代表，但货币并不等同于社会财富本身，它只是社会财富的一部分。货币的第三个通俗定义是把货币等同于收入。收入是一定期限内的流量，而货币是某一时点上的存量，若把货币定义为收入，那么货币量将无法计量。

西方经济学对货币定义为：货币是任何一种被普遍接受为交易媒介、支付工具、价值储藏和计算单位的物品。货币就是货币行使的职能。

二、货币的形式

货币是通过适合作为货币材料的商品逐步演化而来的，从最初的形态出发，经过漫长的岁月，几经演变，币材不断变化，演化成今天的价值符号。例如，贝壳、铜、铁、金、银等。概括地说，货币形态的演变过程大体经历了实物货币、金属货币、纸质货币、信用货币4个阶段。货币包括以下几种形态。

1. 实物货币

实物货币又称商品货币，它是货币形态发展的最原始形式。它的特点是不固定性。据考证，中国最早的货币是贝，古代欧洲有用牛、羊作为货币的记载，非洲和印度等地曾以象牙作为货币，而在美洲，曾经充当货币的有烟草、可可豆等。

2. 金属货币

金属货币价值比较高，易于分割，便于携带，如金、银等。

在商品经济发展的每个阶段，货币都以不同的形态与之互相对应，即由不同的商品来充当货币。在生产力水平较低的情况下，充当币材的是铜、铁等贱金属，随着生产力的进一步发展，贵金属又取而代之，金银成为最适合充当货币的材料。这是因为，一方面金银具有质地均匀、便于分割、体小值大、携带方便、便于保存、不会腐烂等优越的自然属性；另一方面贵金属比贱金属在社会生产中具有更重要的意义：撇开金银的稀缺性不谈，仅就它们比铁甚至比铜软而论,在很大程度上使其丧失了一般金属的使用价值所赖以存在的属性,金银不仅在直接生产过程中没有用处,而且作为生活资料,作为消费对象,同样也不是必要的。因此,不论把多少金银投入社会流通过程,也不致对直接生产过程和消费过程发生不利的影响。金银本身的使用价值并不与其经济职能发生冲突。所以正如马克思所说:"金银天然不是货币,但货币天然是金银。"

铸币的产生是在每次商品交易时,人们都要对金属货币鉴定成色、称计重量、进行分割等,为了便于交换和流通,人们便开始对金属条块进行标记。有名望的商人在货币金属块上打上自己的印记,标明其重量和成色,虽然避免了每次交易中称计重量、验查成色、分割金属块等麻烦,但是私人信誉的社会效力毕竟有限,只能在一定的范围内流通,人们对金属条块的重量和成色要求一个更有权威的证明。于是,就由国家把金属条块制造成具有一定形状、重量、成色和面值的铸币。最初的铸币是一种足值的货币,并且有各种各样的形状,如我国历史上曾经有过的铲形币、刀形币、圆形币等。

3. 可兑现的纸币

可兑现的纸币由银行发行,以金、银为发行保证,可以随时兑换为金银。

在长期的商品交换中,金属货币在流通中必然受到一定程度的磨损,但人们并不计较货币本身有无价值或重量,关心的只是能否用其换回自己所需要的商品,是否仍能按原价值执行货币职能。人们在长期的社会实践中便产生了是否可以用不足值或更低劣的币材取而代之的意念,随着商品经济的进一步发展,这种想法逐渐转化成了现实,货币真正彻底抛弃了其商品实体形态,一种与商品实体形态完全分离的新的货币形态——纸质货币便产生了。

开始出现的纸质货币是纸币。纸币是由国家发行并强制流通的货币符号。任何国家发行的纸币都是用来代替流通中已存在的金属货币,它本身虽并不具有价值,但却是金属货币的代表,发挥金属货币的职能作用。起先,由于纸币是金属货币的代表,所以对每一个单位纸币,都规定其代表金属货币的数量,也就是通常所说的"含金量",并可以兑换金属货币或黄金。

想一想

如何理解"金银天然不是货币,但货币天然是金银"?

想一想

纸质货币是如何产生的?

4. 不兑现的信用货币

不兑现的信用货币是国家发行并强制流通的纸质货币,是不可兑现的货币。

第一次世界大战以后,资本主义国家普遍推行通货膨胀政策,用发行纸币来弥补财政赤字,而作为发行准备金的黄金储备则越来越少,根本无法兑现,因而先后取消了纸币可以兑换黄金的规定,纸币法定含金量已失去原来的意义。从此各国国内流通的纸币就开始解脱了与黄金的联系,成为国家法定的流通手段和支付手段。

纸币之所以能够成为通用的价值符号,国家的强制力起着关键作用。特别是在不能兑换金属货币的情况下,没有国家的强制力,纸币就不能取得社会的公认而得以流通。但国家的强制力只能在一定的范围内有效,因而纸币就只能规定在本国范围内流通,当然在具有国家强制力的同时,也还要有物质资料以维持币值的稳定,否则也会逐步贬值直至无人接受的程度。如果纸币被强制退出流通领域,那么就不再是货币符号或黄金的符号了,而变成一文不值的废纸。

纸币的出现虽然便利了商品交换,但纸币稳定地充当一定的流通手段必须有一个条件,即其发行量必须与货币必要量基本一致。如果纸币的发行数量过多,那么"随着价值符号的总数的增加,每一符号所代表金量就按同一比例减少"。也就是说,纸币所代表的货币量就会相应减少,纸币就不断贬值,以致出现通货膨胀。由于纸币受自身不可返还性及发行强制性的制约和影响,所以,纸币发行数量不能自动调节以适应商品流通对流通手段的需要,即在纸币流通的条件下,纸币发行过多而出现通货膨胀的现象时有发生,这对经济的发展是极其不利的。为了克服纸币的缺陷,一种新型的纸质货币形态——信用货币便应运而生了。信用货币是在信用关系基础上产生的一种代替金属货币充当支付手段和流通手段的信用票据。信用货币包括的范围很广,如商品票据、银行票据、银行券等各种信用工具,都可视为信用货币,其中流动性最强、使用最广泛的是银行券。

银行券是由银行发行的,用以代替商业票据的银行票据。典型的银行券是通过银行办理商业票据贴现业务发行出去的,并且保持与金币的自由兑换,因此,银行券具有信用和黄金的双重保证。一方面银行券可以稳定地代表一定数量的黄金执行货币的基本职能,银行要发行银行券,必须保持一

想一想

银行券是由银行发行的吗?

定数量的黄金储备，因此其发行量受到客观限制，并通过与黄金的自由兑换而退出流通领域；另一方面，银行券通过贴现与商品流通相关的商业票据而进入流通领域，从而使之具有极强的自动适应商品流通的调节机制。随着资本主义经济发展不平衡性的加剧以及第一次世界大战的爆发，世界黄金存量的分布失衡，大多数国家的黄金存量锐减，银行券自由兑换黄金的基础遭到破坏。于是，原始形式的信用货币，即可以自由兑换黄金的典型的银行券逐渐被现代形式的信用货币——不能兑换黄金的非典型的银行券所取代。在现代经济生活中，纸币与信用货币在形式上已经无法区别，但这两种性质货币的发行同样存在。

5. 存款货币（可开列支票的存款）和电子货币

存款货币（可开列支票的存款）和电子货币现代银行签发，可用于转账结算，与银行券同时发挥着货币的作用。

随着商品经济的发展，货币材料和货币形态都在不断演变。随着计算机技术的飞速发展，"电子货币"的运用日益广泛。自1985年中国银行发行我国第一张银行卡——长城卡，截至2008年9月底全国累计发行银行卡17.28亿万张，同比增长18.8%。其中，借记卡发卡量为15亿万张，同比增长15.8%，占银行卡发卡量的92.4%。全国银联标准公务卡发行量已经突破120万张。全国银行卡联网特约商户数已经突破百万大关，联网POS终端量超过160万台，联网ATM机近15万台。

三、货币的基本特征

各国纸币虽然文字形式不同，但归纳起来，不外有以下几个项目。

1）货币发行机构。

2）货币单位名称。

3）货币券别（面值）。

4）年版。

5）号码。

6）签字和盖章。

7）图案。

8）盲文标记。

讨论

你拥有"电子货币"吗？"电子货币"给你带来哪些方便？

四、人民币

人民币是我国以国家信用为基础发行的唯一法定货币。人民币的印制融会了现代生产工艺、技术、科技的成果，是我国印制业技术水平的集中体现；人民币图案的设计，具有中华民族人文、历史深厚的文化内涵；人民币与广大人民群众的利益息息相关。

（一）人民币的性质

1. 人民币的概念

人民币是指中国人民银行依法发行的货币，包括纸币和硬币。人民币是中华人民共和国境内的唯一合法货币。中国人民银行是国家授权的唯一货币发行机关，其他任何单位和个人均不得发行任何形式的货币或者变相货币。

2. 人民币的性质

人民币作为我国的法定货币，属于纸币性质的货币，具有与其他纸币相同的性质。人民币是由国家通过中国人民银行发行的纸币，不能兑换黄金，作为一般等价物的价值符号执行流通手段和支付手段职能，并在国内流通使用。具体来说，主要表现在以下几个方面。

1）人民币是我国的唯一合法货币，国家授权中国人民银行统一发行人民币，在全国范围内流通，行使货币的各种职能。根据《中华人民共和国中国人民银行法》有关人民币的定义，人民币是中华人民共和国的法定货币，即人民币是中华人民共和国境内的唯一合法货币。这里，需要说明的是人民币与港元、澳门元的关系，香港、澳门虽然已经回归祖国，但根据《中华人民共和国香港特别行政区基本法》和《中华人民共和国澳门特别行政区基本法》，港元和澳门元分别是香港特别行政区和澳门特别行政区的法定货币。人民币与港元、澳门元的关系是在一个主权国家的不同社会经济制度区域内流通的 3 种法定货币，其所隶属的货币管理当局按照各自的货币管理方法发行和管理货币。

2）人民币是价值符号，是商品价值计价的尺度。是指人民币具有货币的最基本的职能——价值尺度职能，即表现其他一切商品是否具有价值和衡量商品价值大小的职能。

3）人民币是相对稳定的货币，即人民币能够保持相对稳定

想一想

如何理解人民币是中华人民共和国境内的唯一合法货币？

的购买力。

4）人民币是独立自主的货币，是国家经济主权的象征。国内一切货币收付、计价单位和汇价的确定都由人民币承担。同时，人民币出入境实行限额管理，可为人民币成为可兑换货币创造条件。

新中国成立后，为保护经济金融秩序，国家对人民币的出入境实行严格管理，基本形成了一个由禁止到逐步放开的过程。不断改进和完善人民币出入境管理办法，符合客观形势的需要，有利于海关监管和发展边贸，方便了旅客；有利于密切与港澳台的经济联系；扩大出入境限额的地区会形成民间汇价，可为官方汇价管理提供参考依据，也可为人民币成为可兑换货币创造条件。

《中华人民共和国人民币管理条例》第30条规定，中国公民出入境、外国人入出境携带人民币实行限额管理制度，具体限额由中国人民银行规定。随着我国国际地位的不断提高和对外经济交往的扩大，特别是在我国加入世界贸易组织（WTO）以后，人民币的信誉日益提高，一些国家和个人非常乐于接受人民币，尤其是在我国周边国家，人民币已成为很受欢迎的货币。为了发展边境贸易，探索人民币成为可兑换货币的管理经验，1993年1月20日国务院第108号令发布了《中华人民共和国国家货币出入境管理办法》，同年2月5日中国人民银行发布《中国人民银行关于国家货币出入境限额的公告》，规定自3月1日起施行，中国公民出入境、外国人入出境，每人每次携带的人民币限额为6 000元，在开放边民互市和小额贸易的地点，还可以根据实际情况放宽限额。

（二）人民币的诞生

1. 人民币名称的由来

货币的名称即货币的称谓。世界各国货币种类繁多，名称也是五花八门，全世界有220多个国家和地区，就有相对应的货币名称，如美元、英镑等，这些货币的名称虽然不同，但大多数与本国的历史有关。我国的人民币也不例外。

1948年12月1日，中国人民在中国革命取得全面胜利的前夕，第一次用上了以"人民"二字命名的自己的货币——"人民币"。这一名称的由来可追溯到新中国成立前的1947年，"人民币"这一名称与"中国人民银行"行名有直接关系。

想一想

说一说人民币名称的由来。

26

1947 年 7 月，刘邓大军强渡黄河，挺进大别山，揭开了人民解放军战略反攻的序幕，成立统一的银行已提到党的日程上来。同年 9 月 14 日，中共华东中央局工委书记张鼎承、邓子恢致电当时任华北人民政府主席并主持中央财经工作的董必武说，几个解放区已连成一片，货币不统一影响生产流通和经济交往，并建议立即成立联合银行或解放区银行，以适应战争形势的需要，愈快愈好。华北财办认真研究了这个建议，当时任晋察冀边区银行副经理的何松亭提议银行名字叫"中国人民银行"，董必武认为这个名字很好，于 10 月 2 日致电中共中央，建议尽快组建中央银行，发行统一的货币，并建议银行名称拟定为"中国人民银行"。

1947 年 10 月 8 日，中共中央对董必武关于建立全国解放区统一的银行和发行统一的货币的建议作出明确指示，认为目前时机还不成熟，但同意进行准备工作，银行名称可以用"中国人民银行"。这样中国人民银行的名称就被中央批准了。经华北、山东、陕甘宁、晋绥解放区人民政府会议决定，将华北银行、北海银行、西北农民银行三行合并。1948 年 12 月 1 日，中国人民银行在石家庄华北银行原址正式成立，任命华北银行总经理、中国人民银行筹备处主任南汉宸担任中国人民银行总经理。同一天，发行了新中国统一的货币——人民币。这种货币因为由中国人民银行发行，而且又是由革命根据地人民货币发展而来，是新中国人民的货币，所以定名为"人民币"。这就是"人民币"这一名称的由来。

2. 人民币的单位名称

（1）人民币的单位名称

《中华人民共和国人民币管理条例》第 4 条规定：人民币的单位为圆，人民币辅币单位为角、分。1 圆等于 10 角，1 角等于 10 分。人民币依其面额支付。

人民币面额指人民币的票面金额，即人民币现钞上标定的面值。面额是法定货币的重要标志之一。人民币在清偿债务，支付税款、租金、工资等方面执行货币职能时，只能按照其面额支付，不能高于或低于其面额支付。

货币有主币和辅币之分，两者互为对称。主币是一个国家法定的作为价格标准的主要货币，用于计价、结算的唯一合法的货币单位，具有无限法偿的能力；辅币是主币单位以下的小面额货币，主要用于零星支付和"找零"。在信用货币流通的时代，由于货币制度的变化，辅币与主币一样具有无限法偿能力。世界上绝大多数国家和地区的货币实行主辅币制，如美元主币为"元"，辅币为"分"；英镑主币为"镑"，辅币为"便士"。主辅币结构一般为两个档次，进制一般为 100 进制，如 1 美元等于 100 美分。人民币主辅币结构有 3 个档次，人民币的主币单位是"圆"，辅币单位是"角"、"分"。各档次之间实行 10 进制，1 圆等于 10 角，1 角等于 10 分。人民币的单位名称同其他国家一样，是历史发展的结果。人民币的单位名称"圆"、"角"、"分"构成人民币的价格标准，标明人民币所代表的价值。

（2）人民币单位名称的由来

从历史上看，中国的纸币单位十分复杂，有文、贯、串、吊、枚、圆等。关于人民币单位名称产生的背景、原因、时间等，有两种比较流行的说法。一种说法认为，人民币单位是从我国的货币单位名称发展中演变而来的。我国的货币已有 4 000 多年的历史，货币的单位先后经历过实物单位、重量单位等，最后发展到以"圆"作单位。

另一种说法认为，用"圆"作为货币单位是从西方银币大量流入中国开始的。18 世纪下半叶，欧美流行最广的货币"银圆"开始传入中国，前后流入中国的外国银币不下几十种，后来以墨西哥的银圆"鹰洋"最为通行。因为银币的材质为银，形状呈圆形，所以通称为"圆"，一枚就称为一圆。这"圆"字既是货币又是单位名称。为了书写方便，后来人们就用圆字的同音字"元"，代替了"圆"，称为"银元"。此后，尽管又使用过多种货币，但货币单位"圆"却一直沿用下来，人民币的单位名称——"圆"也是从这里演变而来的。

人民币的辅币单位是"角"和"分"。最初发行第一套人民币时，没有发行辅币，人民币的单位就是"圆"，最小面额的人民币是 1 元券。发行第二套人民币时，对人民币的面额进行了改革，发行了辅币。人民币的辅币单位用"角"和"分"是从传统习惯继承下来的。

"角"本义为兽角，指牛、羊、鹿等有蹄类哺乳动物头上长出的坚硬的东西，也指形状像角的或物体边缘相接的部分。外国银元进入中国时，与银元配套找零的小银元也流入中国，民间就通俗地将其称为银角子、角子、银毫，如五个角子就简称"五角"，辅币单位"角"就是由名词"角子"发展而来，又与数词组合而表示货币数量的，如"一角"、"二角"等。人民币的辅币单位名

想一想

说一说人民币单位名称的由来。

称"角"也就继续沿用了这一通俗的名称。

"分"的意思是分开、划分，与"合"相对，引申为分离、分配、分解等，也指被分开后的部分或分支。所以"分"被用作中国法定计量单位。例如，市制长度单位，十厘为一分，十分为一寸；市制地积单位，十分为一亩；时间单位，六十秒为一分，六十分为一小时等。"分"被引用作货币单位，一元的百分之一、一角的十分之一都称"分"，中国货币的辅币单位"分"就是这样演化来的。人民币的辅币单位自然也就沿用了"分"。

（3）人民币简写符号及其由来

世界各国货币都有自己的简写符号，人民币的简写符号为"¥"，人民币国际标准化组织（International Organization for Stardardization，ISO）货币符号为"CNY"。在国际经济往来中，人民币简写为"RMB¥"。按照会计制度的规定，在经济往来和会计核算的各种契约、收据、凭证中用阿拉伯数字填写金额时，都要在金额首位之前加一个"¥"符号，既可防止在金额前填加数字，又可表明是人民币的金额数量。"¥"既作为人民币的书写代号，又代表人民币的币制，还表示人民币的单位"元"。由于"¥"本身已表示人民币的单位，所以，凡是在金额前加了"¥"符号的，金额后就不需要再加"元"字。

最初人民币的简写符号是沿用了新中国成立前的写法，1955年3月1日，中国人民银行发行第二套人民币后，才正式确定了人民币的符号。因为人民币单位为"圆"，而"圆"的汉语拼音是"Yuan"，因此，人民币的符号就取"圆"字汉语拼音字母中的第一个字母"Y"。为了区别"Y"和数字"7"、汉字"丫"等字的误认和误写，就在"Y"的下部加上了两横，这就写成了"¥"，可以将这个符号读作"圆"。从此，人们就开始用符号"¥"表示人民币，在书写数字金额时用其作封头符号。例如，人民币100元可写成"¥100"或"RMB¥100"。

（三）人民币的印制与发行

1. 人民币的印制

（1）人民币纸币的印制

货币是一个国家政治、经济、科技、文化艺术等的综合体现，是一种特殊的产品，货币印制行业是一个特殊的行业，国家对货币印制实行特殊的管理。人民币的印制与发行管理非常严格，保证了人民币的正常发行与流通。《中国人民银行法》第17条规定，人民币由中国人民银行统一印制、发行。中国人民银行发行的新版人民币，应当将发行时间、面额、图案、式样、规格予以公告。

《人民币管理条例》规定，人民币由中国人民银行指定的专门企业印制。未经中国人民银行授权，任何单位和个人不得印制人民币。中国印钞造币总公司是中国人民银行指定的人民币专门印制企业。

印制人民币要严格按照规定的质量标准进行，而且质量标准一旦确定，不得随意更改。人民币按照《中华人民共和国中国人民银行标准》印制，该标准的内容主要包括产品规格、工艺技术、质量标准、验收规则和检验方法等。

钞票是科学、技术与艺术的完美结合，每一张人民币纸币都是一件精美的艺术品，它的制作与其他艺术品的创作过程一样，一般要经过设计、制版、印刷和质量检验4个阶段。

第一阶段：设计。

《人民币管理条例》第7条规定，新版人民币由中国人民银行组织设计，报国务院批准。中国人民银行组织设计新版人民币的程序一般分为两个阶段。第一阶段为立项报批阶段，中国人民银行根据经济发展、货币流通的形势，经研究如果需要发行新版人民币，则以行发文向国务院请示，经国务院批准后组织设计；第二阶段为组织设计阶段，组织设计的方式有指定人员设计、内部招标设计和公开招标设计，设计内容包括设计思想、面额、图案、式样、规格、主色调、主要特征等，设计方案拟定后，报国务院批准。中国人民银行根据国务院批准的设计方案组织制作新版人民币的彩色画稿，完成后再向国务院报批，批准后即可组织生产。

第二阶段：制版。

人民币的设计图稿经批准以后，接下来就是进行制版并组织生产了。人民币的制版方式与一般的普通印刷品完全不同，平时所见到的印刷品基本都是胶印的，胶印的印版是平面的，利用化学手段使有图文的地方沾上油墨，而空白处不沾油墨，画面的深浅变化由网目点来表现。而印钞除了使用胶印技术外，主要图文部分都采用凹印。凹印版的制作方法是在钢版上用手工或机器雕刻出由点线组成的图案。

手工雕刻制版是一种介于工艺制作与美术创作之间的独特技艺，操作程序复杂，技术难度大，成本也较高。概括地说，就是以刀或针作笔，在钢版上用点线来表现物体的形象与明暗关系。雕刻者把人民币按照原样，利用经过高精度抛光的钢板，一刀一刀地在上面刻出图案，这种技术被形象地称为"在钢板上素描"。从美术角度来看，它和素描、版画一脉相承。不仅要求雕刻者有较高的艺术素养，而且还要有一套独特的刀法和针法。

人民币上有的部位如花纹等装饰性图案，还要由机器雕刻制成凹印原版。钞票的底纹和装饰花纹采用胶印。胶印制版是对胶印部分的不同印刷部位进行细分，通过复杂的多道工序制出原版。

凹版和胶版分别制好后，还要制成大张的生产印刷版，一块大版由有许多同样的单张钞票小版组成，这样就可以一次印出大量的钞票。

《人民币管理条例》第 11 条规定，印制人民币的原版、原模使用完毕后，由中国人民银行封存。从印钞造币专业的角度来说，原版包括水印原版和印钞原版。水印原版是指在制造钞纸水印网过程中用于复制生产用版的母版。印钞原版是对在印钞实际生产中，复制生产用版过程中所使用母版的统称，可分为 3 种：一是胶印原版，是指复制胶印生产用版过程中所使用的母版；二是凹印原版，是指复制凹印生产用版过程中所使用的母版；三是色模版，是指凹印印刷中油墨向印版转移的载体。

印制人民币的原版是人民币印制企业生产过程中的重要工艺设备，也是中国人民银行的重要财产，印制人民币的企业在使用完毕（不再投入生产）后，由中国人民银行封存。

第三阶段：印刷。

人民币的印刷是印制过程中一个非常重要的环节。印刷技术的高低也是人民币防伪的一个重要方面。印版制好后，要用特制的专用钞票纸和特制的印钞专用油墨，通过专用的印刷机实现纸张和油墨的有机结合，才能形成一张完整的钞票。

人民币一般采用平印（胶印）、凹印和凸印 3 种基本方法印刷。胶印多用于印刷人民币票面上大面积的底纹图案，其特点是墨层薄、颜色鲜亮、色调柔和。凸印多用于印刷人民币的印章和号码，其原理和特点类似盖图章。凹印主要用于印刷人民币票面的主体部分，如人像和主景等。凹印版主要采用手工或机器雕刻制作，钢版上的每根线条都是一道浅槽。印刷时用极稠的特种油墨填满这些线条，再用印钞纸把油墨粘带出来，在纸面上形成凸出的线条。这样印出来的钞票图案逼真传神，线条精细，层次分明，有立体感，用手一摸是鼓出来的，有利于防伪，用最先进的激光彩色复印机也无法复制出来。

在印钞厂的印刷车间里，"点数"是最费时、费力的一个环节，每一道工序的开始和结束都要"点数"，全厂大约有 1/3 工人的工作就是"点数"。从钞纸一出库，就进入了一个数字的网络，每一道工序交接工作，甚至每一个工人手中的工作，都以"点数"开始，又以此结束。

第四阶段：质量检验。

印好的大张钞票，要经过裁切工序，成为单张的钞票。质检工序是钞票印制中最重要的一关，不能有半点的马虎。人民币的生产与其他商品的生产一样，在生产过程中会产生不合格产品。在检验过程中，发现任何有缺陷的钞票，必须将其挑出来作废，按照《中国人民银行残损人民币销毁管理办法》销毁，不能让其出厂并流入社会。

这里需要说明的是，由于种种原因，目前市场上偶尔还会发现人民币不合格产品，主要有蹭脏、折角、裁切偏斜、水印倒置、漏印、重码等情况。不合格的人民币产品不是错版人民币，发生在生产环节。错版人民币发生在设计环节，是指在设计原版时出现错误而印刷出来的人民币。因此，目前市场上出现的人民币不合格产品不是错版人民币。

人们在从银行领取到整沓的人民币原封新券中。有时会出现个别票券与前后票券的冠字号码不连续的现象。往往使一些人产生不解。同一组的钞票编号出现异常是因为人民币出厂质检过程中的"补票"。

经多道工序印制完成的钞票送到质量检验部门时，这些产品都已经印好了冠字与编号，检验工序如果发现某张钞票有质量问题，就需要把它挑出来，然后补上合格产品，印钞厂称作"补票"。这些补票另有一套冠字号码，这就产生了上述现象，使整沓新钞中夹有不同系列冠字编号的钞票，也就是补票。人民币成品每 100 张为一沓，印钞厂称之为"分百"。为方便银行在验收新钞时核查数目，成沓钞票的首尾两张的冠字编号不能更改，所以，这种不同系列冠字编号的补票，只能补在每沓钞票的当中，而不能补在每沓的首尾张。如果成沓钞票的首尾张出现了问题，则需要由补号工序单独补印冠字编号与之相同的补票。然后送交检验工序替换有问题的钞票。检查后的钞票最后进行分捡、计数和包装，然后入库，到此印制过程才算完成。

（2）硬币的制作过程

一枚硬币从币材选择、图案设计、模具制作到大批铸造，要经过许多美术设计师、造币工艺师的反复研究和试验，凝聚着许多造币工作者的心血和汗水。硬币制作的工艺是整个造币生产过程的核心部分，大致要经过条片轧制、坯饼冲压、抛光、滚边、清洗、压印等多道工序才能完成。

选择什么样的造币材料是进行人民币硬币整体设计时要考虑的主要问题。我国曾在多种流通硬币上使用过铝镁合金、铜镍合金、铜锌合金、铜合金等不同的金属材料。中国印钞造币总公司通过多年国际造币技术交流和实地考察对比，直到20世纪80年代，才找到一种符合我国国情的造币材料——钢芯镀镍，即把从钢带上冲裁下来的坯饼表面电镀上一层薄薄的镍，再经过热处理，就成了造币用的钢芯镀镍硬币坯饼。它是目前世界上最先进的电镀型硬币制造材料，不仅具有良好的可加工性，较好的耐磨性，还具有较低的生产成本，是制造流通硬币的理想材料。目前我国市场流通的两种1元硬币使用的都是这种材料。冲裁好的坯饼通过滚边、热处理、抛光以及清洗、检查等工序，最后压印成一枚枚合格的硬币，再经过成品检查、计数包装、装箱入库等工序，才能完成整个造币过程。

2. 人民币面额的改革

1948年12月1日发行第一套人民币时，由于当时通货膨胀严重，物价高涨，因此没有发行辅币，只发行了主币，票面金额较大，最小的票面金额为1元，较大的有1 000元、5 000元、10 000元和50 000元，共12种面额。新中国成立后，通过治理通货膨胀，在第一个五年计划的经济建设阶段，国家的财政经济状况得到了根本好转，物价平稳，币值稳定，这就逐步暴露出货币价格标准上的问题：一是货币票面金额较大，不利于交易和核算，计价与流通都很不方便；二是显得票子发虚，仍留有旧中国通货膨胀的残迹，给人民群众以"钱毛"的错觉；三是只有主币，没有辅币，不能完整体现我国货币单位的概念。为健全新中国货币制度，自1955年3月1日起，中国人民银行开始发行第二套人民币，第一套人民币与第二套人民币的兑换比价是10 000：1，这就是人民币价格标准的改革。这种改革，从货币所代表的价值来说没有变化，并不是人民币的贬值，而是把票面金额降低，商品价格也随着降低了，只是在人民币所代表的价格上抹掉了4

小资料

毛泽东生前为什么反对把自己的肖像印在人民币上

世界各国的钞票一般都以本国领袖或杰出人物的肖像作为主景图案，旧中国发行的钞票也都印上了当时的当权者肖像，这已经成为惯例。然而，新中国成立前后，毛泽东打破了这一惯例，多次拒绝在人民币上印刷他的肖像。这是为什么呢？

设计第一套人民币时，设计者出于对毛泽东的尊敬和受国际设计惯例的影响，在票面上设计了毛泽东像，但上报中共中央审查时，毛泽东主席指出："票子是政府发行的，不是党发行的，我现在是党的主席，不是政府主席，怎么能把我的像印上呢？以后人民政府成立后再说吧。"遵照他的指示，图案改成了反映解放区军民生产劳动的情景。1949年10月，中华人民共和国成立之际，当时的中国人民银行行长南汉宸又向毛泽东主席请示在人民币上印刷主席像的问题。毛泽东主席说："我现在虽然是中央人民政府主席，但中央早在七届二中全会就作出过决定，禁止为党的领导人祝寿，禁止用党的领导人名字作地名、街名和建筑物名称以及其（转下页）

（接上页）他一切相关活动，以制止传统的歌功颂德现象。你们要遵守决议，不得在人民币上印刷我的像。"

1951 年开始设计第二套人民币时，参考了前苏联的卢布设计形式。虽然卢布上印有列宁像，但设计者没有直接使用毛泽东头像作主景图案。只是在某些票面的辅助图案上出现了毛泽东像，如 2 角券上的"毛泽东号"列车，车头上嵌有毛泽东像；1 元券的节日景象的天安门城楼中间悬挂毛泽东画像；5 元券的图景是各族人民高举毛泽东画像在天安门前游行。后来，根据毛泽东和周恩来的指示进行了以下修改：一是将 2 角券上"毛泽东号"列车头上的毛泽东像改为五角星；二是将 1 元券天安门城楼上的毛泽东像去掉；三是将 5 元券票面上游行人群高举的毛泽东画像换成横幅标语。

就这样，毛泽东生前一直反对把自己的肖像印在人民币上，直到 1988 年发行第四套人民币 100 元券，共和国领袖的肖像才首次出现在国家发行的钞票上。

个 "0" 而已。从那时至今，第三、四、五套人民币的价格标准一直没有改变。

☆★ 第三节　货币制度

一、货币制度的形成

货币制度简称"币制"，是一个国家以法律形式确定的该国货币流通的结构、体系与组织形式。完整定型的货币制度是从资本主义时期开始的。由于各国的社会经济条件和历史条件不同，决定了各国都有适合本国特点的货币制度。但就货币制度的基本内容和形式来说，又是共同的。因为，无论哪个国家的货币制度都是围绕着组织和管理货币的流通与使用这一核心来建立的，而有关货币流通与使用的基本方面又是大致相同的。

二、货币制度的构成要素

尽管世界各国的货币制度各有特色，但其构成内容和要素是基本一致的。一般而言，货币制度包括以下一些基本构成要素。

（一）规定币材和货币单位

选择何种材料作为本位币的币材，是货币制度首先规定的内容。它是整个货币制度赖以存在的基础。币材并不是由国家意志任意规定的，是由各国生产力水平和经济条件决定的。例如，在资本主义发展初期，由于生产力水平不高，市场商品交易额不大，加之黄金开采量小，成本高，所以各国大都以白银作为主要的货币材料。后来，随着市场交易额不断扩大，黄金开采量也有所增加，黄金和白银一起被确立为本位币材料。当商品流通规模进一步扩大，黄金生产进一步发展，在大多数国家逐渐占据流通中的统治地位，取代白银，被规定为唯一的本位币材料。到了 20 世纪 30 年代，世界各国开始普遍实行纸币制度，低贱的纸将高贵的黄金赶下了货币舞台，成为新一代"革命"币材。这是因为商品生产增长的幅度远远超过了黄金生产的增长幅度，使黄金根本不能满足日益扩大的商品流通的需要，加之黄金在各国分布不均衡等多种原因，使黄金失去了充当本位币的基础。规定货币单位是一国货币制度必不可少的内容，包括规定货币单位的名称和等分。在金属货币充当本位币时，还曾规定货币单位所含的金属货币量。例如，美国的货币单位定名为"美元（US $）"，根据 1934 年 1 月的一项法令，1 美元含金量规定为 13.714 格令（合 0.888 671 克）。中国 1914 年的"国币条例"中规定货币单位名称为"圆"，每圆含纯银库平 6 钱 4 分 8 厘（合 23.977 克）。一国的货币单位就是该国法定的价格标准。

（二）确定货币种类即本位币和辅币

用法定货币金属按照国家规定的规格经国家造币厂铸成的铸币称之为本位币或主币（standard money）。本位币是一国流通中的基本通货。现在流通中完全不兑现的钞票，也称之为本位币，其含义也不过是用以表示是国家承认的、标准的、基本的通货。本位币的最小规格是一个货币单位。例如，旧中国的银铸币全部是 1 元；某些国家的金银铸币最小规格的面值为 5 个、10 个，甚至 100 个货币单位。由于商品价格和服务付费很多是不到一个货币单位或在货币单位之后有小数，因此还需要小于一个货币单位的流通手段，这就出现了辅币制度。辅币（fractional money）的面值大多是本位币的 1/10、1/100，其名称则各有不同。例如，美元的辅币面值为 1%，叫"分"。辅币多由贱金属铸造，为非足值通货。

（三）货币符号

货币符号是代替本位币发挥货币职能的纸制符号。典型形式为金本位制时期的银行券。银行券本来是用以代替商业票据的银行票据，通过贴现商业票据进入流通领域。但是，由于持有的银行券可以随时向发券银行兑现黄金，便成为黄金的符号，代替金币在流通中发挥作用。除了银行券这种典型的货币符号外，还有许多货币代用品也起着货币符号的作用。例如，在纸币制度下某些商品凭证、有价证券、票据、购物证等，都可以在一定范围和时间内或多或少地在流通中代替本位币发挥流通或支付功能。

（四）准备金制度

黄金准备制度又称准备金制度。为了稳定货币，各国货币

讨论

货币制度是由哪些基本要素构成的？

制度中都包含有准备金制度的内容。在实行金属货币制度下，黄金准备制度主要是建立国家的黄金储备，保存在中央银行或国库。在现代信用货币制度下，金银已退出货币流通领域，黄金储备也就作为国际支付准备金。如当一个国家出现国际收支逆差时，可通过在国际市场上抛售黄金换取外汇，以平衡国际收支。

三、货币制度类型

想一想

金属货币本位制可分为哪几种？

某种或某几种商品一旦被规定为币材，即称该货币制度为这种或这几种商品的本位制。以币材来划分，货币制度一般可分为金属货币本位制和信用货币本位制两大类。其中金属货币本位制又可分为银本位制、金银复本位制、金本位制。如图 2-1 所示。

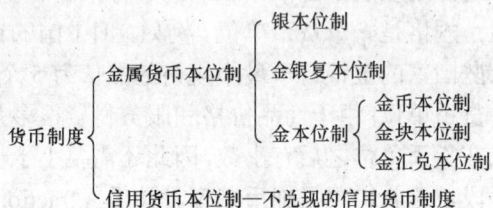

图 2-1　货币制度类型

（一）金属货币本位制

1. 银本位制

银本位制作为历史上最早出现的金属本位制度，是以一定重量和成色的白银作为本位货币币材的一种货币制度。银本位制的主要内容或条件包括以白银作为本位货币币材；白银可以自由铸造、熔化、兑换及输入与输出；银币具有无限法偿的能力；银币的面值与其所含的白银价值相等。

2. 金银复本位制

金银复本位制是指同时以黄金与白银为币材，金、银两种金属同时作为本位货币流通的货币制度。其主要内容包括金银两种本位币都可以自由铸造，自由熔化；都具有无限法偿的能力；都可以自由输入与输出；都可以自由兑换等。金银复本位制的崩溃有其必然性，这就是著名的"格雷欣法则"。格雷欣法则又称"劣币驱逐良币"规律。"劣币驱逐良币"是 16 世纪英国政治家与理财家托马斯·格雷欣在其给英国女王的改铸铸币的建议中提出的，后来被英国经济学家麦克劳德在其著作《经济学纲要》中加以引用，并命名为"格雷欣法则"。"劣币驱逐良币"规律是金银复本位制条件下出现的一种现象，这是因为货币按其本性来说是具有排他性、独占性的，于是在两种实际价值不同而面额价值相同的通货同时流通的情况下，实际价值较高的通货（所谓"良币"）必然会被人们熔化、输出而退出流通领域；而实际价值较低的通货（所谓"劣币"）反而会充斥市场。

3. 金本位制

金本位制是指以黄金作为本位货币的货币制度。其主要特征包括以一定量的黄金计量和表示一国货币单位价格标准；货币可自由在国内外兑换为一定数量的黄金；黄金可以自由买卖，自由输入与输出。按兑换黄金的形式，金本位制又可分为金币本位制、金块本位制和金汇兑本位制。金币本位制是指以金币作为本位货币的货币制度；金块本位制又称生金本位制，是指没有金币的铸造和流通，而由中央银行发行以金块为准备的纸币流通的货币制度；金汇兑本位制又称"虚金本位制"，规定金币为本位货币，但国内并不铸造、使用和流通金币，国内只流通价值符号即纸币，但不能兑换金币或金块，只能购买外汇，即居民可按比价以本币兑换外币，再用外币兑换黄金。

（二）不兑换的信用货币制度

不兑换的信用货币制度又称纸币本位制，是以纸币为本位货币，且纸币不规定含金量，也不能兑换黄金的货币制度。信用制度取代金本位制是货币制度上的一次重大飞跃，适应商品生产与交换的发展，并大大节约了社会流通费用，显示出较大的优越性。但是，由于发行时没有黄金等贵重金属作为保证，货币的创造过程容易出现纸币超额发行，造成通货膨胀、物价上涨，给经济带来危害。

四、我国的货币制度

（一）人民币的发行和管理

中国人民银行的成立和人民币的发行，开创了中国金融史的新纪元。华北人民政府布告说，所有公私款项收付及一切交易，均以人民币为本位货币。人民币"不但统一华北、华东、西北三区的货币，且将逐步统一所有各解放区的货币，成为新中国战时的本位货币"（注：《华北银行总行关于发行中国人民银行钞票的指示》，1948年11月25日），标志着新中国货币制度的开端。

我国现行的是信用货币制度。具有"一国多币"的特殊性。人民币、港元、澳门元、新台币等各种货币各限于本地区流通，人民币与港元、澳门元之间按以市场供求为基础决定的汇价进行兑换，澳门元与港元直接挂钩，新台币主要与美元挂钩。中国内地地区的法定货币是人民币，由国家授权中国人民银行统一发行与管理。人民币的发行主要通过货币发行基金和业务库的管理来实现。对人民币发行与流通的管理，主要体现在发行基金计划的编制、发行基金的运送管理、反假币及票样管理和人民币出入境管理等方面。

《中国人民银行法》规定，中国人民银行履行"发行人民币，管理人民币流通"的职责。《人民币管理条例》明确规定，中国人民银行是国家管理人民币的主管机关。

中国人民银行是我国的中央银行，在国民经济活动中居于特殊地位，是发行的银行、银行的银行和政府的银行。人民币是由国家授权中国人民银行代表国家发行的。中国人民银行是我国唯一掌管货币发行的国家机关，任何其他部门和个人不得发行任何货币或变相货币。同时，中国人民银行还是国务院反假货币工作联席会议的召集人，联席会议办公室设在中国人民银行，是全国反假货币工作的组织协调机构。

1. 人民币的发行程序

人民币的发行必须坚持经济发行，坚持计划发行，坚持高度集中统一发行的原则。

人民币由中国人民银行统一发行，中国人民银行发行新版人民币，应当报国务院批准。发行人民币关系到国计民生，影响社会的方方面面。只有经过国务院的批准，才能保证中国人民银行发行人民币符合国家的利益，符合人民的利益。因此，中国人民银行发行新版人民币，应报国务院批准。中国人民银行在新版人民币的发行工作准备就绪后，应向国务院报告，请示在适当时间发行。国务院如同意发行，则由国务院总理发布国务院令，责成中国人民银行发行新版人民币。

中国人民银行发布人民币发行公告是行使人民币发行权的

想一想

人民币的发行和管理程序有哪些？

法律形式，人民币发行公告是确定特定版别人民币成为法定货币的法律文件，中国人民银行需要将新版人民币的发行时间、面额、图案、式样、规格、主色调、主要特征等向全社会告知。在发行公告中，发行时间是指新版人民币成为法定货币的时间；面额是指人民币票面上标明的价值；图案是指人民币正背面上印制的主景图案；式样一般就硬币而言的，描述硬币的几何形状；规格是指纸币的长宽尺寸和硬币的直径、厚度、重量或长宽尺寸等；主色调一般就纸币而言，描述人民币中某一券别主要使用的色彩；主要特征一般是指前面各要素之外的，该版别纸币或硬币本身显著的特点，特别是采用的公众防伪特征，以便群众识别。

新版人民币只有到发行公告公布的发行日期才成为法定货币。在这之前，中国人民银行不得将其支付给金融机构，否则就是将非法定货币支付给金融机构，是一种违法行为。因防伪或其他原因，需要改变人民币的印制材料、技术或者工艺的，由中国人民银行决定。中国人民银行应当将改版后的人民币的发行时间、面额、主要特征等予以公告，不得在公告发布前将改版人民币支付给金融机构。

中国人民银行每年根据国民经济发展的需要提出货币发行计划，报经国务院批准。人民币印制计划由中国人民银行根据人民币发行基金需要计划制定，编制人民币印制计划是货币发行业务计划管理的一项重要内容。印制人民币的企业接到中国人民银行下达的当年人民币印制计划后，要严格按照这一指令性计划组织生产，严格印制管理，完成印制计划。

为保证货币发行的集中统一和完成货币发行任务，中国人民银行设立人民币发行库，在其分支机构设立分支库，负责保管人民币发行基金。分支库调拨人民币发行基金，应当按照上级库的调拨命令办理。任何单位和个人不得违反规定动用发行基金。

办理人民币存取款业务的金融机构要设立业务库，以保存办理日常业务所需的备用金。为了避免业务库存放过量现金，通常由上级银行和同级人民银行为业务库核定库存限额。

中国人民银行发行人民币是通过办理人民币存取款业务的金融机构的现金收付业务来实现的。办理人民币存取款业务的金融机构在当地中国人民银行开立存款户后，方可向当地中国人民银行存取现金。当其基层行、处现金不足支付时，可到当地中国人民银行在其存款账户余额内提取现金，于是人民币从发行库流入商业银行业务库，就此进入流通领域；当业务库收入的现金超过核定的库存限额时,超过部分应送交中国人民银行发行库,这部分人民币即退出流通领域(见图2-2)。

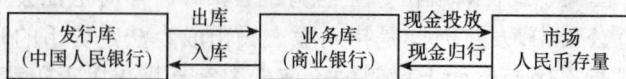

图2-2 人民币的发行程序

2. 人民币的发行种类

从1948年12月1日中国人民银行发行第一套人民币以来,人民币伴随着共和国前进的脚步,已经走过了60年的沧桑历程。迄今为止,人民币已发行了5套纸币、4套硬币以及多套流通纪念币、贵金属纪念币。初步形成了面额结构日趋合理、各类品种配套齐全、防伪功能日臻完善、工艺技术更加先进、艺术效果完美精湛、主题思想鲜明统一的较为成熟的货币体系。人民币在不同的历史时期对我国的经济发展和社会进步发挥了重要的作用。

第一套人民币满足了当时解放战争和新中国成立后恢复经济建设的需要,取代了旧中国市场上流通的五花八门的货币,完成了统一中国货币的任务;第二套人民币适应了国民经济恢复时期的需要,调整了价格标准,同时发行了金属分币,推动了工农业生产的迅速恢复和发展,活跃了城乡经济,促进了国家财政的收支平衡;第三套人民币的发行适应了经济调整的需要,对面额结构进行了微调,还发行了元、角金属流通币,对实现国民经济恢复和国家财政金融状况的好转发挥了作用;第四套人民币的发行适应了商品经济和改革开放的需要,增发了大面额券别,同时发行了3种流通金属币,方便了流通,提高了社会工作效率,促进了国民经济的发展;为适应经济发展和社会进步的要求,从1999年10月1日起中国人民银行开始陆续发行第五套人民币,第五套人民币改进了币种结构,提高了印制技术,增强了防伪功能和机读性能,是对我国货币制度的进一步完善,必将对我国国民经济发展和社会进步发挥重要作用。从总体上说,1999年版第五套人民币是成功的。但是,受当时的经济发展、印制条件的限制,第五套人民币也存在纸币的防伪技术应用缺乏系列化,硬币的防伪技术含量不高等不足。近年来,反假人民币斗争的形势也要求提高人民币的质量和防伪技术。同时,随着世界印钞造币领域科学技术的不断发展变化,中国人民银行研制和掌握了一批新的成熟的印制生产工艺和防伪措施，为改进和提高 1999 年版第五套人民币印制生产工艺、防伪措施奠定了良好的基础。因此，经报国务院批准，中国人民银行从 2003 年开始，组织实施第五套人民币 100元、50 元、20 元、10 元、5 元纸币和 1 角硬币的印制生产工艺、技术改进和提高工作。2005 年 8 月 31 日发行的第五套人民币 6 个券别，保持了 1999 年版第五套人民币主图案、主色调、规格不变，从构成货币的基本要素来说，不是发行一套新的人民币。

（二）人民币的分类

从 1948 年 12 月 1 日起，中国人民银行先后发行了各种面额、各种材质和各种性质的人民币，根据人民币的发行时间、面额、币材等，可以从不同角度对人民币进行分类。

1. 按照发行的时间先后顺序分类

按照人民币的发行时间先后顺序来分类，目前可以将人民币分为第一套、第二套、第三套、第四套、第五套人民币（1999年版）和第五套人民币（2005 年版）。

第一套人民币是中国人民银行 1948 年 12 月 1 日成立时开始发行的，到 1953 年 12 月共发行了 1 元券至 50 000 元券 12 种券别，结束了近百年来中国货币制度混乱的历史，统一了中国货币，至 1955 年 5 月 10 日，第一套人民币全部停止流通使用；第二套人民币从 1955 年 3 月 1 日起开始发行，1957 年 12 月 1 日又发行了 3 种金属硬分币，标志着我国进入了纸、硬币混合流通的时代，"苏印三币"于 1964 年 4 月 15 日停止使用，到 1999 年 1月 1 日，第二套人民币除纸、硬分币以外，全部停止流通使用；第三套人民币纸币从 1962 年 4 月 20 日开始发行，1980 年 4 月15 日起中国人民银行又陆续发行了 4 种金属人民币，至 2000 年7 月 1 日，第三套人民币纸币和 1980 年版的 4 种金属币停止流通使用；第四套人民币自 1987 年 4 月 27 日起开始发行，1992年 6 月 1 日起，中国人民银行又发行了 1 角、5 角和 1 元 3 种金属人民币；为进一步完善我国的货币制度，推动经济发展和社会进步，中国人民银行于 1999 年 10 月 1 日起开始陆续发行了第五套人民币。

为了提高第五套人民币的印制工艺和防伪技术，经国务院批准，中国人民银行对第五套人民币（1999 年版）的生产工艺、防伪技术进行了改进和提高。改进、提高后的 2005 年版第五套人民币 100 元、50 元、20 元、10 元、5 元纸币和 1 角硬币,于 2005 年 8 月 31 日发行流通。

2. 按照价格标准和券别分类

按照人民币的价格标准和券别来分类,人民币可分为主币和辅币两大类,元、角、分 3 个层次。人民币元币是主币,角币和分币属于辅币。

第一套人民币纸币没有主辅币之分,面额较大,种类繁多,但实际单位价值较小,从最小面额 1 元到最大面额 50 000 元,共 12 种券别,62 种版别;第二套人民币提高了单位货币价值,有主辅币之分,最小面额为 1 分,最大面额为 10 元,共 11 种券别,16 种版别;第三套人民币纸币取消了 3 元券,共发行纸币 7 种券别;第四套人民币纸币又增加了 50 元、100 元面额,共发行纸币 9 种券别;第五套人民币增加了 20 元券,取消了 2 元和 2 角券别,共发行 8 种券别。我国流通人民币共发行过 1 分、2 分、5 分、1 角、2 角、5 角、1 元、2 元、3 元、5 元、10 元、20 元、50 元、100 元、200 元、500 元、1 000 元、5 000 元、10 000 元、50 000 元 20 种券别。

3. 按照是否参与流通分类

按照人民币是否参与流通来分类,可以划分为两大类,一类为流通人民币,另一类为非流通人民币。

流通人民币是我国法定货币的主体,是最基本的货币,其发行和流通状况与人们的日常生活息息相关,通常所说的人民币就专指这些人民币。而非流通人民币也是国家法定货币,也具有面值,但这种面值只是象征性的,既不参与实际流通,也不与同面额的流通人民币等值,是专供收藏鉴赏用的特殊形态的人民币,主要指各种贵金属纪念币。

4. 按照人民币的材质分类

按照人民币材质的不同可以划分为两类,一类是人民币纸币,另一类是人民币金属币,也通俗地称为"硬币"。

《人民币管理条例》第 2 条明确规定,中国人民银行依法发行的人民币包括纸币和硬币。纸币和硬币是一对约定俗成的概念,也是我国居民的习惯说法。严格地说,纸币是从货币的材质方面来说的,而硬币则是从货币材质的性能来说的,其实,纸币应与金属货币相对应,硬币应与"软币"相对应。人民币自诞生之日起就以纸币为主，直至现在，纸币仍然是流通货币的主体，这也是世界各国货币发展的普遍趋势。这主要是因为纸币质地轻柔，便于折叠携带；成本低廉，经济合算；最重要的是便于采取各种防伪措施。目前，世界上有少数国家和地区发行了塑料货币，从广义上来说，塑料货币也属于纸币。为了迎接新世纪、新千年的到来，中国人民银行曾发行"迎接新世纪"塑料纪念钞一张，这是我国首次发行塑料钞票。

自 1957 年 12 月 1 日起，我国开始发行金属人民币，主要是供找零用的小面额主币和辅币，1979 年以后开始发行各种材质的流通或非流通纪念币，至今已发行上千个品种。

5. 按照人民币有无纪念内容分类

按照人民币有无纪念内容来划分，可划分为普通人民币和纪念人民币，纪念人民币就是通常所说的纪念币，又可以分为普通纪念币和贵金属纪念币两种。

纪念币是中国人民银行发行的法定货币。普通纪念币包括普通金属纪念币和纪念钞，它与市场上流通的同面额的纸币、硬币价值相等，可同时在市场上流通，任何单位和个人不得拒收；贵金属纪念币是指金、银等贵金属或其合金铸造的纪念币，其面值只是象征性的，不能参与实际流通。

☆ 第四节　货币流通

一、货币流通的概念

货币流通是指在商品经济条件下，货币作为流通手段和支付手段所形成的连续不断的运动。用符号表示为（W—G—W）的运动形式，其特点是作为流通手段的货币可以是代用品，并不一定是价值十足的货币。货币流通是由商品流通（W—W）引起的，是商品流通借以实现的形式。货币流通与商品流通的区别在于，货币流通是物与物的交换，不需要媒介；商品流通是以货币为媒介的商品交换。货币流通在货币产生前就存在；商品流通是在货币之后产生的。货币流通是买卖同时进行的，双方同意就可成交；商品流通买和卖在时间、空间上都是分离的。

二、货币流通形式

货币流通分为现金流通和非现金流通两种形式。这两种形式在国民经济各部门和社会再生产的生产、分配、交换、消费各环节中川流不息地流动着,形成一个现金流通和非现金流通相互转化的统一整体。

1. 现金流通

现金流通是指以现钞(主币和辅币)进行货币收付活动。现金流通是与居民个人收支有关的货币活动,现金流通是否畅通,对于市场商品供求能否平衡,物价能否稳定,具有举足轻重的作用。现金是伴随着银行发放贷款或者存款者提取存款进入流通领域的,如图 2-3 所示。

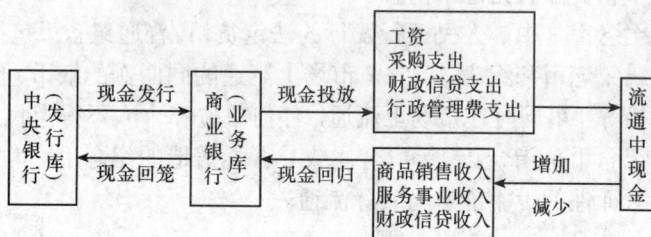

图 2-3　现金流通过程

2. 非现金流通

非现金流通又称转账结算、存款货币流通,是指通过银行转账结算所完成的货币收付。在现实的经济生活中,企业、机关、团体等单位都在银行开立存款账户,有的单位还可以从银行取得贷款。非现金的货币投放与回笼也是在同一过程发生,非现金的货币运动是以银行存款和贷款为基础的转账结算活动。

现金流通和非现金流通共同构成国民经济中统一的货币流通。

三、货币流通规律

货币流通规律是指商品流通量决定市场货币需要量的规律。发展国民经济,保证币值稳定,必须遵循货币流通规律,否则将导致通货膨胀，纸币贬值，物价上涨，经济秩序紊乱。

1. 金属货币流通规律

货币流通的规模是由商品流通的规模和速度决定的。流通中所需要的金属货币量取决于 3 个因素：①待流通的商品数量；②商品的价格水平；③货币流通速度，即一定时间内同一货币单位的平均周转次数。

流通中所需要的金属货币量同商品的价格总额成正比，与货币流通速度成反比。流通中的金属货币需要量同商品价格总额和货币流通速度之间的数量关系，用公式表示为

$$流通中所需要的金属货币量 = \frac{待实现的商品价格总额}{货币流通速度}$$

在货币充当支付手段后，一定时期内流通中所需要的金属货币量会发生变化。用公式表示为

$$一定时期内流通中所需的金属货币量$$
$$= \frac{待售商品总额 - 赊售商品总额 + 到期支付总额}{货币流通速度} -$$
$$\frac{彼此抵消的支付总额}{货币流通速度}$$

2. 纸币流通规律

纸币在流通中代表金银发挥流通手段和支付手段的职能，流通中投入的纸币数量就取决于流通中所需要的金属货币量。纸币发行的数量，受到流通领域所需总金属货币量的限制，如果流通中金属货币的需要量已定，单位纸币代表的价值量就由纸币发行的数量决定。纸币发行的数量越大，单位纸币所代表的价值量就越小，而纸币发行的数量越少，单位纸币所代表的价值量就越大。用公式表示为

$$纸币所代表的金属货币量 = \frac{流通中所必需的金属货币量}{流通中的纸币总量}$$

例如，一个国家的金属货币必需量是 80，货币实际的发行量为 100，那么必然出现以下的通货膨胀、纸币贬值、物价上涨的连锁反应：

$$单位纸币所代表的金属货币 = \frac{80}{100} = 0.8$$

$$纸币贬值率 = \left(1 - \frac{80}{100}\right) \times 100\% = 20\%$$

讨论

如果在流通中金属货币量的需要量已定的情况下，为什么纸币发行的数量越多，单位纸币所代表的价值量就越小？

$$物价上涨率 = \left(\frac{100}{80} - 1\right) \times 100\% = 25\%$$

由此可见，纸币流通规律依存于金属货币流通规律，纸币发行的数额限于其所象征的代表金或银的实际流通数量，发行量越多，每一单位纸币代表的价值就越小，这是不以人的主观意志转移的。因此，任何国家发行的纸币，都必须严格限制在流通领域货币必需量的范围内。

思考题

1. 什么是货币制度？其主要构成要素有哪些？
2. 我国的货币层次是如何划分的？
3. 什么是货币流通？货币流通的主要形式是什么？

案例分析

劣币驱逐良币

一、案例内容

"劣币驱逐良币"规律曾在美国货币史上有所表现。美国于1791年建立金银复本位制，以美元作为货币单位，并规定金币和银币的比价为1∶15。当时法国等实行复本位制的国家规定金银的比价为1∶15.5。也就是说，在美国，金对银的法定比价低于国际市场的比价。于是黄金很快就在美国的流通领域消失了，金银复本位制实际上变成了银本位制。1834年，美国重建复本位制，金银的法定比价定为1∶16，而当时法国和其他实行复本位制的国家规定的金银比价仍然是1∶15.5，这时就出现了相反的情况。由于美国金对银的法定比价高于国际市场的比价，因此金币充斥美国市场，银币却被驱逐出流通领域，金银复本位制实际上变成了金本位制。

二、案例评析

"劣币驱逐良币"是16世纪英国政治家、理财家托马斯·格雷欣在其给英国女王的改铸铸币的建议中提出的，后来被英国经济学家麦克劳德在其著作《经济学纲要》中加以引用，并命名为"格雷欣法则"。"劣币驱逐良币"规律是金银复本位制条件下出现的一种现象，这是因为货币按其本性来说具有排他性、独占性，于是在两种实际价值不同而面额价值相同的通货同时流通的情况下，实际价值较高的通货（所谓"良币"）必然会被人们熔化、输出而退出流通领域；而实际价值较低的通货（所谓"劣币"）反而会充斥市场。为什么在金银复本位制下，会发生"劣币驱逐良币"现象呢？这是因为货币按其本性来说具有排他性、独占性。法律规定金、银两种金属同时作为货币金属是与货币的本性相矛盾的。在金、银两种货币各按其本身所包含的价值同时流通（平行本位制）的条件下，市场上的每一种商品都必然会出现两种价格，一个是金币价格，一个是银币价格。而且这两种价格的对比关系又必然会随着金银市场比价的变化而变化。这样，就必然使市场上的各种交换活动处于非常混乱和困难的境地。为了克服这种困难，国家用法律规定了金银的比价（双本位制）。但是，这种规定又与价值规律的自发作用发生矛盾，因而出现"劣币驱逐良币"的现象是不可避免的。因此，当美国规定金币和银币的比价为1：15，而法国等实行复本位制的国家规定金银的比价为1：15.5 时，人们可以在美国取得 1 盎司黄金，将输送到法国去换取15.5 盎司的白银，然后再将 15.5 盎司的白银运回美国，在美国再购买 1 盎司黄金，还剩下 0.5 盎司的白银，除了弥补运输费用以外，还可以得到一笔利润。如此循环往复，就能获得更多的利润。这样，黄金很快就在美国的流通领域消失了，金银复本位制实际上变成了银本位制。而当美国规定金银的法定比价为 1：16时，法国和其他实行复本位制的国家规定的金银比价仍然是1：15.5，这时就出现了相反的情况。人们可以在法国取得 1 盎司黄金，将其输送到美国去换取 16 盎司的白银，然后又将 16 盎司的白银运回法国，在法国再购买 1 盎司黄金，还剩下 0.5 盎司的白银，除了弥补运输费用以外，还可以得到一笔利润。如此循环往复，也能获得更多的利润。这样，白银很快也在美国的流通领域消失了，金银复本位制实际上变成了金本位制。因此，在金银复本位制下，虽然法律上规定金、银两种金属铸币可以同时流通，但实际上，在某一时期内的市场上主要只有一种金属的铸币在流通。银贱则银币充斥市场，金贱则金币充斥市场，很难保持两种铸币同时并行流通。

三、案例思考

1）什么是"格雷欣法则"？

2）试解释"劣币驱逐良币"的机制。

3）当今社会会不会出现"劣币驱逐良币"现象？

第三章

信用与利率

本章导读

现代经济是信用经济，信用活动随处可见，企业、家庭、政府等各个经济单位无不参与信用活动。本章从信用的发展入手，深刻、细致地探讨了信用、利率的概念、种类、作用，并对社会上存在的各种经济现象作了充分的揭示与剖析。

本章引例

汽车信贷消费是从 1997 年亚洲金融危机后国家采取拉动内需的政策才大力开展的业务。2007 年，中国汽车信贷消费占贷款规模的比例为 6.6%～7.0%，截至当年年底，国内金融机构的个人汽车贷款余额为 1107 亿元。

关键词

信用　信用职能　信用制度　商业信用　银行信用　利息　利率

解析

从本案例中可以看到，目前中国汽车消费信贷市场的竞争主体有 3 个，即银行、汽车经销商和汽车企业财务公司。银行和汽车经销商之间存在着一种既竞争又共生的关系。一方面，目前中国的汽车经销企业还不具备独立开展汽车消费信贷业务的资本规模，需要利用银行的资本开展此项业务，与银行之间是一种合作的关系；另一方面，银行的直客模式使经销商无从获得以前收取的管理费和担保费等，与汽车经销商又形成一定的竞争关系。

第一节　信用的产生与发展

一、信用的概念

　　随着商品生产和交换的发展,商品流通出现了矛盾——现金交易交换方式由于受到客观条件的限制经常发生困难。例如,一些商品生产者出售商品时,购买者却可能因自己的商品尚未卖出而无钱购买。

　　于是,赊销即延期支付的方式应运而生。赊销意味着卖方对买方未来付款承诺的信任,意味着商品的让渡和价值实现发生时间上的分离。这样,买卖双方除了商品交换关系之外,又形成了一种债权债务关系,即信用关系。当赊销到期、支付货款时,货币不再发挥其流通手段的职能而只充当支付手段。这种支付是价值的单方面转移。正是由于货币作为支付手段的职能,使得商品能够在早已让渡之后独立地完成价值的实现,从而确保了信用的兑现。整个过程实质上就是一种区别于实物交易和现金交易的交易形式,即信用交易。

　　信用是指经济上的一种信贷行为,是以偿还本金和付息为条件的价值单方面的让渡。信用本质上是指借贷行为。其特征是以收回为条件的付出,或以归还为义务的取得;而且贷者之所以贷出,是因为有权取得利息(interest),借者之所以可能借入,是因为承担了支付利息的义务。现实生活中有时存在无利息的借贷,但这是由于某种政治目的或经济目的而采取的免除利息的优惠,是一般中的特殊。

二、信用的产生与发展

1. 信用的产生

　　信用与货币一样,遍及整个经济生活,是与商品交换和货币流通紧密相连的一个经济范畴。在货币产生以前的漫长历史时期中,信用的规模是极其有限的。货币的产生一方面促进了社会生产力的迅速发展,为信用规模的扩大提供了雄厚的物质基础;另一方面克服实物信用在方向和数量上的局限,为信用规模的扩大

　　想一想

　　"好借好还,再借不难"这句话是属于信用范畴吗?

　　小常识

　　西方各国文字中,"信用"均源于拉丁文credo,原意为相信、信任、声誉等。

提供了更为有效的手段。

2. 信用的发展

从信用与社会制度的关系来看,信用的发展依次经历了高利贷信用、资本主义信用和社会主义信用 3 个阶段。

（1）高利贷信用

高利贷信用是最古老的信用形式,产生于原始公社制度解体时期。由于社会分工的发展、交换的增长和私有制的出现,原始公社内部出现了财富的分化,货币资财相对集中于某些富裕家族,而另一些贫穷家族则缺少货币,这就形成了产生高利贷的客观条件。当时,高利贷信用部分地以实物形式出现。随着商品货币关系的发展,货币借贷逐渐成为主要形式。高利贷在奴隶社会和封建社会获得了广泛的发展。高利贷是一种保守的信用形式,其利率奇高,往往使农民和其他小生产者在重利盘剥下难以维持简单再生产,从而使生产遭到严重破坏,阻碍了社会生产力的发展。随着资本主义生产关系的发展,高利贷成为产业资本发展的障碍,极高的利息使资本家无利可图,这就产生了新兴资产阶级反对高利贷的斗争。

（2）资本主义信用

资本主义信用的产生与产业资本循环有着直接的联系,产业资本的循环形成暂时闲置的货币资本。由于货币资本不能给资本家带来利润,与资本的特性发生矛盾,从而要求将其贷放出去,以取得利息;而另一些资本家在再生产过程中又往往需要补充的货币资本。因此,需要通过信用形式,把一些资本家暂时闲置的货币资本转让给另一些产业资本家去使用,然后按期归还,并支付一定的利息。

（3）社会主义信用

在社会主义社会,由于存在着商品交换和货币流通,信用仍然是一个客观的经济范畴。社会主义信用反映着社会主义生产关系,体现了各经济部门、单位和个人之间的联系。在社会主义市场经济中,代表不同经济利益的资金剩余者和资金短缺者之间只能借助于有偿借贷的形式来实现资金的调剂。因此,在社会主义市场经济条件下,货币资金余缺的调剂只能采用信用形式。

三、信用的职能与作用

1. 信用的职能

信用的职能即信用本身所具有的功能。信用的职能有以下

俗语说的"驴打滚"是高利贷信用吗?

几种。

（1）信用的流通职能

信用创造了信用流通工具，从而节约了商品生产的非生产费用，并解决了贵金属使用价值的有限性与商品价值表现的无限性之间的矛盾。信用代替现金使用，由于采用转账结算制度，从而加快了货币流通速度，提高了资金使用效果，同时也节省了在货币流通领域中所产生的费用。随着经济的发展和金融制度的完善，新的信用工具不断涌现，运通卡、万事达卡等信用卡和旅行支票代替了现钞和一般的支票，不仅方便了购买者，也为商品供应者带来了源源不断的财富。现在，信用已深入到千家万户，如可转让大额存单、货币市场基金账户以及信用卡已普遍为人们所接受。这里，货币信用本身早已不具备价值，在交换过程中是一种转瞬即逝的东西。

（2）信用的中介职能

信用一方面代表着借入者的集中，另一方面又代表着贷出者的集中。资金盈余者留有多余的货币不能产生任何的收益，甚至可能还会使其贬值，为了保值，并产生一定的收益，资金盈余者会将剩余的资金借给货币经营业者；另一方面，资金缺乏者急需资金以满足现期生产、流通以及消费的需要。这时，货币经营业者将两者联系起来，从而使双方都得到满足。同时，使资金的使用达到最佳状态，因为这时的资金得到了充分的利用，而且由于货币经营业者要从中获利，因此还须根据其吸储成本和资金供求确定适当的利息率，于是信用还必须得到有效的、充分的利用。

（3）信用的分配职能

信用的分配职能是指对社会现有资本的再分配和把收入转化为资本。生产要素之间如劳动资料与劳动力之间，劳动资料之间有一定的比例关系，这些关系如果不合理，通过信用的发放就可以改变要素增量之间的比例。例如，一国的能源和原材料紧缺，通过增加发放贷款，就可以解决投资资金不足，从而增加供给能力，缓解供求矛盾。同时，利率越高，货币经营业者占有社会产品的份额越大，反之则越小。信用还可以在产业资本家之间，甚至同一行业的产业资本家之间进行分配，分配的结果将使产业资本越来越集中，银行资本与产业资本的融合形成了金融寡头。

（4）信用的调节职能

信用的调节职能主要指银行信用。在现代商品经济条件下，

讨论

从 2008 年 10 月 27 日起，下调个人住房公积金贷款各档次利率 0.27 个百分点。五年期以下（含五年）从 4.32%调整为 4.05%，五年期以上从 4.86%调整为 4.59%。会带来什么影响？

信用成为调节国民经济的杠杆。信用的调节功能既表现在总量上，又表现在结构上。以银行信用为例，由于银行信贷规模的大小直接关系着货币供应量的多少。因此，第一，通过信贷规模的变动，调节货币供给量，使货币供给量与货币需求量一致，以保证社会总供求的平衡；第二，通过利率变动和信贷投向的变动，调节需求结构，以实现产品结构、产业结构、经济结构的调整；第三，通过汇率的调整和国际信贷的变动，以达到保证对外经济协调发展，调节国际贸易和国际收支的目的。

2. 信用的作用

在日益发达的现代经济社会中，信用发挥着愈来愈重要的作用，信用对现代经济发展具有推动作用，具体表现在以下几个方面。

（1）信用是筹集资金的工具

这是信用最基本的作用。资金的所有者只暂时让渡其使用权，信用可以不断地把小额、分散、闲置的资金集少成多，续短为长，变死为活，变货币收入为货币资本，变消费基金为积累基金，投入生产经营，促进社会再生产规模不断扩大。

（2）信用是配置资金的工具

信用从形式上看是将资金从暂时闲置者手中调剂至资金短缺者手中，实际上是对资金的重新配置，这种配置不改变资金所有权，只改变资金的实际占有权和使用权，并以偿本付息为条件，提高了资金的使用效率，达到充分利用资金的目的。配置资金的途径一是借助于金融市场，二是依靠银行信用。

（3）信用是调节货币流通、节省流通费用的工具

信用使一部分交易通过赊购赊销或债权债务的方式相互抵消而结清；闲置的货币资本通过银行再贷放出去进入流通领域，使货币流通速度加快，节约了流通货币的使用量。信用货币代替了实体货币的流通，大大降低了社会交易成本。信用加快了资本形态的变化，使社会再生产过程加快，减少了占用在商品储存上的资本，节省了保管费、运输费等费用，使节省的费用投入生产领域。促进了经济发展。

（4）信用是国家实施宏观调控的工具

信用的发展为国家利用经济手段调控经济创造了条件。在信用的基础上形成了由中央银行、商业银行和其他金融机构组成的金融体系，是调节宏观经济的有机体；信用的发展创造出多种信用工具，成为中央银行调控经济的主要手段；国家通过银行信用

想一想

信用对现代经济发展具有哪些推动作用？

规模的收缩和扩张，有效控制社会的货币流通量，使货币供给量与需求量一致，实现对总量的调控，同时运用利率杠杆，调整信贷方向，实现对经济结构的调节。

☆ 第二节　信用制度与信用形式

一、信用制度

信用制度是指关于信用及信用关系的"制度安排"，是对信用行为及关系的规范和保证，即约束人们信用活动和关系的行为规则。

诺思教授认为，"制度是为人类设计的，构建着政治、经济和社会相互关系的一系列约束"。制度是由生活在其中的人们选择和决定的，反过来又规定着、约束着人们的行为，决定人们的行为方式和社会特征。信用制度约束人们信守诺言、履行约定，在获取一定利益的同时，出让相应的利益或履行一定的责任和义务，实现利益的互置。信用制度就是对这种利益关系规范，并在此基础上形成的一系列规则。

信用制度构成经济交往基础的社会"信任结构"。当某一经济主体和另一经济主体进行经济交往时，首先是基于相互间的信任，这种信任包括对行为结果会获得预期利益的信心和交易对方会有助于这一利益实现的信任。如果人们互不信任，一般很难发生经济交往关系。在日常经济生活中，经济交往主体常常是互不相识的，但他们之间对相互的可预见行为都寄予了很大信任。例如，居民把钱存到银行，零售商把大件耐用消费品以分期付款的方式出售给消费者等，这些经济交易的产生，大多是基于对交易对方履行其承诺能力的一种信任。之所以产生这种信任，主要是因为在经济社会里，交易主体都要受制于信用制度及一些成文或不成文的商业行为规则。所以说，信用制度构成了经济交往的信任基础。

二、信用形式

按照信用主体的不同进行划分，信用可以分为商业信用、银行信用、国家信用、消费信用、民间信用、国际信用。

想一想

1）商业信用是如何
产生的？

2）商业信用最主要
的信用工具是什么？

1. 商业信用

商业信用是指企业之间相互提供的、与商品交易直接联系的信用形式。商业信用的主体是工商企业，典型的商业信用是工商企业以赊销方式对购买商品的工商企业所提供的信用。商业信用的主要信用工具是商业票据。商业票据是一种最古老的金融工具。在商业信用中，赊销商品的企业为了保证自己的权益，需要掌握一种能够受到法律保护的债务文书，在这类文书上说明债务人有按照规定金额、期限等约定条件偿还债务的义务。这类文书称之为票据。一般来说，票据有本票和汇票两种。商业本票是由债务人向债权人发出的支付承诺书，承诺在约定期限支付一定款项给债权人；商业汇票是由债权人向债务人发出的支付命令书，命令其在约定的期限支付一定款项给第三人或持票人。汇票必须经过债务人承认才有效；债务人承认付款的手续叫承兑。无论本票还是汇票，期限均不超过 1 年。在商品经济发达的国家中，多颁布有票据法，以保护商业信用中有关当事人的权益。

商业信用的作用有以下几点。

1）商业信用有利于促进经济的发展，商业信用能够在有经济联系的工商企业间调剂资金的使用，保障社会再生产的顺利进行。

2）商业信用的发展可以强化市场经济秩序，强化银行信用。商业信用是工商企业间自发的、分散的信用活动，商业信用通过商业票据来完成，以法律手段保证商业信用的健康发展。

商业信用的局限性有以下几点。

1）融资规模受到限制，因为它是工商企业间自发提供的信用，所以其融资规模要受到个别企业自身资本规模的限制和制约。

2）融资方向受到限制。商业信用只在彼此之间有业务联系，相互了解、有一定信誉的工商企业之间提供。

2. 银行信用

银行信用是指银行及其他金融机构以货币形式提供的信用，是现代经济中最主要的信用形式。具备以下两个特点。

（1）以金融机构作为媒介

这里所说的金融机构主要是指银行，同时也包括经营类似银行业务的其他非银行金融机构。

（2）借贷的对象是处于货币形态的资本

由于借贷的是作为一般流通手段和支付手段的货币而且有金

融机构作为中介，所以商业信用的局限性在银行信用中是不存在的。例如，商业信用只能是上游企业贷给下游企业，而在银行信用中，下游企业多余的货币资本也可贷给上游企业；又如，商业信用的成立需要借者和贷者在借贷规模上取得一致，在银行信用形式下，聚小额的可贷货币可以满足对大额货币资本的借入需求，大额的可贷货币资本也很容易分散满足较小数额的货币借入需求；再如，商业信用的成立需要借者和贷者在借贷的期限上取得一致，在银行信用形式下，把短期可贷货币连接起来可以满足对较长期的资本需求者，较长期的可贷货币也可方便地先后贷给较短期的货币需求者等。通常所剖析的信用的调节功能可以使货币资金得到充分利用，主要是以银行信用形式作为典型来论证的。

3．国家信用

国家信用是国家作为债务人向社会筹集资金的一种信用形式，其实质是国家借债。在现代社会中，国家从国内筹款是内债，从国外筹款是外债。不论内债或外债，在经济生活中都是不可忽视的重要因素。国家信用的主要工具是国库发行的债券，简称国库券。

国债的基本作用是弥补财政赤字。当一国政府正常的收入不足以支付其支出时，就会出现财政赤字。财政赤字可以有许多的弥补方法。发行政府债券，相对于其他弥补赤字的方法，既可以缓解财政困境，又能对经济发展有利。

4．消费信用

消费信用又称消费信贷（consumer credit），是指对消费者个人提供的，用以满足其消费方面所需货币的信用。经济生活中的消费信用是与商品，特别是住房和耐用消费品的销售紧密联系在一起的。消费信贷的方式多种多样，例如，商人直接以赊销的方式，特别是分期付款的方式，向顾客提供信用；银行和其他金融机构直接贷款给个人用以购买耐用消费品、住房以及支付旅游等费用。银行和其他金融机构对个人提供信用时，客户只需持信用卡，便可以在接受该种信用卡的商店购买商品，定期与银行结账等。

5．民间信用

民间信用是指个人之间以货币或实物形式所提供的直接信贷，故又称个人信用。民间信用是一种古老的信用形式，主要是

想一想

发行国库券体现了什么信用？

想一想

财政赤字有哪些弥补方法？相对较好的弥补方法是哪一种？

想一想

按揭售房、助学贷款属于哪一种信用？

适应个人之间为解决生活或生产的临时需要而产生的。民间信用是一种自发的、盲目的、分散的信用活动。在充分发挥民间信用积极作用的同时，也应防止其消极的一面，如风险大、利率高、借贷手续不严等，这就要求政府有关部门对这种信用活动适当地加以管理，采取积极措施，对其加以引导，使其逐步合法化、规范化。此外，中国大部分机关单位设立互助储金会，也可视为民间信用。这种民间信用一般是无息或微息借贷，对帮助群众克服生活上的暂时困难具有积极作用。

6. 国际信用

国际信用是国与国之间的企业、经济组织、金融机构及国际经济组织相互提供的与国际贸易密切联系的信用形式。国际信用的主要形式有出口信贷、银行信贷、国际租赁、补偿贸易、政府信贷、国际金融机构贷款等。国际信用是国际经济关系的重要组成部分，直接影响国际经济贸易的发展，是各国扩大利用外资，加速国内建设的有效途径。改革开放以来，我国充分利用国际信用，积极吸收外资，引进国外先进的技术、设备和管理方法，缓解了国内资金的不足，加快了经济建设的速度，促进了社会生产力水平的提高，极大地促进了社会主义市场经济的发展。

总之，在多种经济形式、多种经营方式和多种流通渠道的情况下，建立一个以银行信用为主体，多种渠道、多种方式、多种工具统筹安排的信用体系，以满足发展经济"大资金"需要。

三、信贷资金运动

在我国，信贷资金是国有企业流动资金的主要来源，也是非国有企业资金的重要来源。信贷资金的运用是否适当，对国民经济的发展有重要的意义。

1. 信贷资金

信贷资金是指银行用于发放贷款的资金。信贷资金的筹集和运用采取有偿的存款和贷款的方式，其特点是按时偿还本金和按期支付利息。

银行信贷资金的来源由4部分组成：①银行自有资金；②各种存款；③各单位委托银行办理结算的资金；④发行的货币。各种存款是信贷资金的主要来源，各类工商企业是银行发放贷款的主要对象。

2．信贷资金的运用

信贷资金主要用于发放各种贷款，较少的部分用于金银储备和外汇储备。

3．信贷资金运动规律

信贷资金的增减变化有一定的规律性。银行自有资金的增减由银行利润的多少、银行向财政缴纳利税的比率和财政向银行增拨（或抽回）信贷基金的数额 3 个因素所决定。各种存款和单位委托银行办理结算资金的增长幅度主要决定于生产和商品流通的增长规模。货币发行量的大小主要决定于商品流通的增长幅度和货币流通的速度。信贷资金的运用主要根据国家经济政策和国家计划的要求，结合市场资金供求的具体情况，在信贷资金来源的可能范围内掌握使用。

所以，必须严格控制信贷资金的投量和投向。信贷资金的投量控制得当，有利于币值的稳定和市场商品供求在总体上的平衡。信贷资金的投量直接影响对国民经济的货币供给量，因此必须在保证货币流通量适应生产和商品流通需要的前提下，确定贷款的规模。信贷资金的投向控制得当，有利于改善国民经济结构和提高宏观经济效益，有利于支持和促进各部门、行业、企业的发展。

☆ 第三节 信 用 工 具

一、信用工具的概念

在信用活动中，借贷双方往往口说无凭，要立据为证，这种以书面形式发行和流通，借以作为明确债权人与债务人之间的权利与义务关系的契约凭证，称为信用工具。

二、信用工具的基本特征

金融市场上的金融交易活动大都通过契约媒介，明确界定交易双方的权利和义务，代表着一定的资金融通关系，这些契约就是信用工具。信用工具必须同时兼备 3 个要点，即有规范化的书面格式、有广泛的社会可接受性或可转让性、具有法律效力。

信用工具一般具有期限性、流动性、风险性和收益性4个基本特征。

1. 期限性

期限性是指一般信用工具有规定的偿还期限。偿还期限是指债务人必须偿还债务前所剩余的时间期限。债务人有义务在规定的期限到期时归还本金，并按约定的条件和方式支付相应的利息。偿还期限一般在信用工具上有明确的规定，如政府发行2年期国债，偿还期即为2年。但对持有人来讲，更有现实意义的是从购买日到该信用工具到期日之间的时间，如政府发行的2年期国债，一年后在金融市场上从他人手中买入，对持有人来说偿还期即为1年而非两年。信用工具的偿还期一般是以月或年为单位，如1个月、3个月、6个月、9个月、1年、2年、3年、5年、10年等。

2. 流动性

流动性是指信用工具在必要时迅速转现而不致遭受损失的能力。信用工具变现越方便，成本越低，流动性也就越强；反之，流动性就差。一般来说，信用工具的流动性与偿还期成反比。货币（通货）这一信用工具本身就是流动性的体现，零期限的活期存款几乎具有完全的流动性。

在大多数情况下，偿还期越短，流动性越大；偿还期越长，流动性越小。但这也不是绝对的，因为在发达的金融市场上，信用工具的盈利率高低也是决定流动性大小的重要因素，一些盈利率高的信用工具，即使偿还期较长，往往也具有很强的流动性。决定信用工具流动性的另一重要因素是发行者的资信程度。例如，政府发行的国债、信誉卓著的公司签发的商业票据、银行发行的可转让大额定期存单等，其流动性就很强。对持有者来说，流动性强的信用工具相当于货币。

3. 风险性

风险性是指购买信用工具的本金和预定收益遭受损失的可能性。风险一般来自两个方面：①债务人不严格履行事先约定的按时支付利息和偿还本金的风险。②市场上金融工具价格下降可能带来的风险。前一种称为信用风险，这类风险与债务人的信誉和经营状况有关；后一种风险称为市场风险。相比之下，后者更难以预测，特别是在股票市场上。

4. 收益性

收益性是指持有信用工具能够带来一定的收益。收益的大小取决于收益率。收益率是指持有期收益与本金的比率。对收益率的比较还要结合银行存款利率、通货膨胀率以及其他信用工具收益率等来进行分析。

信用工具一般都具有上述 4 个特征，但不同的信用工具在上述特征上表现的程度是有差异的，这种差异便是信用工具购买者在进行选择时所要考虑的。

三、信用工具的种类

信用工具按不同的划分标准有多种分类：①按信用工具的期限不同，可分为货币信用工具和资本信用工具，前者主要有商业票据、国债、大额可转让定期存单、回购协议等，后者主要是股票和债券；②按融资形式的不同，可分为直接融资工具和间接融资工具，如商业票据、政府债券、公司股票和债券属于直接融资工具，银行承兑汇票、可转让大额定期存单、银行债券、人寿保险单等由金融机构发行的则属于间接融资工具；③按权利与义务的不同，可分为债务凭证和所有权凭证，股票是所有权凭证，其他金融工具则属于债务工具；④按是否与实际信用活动直接相关，可分为基础性信用工具和衍生性信用工具，前者是指在实际信用活动中出具的能证明信用关系的合法凭证，如商业票据、股票、债券等。衍生性信用工具则是在基础性金融工具之上派生出来的可交易凭证，如各种金融期货、金融期权、可转换证券、互换、远期协议等。与其他分类一样，某一信用工具都能在不同的分类中找到自己的位置。

1. 商业票据

商业票据是由企业签发的以商品交易为基础的短期无担保债务凭证。商业票据是商业信用的一种传统信用工具。由于商业票据以商品交易为基础，故不需要担保；同时，因商品交易已经完成，所以仅反映由此产生的债权债务关系。商业票据的特征是不可争辩性，只要证实票据不是伪造的，付款人就无权以任何借口拒绝履行票据所载的付款义务。

（1）商业票据的性质

1）票据以无条件支付一定金额为目的。

2）票据是一种设权证券。

3）票据是一种无因债权证券。

4）票据是一种可以流通转让的权利证书或流通证书。

5）票据是一种要式证券。

6）票据是一种返还证券。

（2）商业票据的种类

商业票据主要有本票和汇票两种。

1）本票又叫期票，是债务人向债权人开出的在约定期限偿付欠款的债务凭证。因此，买方是出票人，卖方是持票人。本票到期，出票人必须按票面金额向持票人付款。未到期限的本票，持票人必须在其背面作专门签署（即背书）后方能转让流通。本票可以多次转让，但每次转让必须经过一次背书。转让后的本票如出票人到期不能偿付，背书人负有付款责任。

2）汇票，是指出票人（债权人）发给付款人（债务人）的支付命令书，命令付款人在约定的时间、地点，以一定的金额支付给指定的收款人。汇票可分为两种：①远期汇票，是指出票或见票后在将来特定日期付款的汇票；②即期汇票，即提示或见票时立即付款的汇票。图3-1为商业承兑汇票的票样。

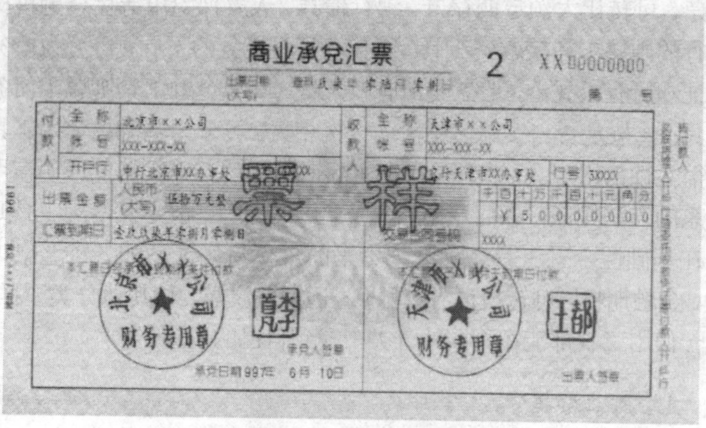

图 3-1　商业承兑汇票票样

2. 债券

债券是债务人向债权人出具的，在一定时期支付利息和到期归还本金的债务凭证。债券票面载明债券发行机构的名称、面额、期限、利率等事项。按发行者不同债券可分为企业债券、政府债券和金融债券三大类。

（1）企业债券

企业债券，又称公司债券，是企业为筹集资金而发行的债务凭证。企业发行债券可以用不动产或动产作抵押，也可由第三方担保，或单凭企业的资信度。企业债券的期限较长，通常在 5 年以上，到期公司偿还本金赎回债券，未到期前分期付息。由于企业债券的风险较大，故利率略高于其他债券。

企业债券的种类很多，常见的有以下几种：①按记名与否分为记名债券和不记名债券；②按有无抵押物分为抵押债券、质押债券、担保债券和信用债券；③按收益方式分为固定利率企业债券、浮动利率企业债券和分红企业债券等；④按本金偿还方式可分为分期偿还债券、一次性偿还债券、可赎债券（企业有权在债券未到期时提前赎回）、可转换债券（可转换为股票）；⑤按发行目的分为购价债券（用于购置固定资产）、合并债券（以一种新债券换回以前发行的各次债券）、偿债债券等。

作为长期资金市场的重要工具，企业债券与股票的主要区别在于债券到期必须偿还，而股票无须偿还本金。不论企业是否获利，企业债券必须按期如数还本付息，而普通股票的收益则取决于企业盈利状况。购买股票可以成为企业的所有者，购买债券仅是企业的债权者。企业债券与商业票据也有差异，主要表现在期限、偿还方法、有否担保、转让方式、与商品交易是否相联系等方面。图 3-2 为企业债券票样。

图 3-2　企业债券票样

（2）政府债券

政府债券是指国家根据信用原则举借债务的借款凭证。政府债券按偿还期不同可分为短、中、长期债券。1 年以内的短期政府债券通常称作国库券；1 年以上的中、长期政府债券就称为公债券，是长期资金市场中的重要金融工具。由中央政府发行的称为国家公债券或国库券，由地方政府发行的称为地方公债券。发行公债筹资主要用于特殊项目的建设或弥补财政赤字。

小资料

政府债券又称"金边债券"。17 世纪时英国政府发行的政府公债都带有金黄色的边条，所以又被称为"金边债券"。金边债券是由英国议会批准发行的，以税收保证支付本息的政府公债，信誉度很高。而"金边"二字也很形象地表现了国债代表国家信用，风险小、流动性强等特征，因此"金边债券"一词逐渐泛指所有中央政府发行的债券，即国债。图 3-3 为我国 1996 年发行的国库券票样。

图 3-3　我国 1996 年发行的国库券票样

（3）金融债券

金融债券是指银行或其他金融机构作为债务人发行的借债凭证，目的是筹措中长期贷款。金融债券发行额度须经中央银行批准，发行方式一般为在金融机构的营业点内公开出售。期限为 1～5 年不等，利率略高于同等期限的定期存款。金融债券到期还本付息，债权人不能提前抽回本金，但允许其进入二级市场转让流通。

中国金融市场上的债券目前主要有以下几个种类：①国债，主要有国库券、财政债券、国家建设债券、国家重点建设债券、特种国债、保值公债、定向公债等 7 个品种；②国家投资债券；③金融机构债券，包括银行金融债券和政策性金融债券。④企业债券，主要有地方企业债券和短期融资债券两种。2006 年我国债券构成比例如图 3-4 所示。

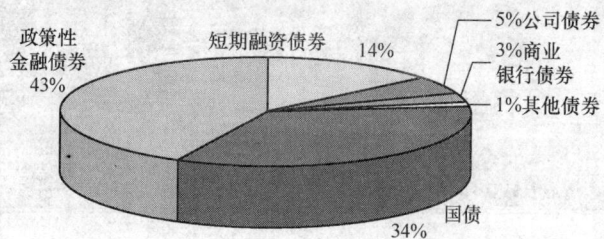

图 3-4　2006 年我国债券的构成

3. 股票

股票是指股份公司发给出资者作为投资入股和索取股息红利的凭证。持有某公司的股票，就意味着是该公司的股东，享有法定的权利并承担相应的义务。

我国目前的股票种类，主要有普通股票、优先股票、面额股票和记名股票。除上述分类外，还有 A 股、B 股、H 股、N 股之分。

A 股是以人民币标明面值，以人民币认购和进行交易，供国内投资者买卖的股票。B 股又称人民币特种股票，是指以人民币标明面值，以外币认购和进行交易的股票、投资者为外国人和我国香港、澳门、台湾地区的居民，持有合法外汇存款的内地居民也可以购买。H 股是指由中国境内注册的公司发行，直接在中国香港上市的股票。N 股是指由中国境内注册的公司发行，直接在美国纽约上市的股票。

4. 金融衍生工具

金融衍生工具是指在基础性金融工具如股票、债券的基础上派生出来的新型信用工具。主要有以下几种。

（1）金融期货

金融期货又称金融期货合约，是指买卖双方在有组织的交易所内以公开竞价的形式达成的，在将来某一特定时间交割标准数量特定金融工具的协议。金融期货有以下几点特征。

1）金融期货交易的对象是标准化的金融工具凭证，如外汇、股票、利率等。

2）金融期货的交易过程是在现在完成的，但却在未来某个规定的时间进行交割。

3）金融期货的价格是通过公开竞价形成的，并不是随金融工具价格的变化而变化。

4）金融期货的交易合约在规定的交割日期到来之前，可以在市场上任意转让。

（2）金融期权

金融期权是指在未来特定的期间内，按照特定的协议价格买卖商品的选择权。期权是一种选择权交易，作为期权的买方在向期权的卖方支付一定数量的保证金后，就取得在规定的时期内按协定价格向期权卖方购买或出售一定数量的某种商品合约的权利，对于买方来讲，期权是一种权利，可以在到期前的任何时候行使、放弃、转卖这种权利，其最大损失是期权费；对卖方来讲，期权是一种义务，卖方必须承担到期或到期前交割履约的义务。

（3）可转换证券

可转换证券是指其持有者可以在一定时期内按一定比例的价格将之转换成一定数量的另一种证券的证券。可转换证券通常是转换成普通股票。按发行时证券的性质，可转换证券主要分为可转换债券和可转换优先股票两种。

（4）金融互换

互换也称调期或掉期，是指交易双方约定在合约有效期内，以事先确定的名义本金额为依据，按约定的支付率（利率、股票指数收益等）相互交换支付的约定。互换主要有两种类型：一种是货币互换；另一种是利率互换。

（5）金融远期协议

远期协议是指合约双方约定在未来某一日期按约定的价格买卖约定数量的相关资产的合约。

第四节　利息与利率

一、利息

利息是与信用相伴相随的，是信用关系成立的条件，利息的存在使信用关系得以产生、发展、壮大，从而促进了经济的发展。

1. 利息的定义

利息又称"子金"、"利金"、"利钱"。是指由借款者支付给贷款者的超过借贷本金的价值。也就是说，利息就是出借资金的报酬或者使用资金的代价，是债权人因贷出货币资本而从债务人处获得的报酬，或者说是债务人为取得货币资本的使用权而付出的代价。利息可以看作是使用资金的价值。利息来源于国民收入或社会财富的增值部分。在现实生活中，利息被看作收益的一般形态，导致了收益的资本化。西方国家还把利息称之为货币资本的"价格"。

2. 利息的本质

从本质上讲，利息来源于雇佣工人所创造的剩余价值，是剩余价值的一部分。或者说，利息是货币资本家和职能资本家共同瓜分雇佣工人创造的剩余价值的一种分配形式。

关于利率本质的论述，西方经济学有各种观点。17 世纪英国古典政治经济学创始人威廉·配第认为利息是因暂时放弃货币的使用权而获得的报酬。亚当·斯密认为借款人借钱以后，可用作资本投入生产；也可用于消费。利息的来源两个方面，一是当借款用于资本时，利息源于利润；二是当借款用于消费时，利息来源于别的收入，如地租等。现代著名经济学家凯恩斯认为利率是在一定时期内放弃资金周转灵活性的报酬。当然还有其他关于利息本质的论述。总的来看，西方经济学对利息本质的看法基本围绕着这样一个思路，即把利息看作是在一段时期内放弃货币流动性的报酬或放弃投资的机会成本。

二、利率

1. 利率的定义

利息率是一定时期内利息额对借贷本金之比，简称利率。利率是借贷期内所形成的利息额与所贷资金额的比率，反映利息水平的高低。现实生活中的利率都是以某种具体形式存在的，利率计算公式为

$$利率 = \frac{利息额}{借货本金额 \times 期限}$$

通过公式可以看出利率受3个因素的影响，即本金、期限和利息。

利息的计息方法包括单利和复利两种。

1）单利计息方法仅以原有本金计息，复利计息在每期届满时，将应得利息加入本金再计息。其计算公式为

$$利息 = 本金 \times 利率 \times 期限$$

$$本金与利息之和 = 本金 \times (1 + 利率 \times 期限)$$

2）复利又称利滚利，计算时，要将每一期的利息加入本金一并计算下期的利息。

$$本金与利息之和 = 本金 \times (1 + 利率)^{期限}$$

$$利息 = 本金 - 本金 \times (1 + 利率)^{期限}$$

【例3-1】 甲向乙借得100 000元，双方约定年利率为4%，3年后归还，届时以单利或复利计算本金与利息之和各为多少？

【解析】 单利计算比较容易，以本金与约定的利率相乘即可。

① 单利计算：

$$利息 = 100\,000 \times 4\% \times 3 = 12\,000（元）$$

$$本金与利息之和 = 100\,000 \times (1 + 4\% \times 3) = 112\,000（元）$$

② 复利计算：

$$利息 = 100\,000 - 100\,000 \times (1 + 4\%)^3 = 12\,486（元）$$

$$本金与利息之和 = 100\,000 \times (1 + 4\%)^3 = 112\,486（元）$$

从计算结果可以看出，在利率相同的条件下，按复利计算，

想一想

我国的零存整取的利息是采用哪能种方法计息的？

可多得利息 486 元。

复利计息能够充分体现利息的本质，体现资金的时间价值。虽然我国计息一般采用单利，但在确定单利的利率水平时仍然采用复利原则。如五年期银行储蓄存款按单利计息的利息收入略高于同一金额一年一年连本带息转存的利息收入，这样做才能有利于吸收长期资金。

复利计息有着极为重要的现实意义，在设计折旧方案、养老金方案、按揭房贷时都要用到它。

2. 利率的种类

1）根据计算利息的时间单位，可划分为年利率、月利率和日利率。年利率是以年为时间单位计息，用"%"表示，俗称"分"；月利率是以月为时间单位，用"‰"表示，俗称"厘"；日利率以日为时间单位计息，俗称"毫"。

2）根据信用行为期限长短为标准，可划分为长期利率和短期利率。长期利率是指借贷时间在一年以上的利率；短期利率是指借贷时间在一年以内的利率。由于借贷期限越长，不确定因素较多，风险较大，所以利率越高；反之，期限越短，利率越低。

3）根据在借贷期内利率是否调整为标准，可划分为固定利率和浮动利率。固定利率是指在融资期限内不随借贷供求状况而变动的利率，适用于短期贷款。浮动利率通常是指在融资期限融资利率不固定，每过一定时间根据市场利率的变化重新确定利率。在我国，浮动利率还有另一种含义，是指金融机构在中央银行规定的浮动幅度内，以基准利率为基础自行确定的利率。

4）按市场规律自由变动为标准，可划分市场利率与法定利率。法定利率又称"官定利率"，是指金融管理当局或中央银行确定的利率。市场利率是指在某一时点的金融市场中由借贷资金的供求关系直接决定并由借贷双方自由议定的利率。

5）实际利率和名义利率。实际利率是指在物价不变，货币购买力不变条件下的利率，在通货膨胀情况下就是剔除通货膨胀因素后的利率。名义利率则是没有剔除通货膨胀因素的利率（借贷契约和有价值证券上载明的利率）。在出现通货膨胀时，名义利率提高，但从实际购买力考察，利率实际上并没有增加或没有名义上增加的那么多。所以要得知实际利率提高与否，必须先剔除通货膨胀的影响。在没有发生通货膨胀或在金属货币流通条件下，没有实际利率与名义利率之分。一般来说，两者之间的关系为

$$实际利率＝名义利率－通货膨胀率$$

小贴士

我国人民币存贷款一直使用固定利率，由中国人民银行统一规定各项存贷款利率。商业银行在中国人民银行规定的一定幅度内，可以上下浮动。而我国外汇贷款一般采用浮动利率，因为外汇贷款的资金相当部分来自国际金融市场。

想一想

银行同业拆借市场利率是哪种类型？

想一想

实际利率的高低，会对资金供求产生怎样影响？

例如，某银行发放的一年期贷款利率为 10%，该国当年的通货膨胀率为 4%，则该贷款的实际利率为 6%。

6）基准利率与差别利率基准利率是对其他利率波动起决定作用的利率。基准利率在市场经济中是无风险利率；市场化水平较低时，是中央银行再贴现利率。差别利率是指金融机构对不同部门、不同期限、不同用途、不同种类以及不同借贷能力等实行不同的利率，体现了金融机构不同的贷款意向以及国家的政策倾向。

三、影响利率变化的因素

影响利率变动的因素有以下几种。

1. 物价水平

在现代信用货币流通的条件下，利率的变动与物价的变动有着非常密切的联系。当物价水平持续上升，即发生通货膨胀时，货币购买力下降，币值下跌，国家为了稳定物价，可以通过调整利率来调节货币供应量，促使货币购买力上升。因为物价上涨，货币贬值，存款的实际利率低于名义利率，存款人经济利益遭受损失，从而影响其存款积极性。因此，为了维持社会存款规模，名义利率也需要随着物价的上涨而上调。相反，当物价水平持续下跌，即发生通货紧缩时，市场低迷，信用收缩，国家为了促使物价水平回升，一般会采取降息的措施。因为物价的持续与普遍下跌将使实际利率升高，这将有利于债权人而损害债务人的利益。而社会上的债务人大多是生产者和投资者，债务负担加重，无疑会使其生产与投资活动受到影响，从而对经济增长带来负面影响。由此可见名义利率与物价水平具有同向变动的趋势。

2. 国际利率水平

现代经济的一个重要特征就是世界经济日益全球化、一体化。在开放的经济体系中，国际间的经济联系使国内市场利率受到国际市场利率的深刻影响。这种影响是通过资金在国际间的流动来实现的。当国际市场利率高于国内利率时，国内货币资本流向国外；反之，当国际市场利率低于国内利率时，则国外货币资本流进国内。不论国内利率水平高于还是低于国际利率，在资本自由流动的条件下，都会引起国内货币市场上资金供求状况的变动，从而引起国内利率变动。

3. 国家经济政策

自20世纪30年代资本主义世界经济大危机后，资本主义国家普遍推行国家干预经济的政策，其中利率成为国家对经济活动实行宏观调控的重要工具。现代市场经济国家的中央银行都把利率作为调节信用，从而调控经济的一个重要手段。通过规定差别利率与优惠利率实现对重点产业、部门或项目的扶持，进而实现产业结构的调整，保证国民经济的协调发展，完成国家预期的经济目标；通过规定和调整官方利率以影响整个市场利率的变动。因此，国家经济政策对利率有重要的影响。

4. 利率管制

在一国经济的非常时期或在经济不发达的阶段，利率管制也是影响利率的一个重要因素。政府有关部门实行利率管制，直接规定利率或利率变动的界限。由于利率管制具有高度行政干预和法律约束力量，排斥各类经济因素对利率的直接影响，因此，实行利率管制的范围是有限的。一旦非常时期结束或经济已走出不发达的阶段，应及时解除利率管制。

除以上诸因素外，习惯和法律传统等因素对利率水平同样起着重要的作用。

思考题

1. 什么是信用？信用有哪些形式？
2. 什么是利息？影响利息率的因素有哪些？
3. 什么是消费信用？列举目前我国消费信用的种类。

案例分析

中国的汽车消费信贷模式

一、案例内容

在中国，汽车信贷消费是从1997年亚洲金融危机后，国家采取拉动内需的政策才大力开展的业务。中国汽车信贷消费占贷款规模的比例只有1%，截至2001年年底，国内金融机构的个人汽车贷款余额为435亿元。据统计，在汽车消费中只有10%是通过分期付款形式销售的。2001年中国汽车销售总额为673

亿元人民币，根据世界平均信贷消费比例（70%）计算，信贷消费总额应为 471 亿元人民币。这说明我国的汽车信贷消费明显低于世界平均水平。

二、案例评析

（1）从信用形式来看

信用作为一种借贷行为，要通过一定的形式表现出来。所谓信用形式，就是表现借贷关系特征的形式。现代信用形式按不同标准可以分成不同的种类：以信用授受的主体为标准，信用可分为商业信用、国家信用、银行信用和个人信用；以信用授受的期限为标准，信用可分为短期信用、中长期信用；以信用授受的用途为标准，可分为生产信用和消费信用；以信用授受的对象（即有无抵押）为标准，可分为对物信用和对人信用等。以信用授受的主体进行分类是较为常用的信用形式。本案例中的消费信用模式既涉及信用的用途和主体，又涉及信用的期限和对象。从信用授受的用途看，本案例中的借贷行为是用于耐用消费品——汽车；从信用授受的主体看，本案例中既有银行信用，也有企业向消费者个人提供的信用；从信用授受的期限看，既有以分期付款形式表现出来的中期信用，又有消费信贷形式的长期信用；从信用授受的对象看，既有对物信用，也有无抵押的对人信用。

（2）从消费信贷市场的竞争来看

本案例中可以看到，目前中国汽车消费信贷市场的竞争主体有 3 个，银行、汽车经销商和汽车企业财务公司。银行和汽车经销商之间存在着一种既竞争又共生的关系。一方面，中国目前的汽车经销企业还不具备独立开展汽车消费信贷业务的资本规模，需要利用银行的资本开展此项业务，与银行之间是一种合作的关系；另一方面，银行的直客模式使经销商无从获得以前收取的管理费和担保费等与汽车经销商又形成了一定的竞争关系。另外，由于银行在客户资信调查工作方面缺乏经验，对风险的态度过于谨慎，所以使得负责资信调查的中介机构有了生存空间。银行与汽车企业财务公司的竞争是正面的，两者各有优势。银行的优势在于，营业网点多，资本雄厚；而财务公司的优势在于，与汽车生产商联系密切，有专业优势，更有调节利润的空间，在利率选择范围上具有自由度。

作为提供汽车消费信贷的机构，银行、财务公司和经销商这三方在未来会形成直接的竞争关系。由于汽车的分销体系往往是以品牌为系列构建的，依附于汽车生产企业的财务公司和经销商会关注某一类产品的营销，而银行则只看重借贷者的偿付能力及信用，而不关注其购买的品牌。因此，在某种程度上，银行、财务公司和经销商之间又可在市场竞争中形成一定的交错关系。例如，在一些财务公司和经销商无法提供金融服务的产品消费中，银行能更广泛地提供服务。目前，国内汽车产业集中度不高，银行与财务公司及经销商形成交错关系的可能性更大。

保险公司介入汽车消费信贷的原因是因为提供信贷的机构希望减少风险。保险公司与银行等机构一起承担风险，使提供消费信贷的主体机构在风险暴露前有了一定的缓冲区。目前，国内保险公司往往不愿意提供保证险种，这是因为保险公司对风险的控制能力还不强，保险业的竞争还不够激烈，保险业的利润率还很高。加入 WTO 后，外资保险公司在汽车消费信贷的保险市场会对国内保险公司形成冲击。

信用体系的缺失一直是汽车消费信贷操作成本高、手续复杂的原因。汽车消费信贷市场要想做大，必须有健全的信用体系作支撑。对于客户的资信调查，除了由银行、财务公司等专门的金融机构来进行外，还可以由专业的资信调查公司来进行。愿意承担一部分担保风险的公司可以相应分得一部分利润。这一领域业务与信贷、保险相结合，就形成了汽车消费信贷市场的一个完整结构。

（3）从我国信用制度的建立与发展来看

信用制度是一种"制度安排"，是对信用行为及关系的规范和保证，即约束人们某一特定类型活动和关系的行为规则。信用制度是在商品交换中形成的，如果没有大多数人在商品交换过程中产生信用关系及对这一关系固定化和普遍化的要求，不仅没有制度化的可能，也没有制度化的必要。因此，信用制度作为一种交易规则是与商品经济的发展相联系的。从广义上来讲，信用制度的构成要素包括信用意识、信用行为和信用关系等。在经济实践中，信用意识具体化为各种信用行为，信用行为的产生必然产生信用关系，信用关系的形成又进一步推动信用交易、信用行为的发生，从而构成了信用的发生执行机制，这是内在的。而这一机制在现实中的稳定和顺利运行依赖于一定的保障制度，这是外在的。

从前面对消费信贷市场竞争的分析中也可以反映出我国当前信用制度建设中存在以下一些问题。

1）社会普遍缺乏信用意识和信用道德规范。

2）企业内部普遍缺乏基本的信用管理制度。

3）我国作为"非征信国家"，征信服务的市场化程度很低。

4）国家信用管理体制不健全，缺乏有效的失信惩罚机制。

因此,我国信用制度的建立和完善,可从以下几个方面考虑:

通过多种方式强化市场主体的信用观念和信用意识;尽快制定信用管理的法律制度,加强信用方面的立法和执法;促进信用中介服务行业的市场化发展;建立并逐步完善政府的信用监督和管理;加强行业协会等民间机构的自律管理;强化企业内部的信用管理;建立完善的个人信用制度。

三、案例思考

1）消费信用什么时候开始进入我国经济生活?

2）消费信用在我国的发展状况如何?消费信用给人们的生活带来哪些变化?

3）我国发展消费信用存在哪些问题?

第 四 章

金融市场

本章导读

通过本章的学习，使学生了解金融市场的含义、构成与分类，掌握金融市场的功能，能够真正理解货币市场、资本市场、国际金融市场特点，认识在社会主义市场经济条件下金融市场的重要作用。

本章引例

以前有个农民在家里养牛，很长时间才能养大一头牛，靠卖牛肉赚钱，他觉得这样太慢了。于是在我国股市特别红火的时候，他干脆把家里的牛卖了，之后进城去买股票。没想到，当他买股票几天以后发现赔了，就到证券公司去退。他说："俺不买了，俺要退钱。"证券公司工作人员说："股票不能退。"他问："为什么不能退，你们证券公司是国家开的吗？为什么我在银行存钱，不存了就可以取出来，在你们这儿买了股票就不能退呢？"证券公司的工作人员说："你买的股票不能退，你想不要股票只能你自己卖出去。"他说："我已经卖不出原来的价钱了，我只要求退钱给我。"

关键词

金融市场　货币市场　资本市场　外汇市场　发行市场　流通市场　金融期货　金融期权　债券股票　回购协议　同业拆借

解忙

这个故事说明我国的金融市场（股票市场）还不成熟，股民还不懂得什么是直接融资，什么是间接融资。如果进入股市，购买股票，就是直接融资，就成为公司的股东了。公司经营是有风险的，这要由股东承担。买完股票之后想不要了，必须通过股市卖出去。除非上市公司做回购注销，或者倒闭清盘，否则这笔钱是要不回来的。因为，买股票就是直接融资。

☆ 第一节　金融市场概述

一、金融市场

在前几章，谈到过货币、信用、银行，由货币产生了信用，在信用的基础上出现了银行，银行又在更大的基础上创造了信用，由此形成了资金的融通，叫作金融。为金融活动提供的场所，就叫金融市场。

金融市场是指由货币资本的供需双方以金融工具为交易对象所形成的市场。金融市场一般有广义与狭义之分，广义的金融市场是由货币资本的借贷、有价证券的发行与交易以及外汇、黄金等买卖活动所形成的市场；狭义的金融市场特指证券（主要是债券和股票）的发行与交易市场。

二、金融市场的构成要素

金融市场的主体是金融运作的参与者、组织者和中介者；种类和数量日益庞杂的金融工具是金融市场交易的客体和金融交易的基本载体；完备的经济、金融法规则是金融市场正常运作的根本保障。金融市场内部的资金流向如图 4-1 所示。

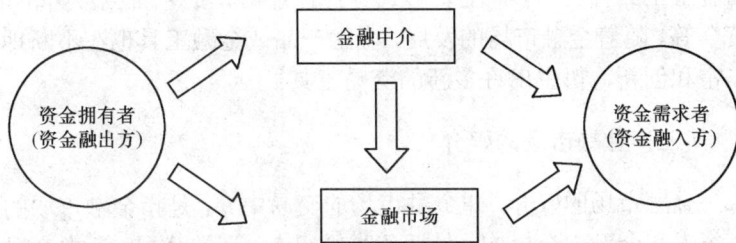

图 4-1　金融市场内部的资金流向

注：图中箭头表示资金流向

（一）金融市场的主体

金融市场的主体又称金融市场的参与者，是指在金融市场上进行金融交易的活动者，即参与金融市场交易活动而形成买卖双方的各经济单位。金融市场的参与者大致可分为以下 5 类：①个人；②企业；③银行和非银行金融机构；④中央银行；⑤政府及政府机构。金融市场的参与者必须是能够独立作出决策，并承担利益和风险的经济主体。

其中，金融机构有其特殊性，常常作为中介机构在金融市场上为金融交易双方提供服务。中央银行既是金融市场的行为主体，有时也是金融市场的监管者，其参与金融市场活动的目的是为了执行货币政策、调控货币供求以稳定本国货币币值。金融市场参与者之间互动关系如图 4-2 所示。

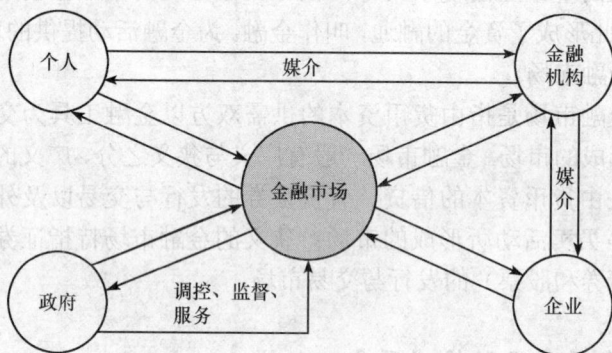

图 4-2　金融市场参与者及其角色

（二）金融市场的客体

金融市场的客体又称金融市场的交易对象，是指金融市场的参加者进行交易的标的物——金融产品或金融工具。金融市场上的金融工具种类繁多，主要形式有各种票据、债券、股票、外汇、黄金等。随着金融市场的发展，金融产品或金融工具也在不断地丰富和创新，衍生出许多新的交易工具。

（三）金融市场的媒介

金融市场的媒介，即金融市场的交易中介，是指金融市场的经纪人和金融中介机构，包括各类经纪人、证券公司、证券交易所、投资银行、商业银行、金融公司、财务公司、票据公司、信托公司，等等。金融市场媒介作为交易双方的代理人，可以提高金融市场的运作效率，是金融市场不可缺少的部分。

（四）金融市场的管理组织和法规制度

为维护金融市场的正常经营秩序，通过制定有关的法律法规，由金融管理当局负责对金融市场进行管理和监控。在金融市场中，交易双方都必须遵守交易的基本规则。只有建立完善的管理组织和健全的法规制度，才能保障金融交易双方的正当权益，保证金融工具的信用。

三、金融市场的类型

根据金融市场交易的性质和特点不同，可以从不同角度对金融市场进行分类。

1）按照交易对象的不同划分，金融市场可分为信贷市场、债券市场、股票市场、票据市场、保险市场、信托市场、租赁市场、外汇市场和黄金市场等。

2）按照金融交易的约定期限不同划分，金融市场可分为期限在一年期以内的货币市场（又称短期资金市场）和期限在一年期以上的资本市场（又称长期资金市场）。

3）根据资金融通中的金融中介机构的特征划分，金融市场可分为直接金融市场和间接金融市场。直接金融市场是指资金需求者直接资金所有者那里融通资金的市场，一般是指通过发行债券和股票的方式筹集资金的融资市场。间接金融市场则是通过银行等信用中介机构作为媒介来进行资金融通的市场。

4）按照金融资产的发行和流通特征划分，金融市场可分为一级市场、二级市场、第三市场和第四市场。一级市场是指资金需求者将金融资产首次出售给公众时所形成的交易市场，又称发行市场。二级市场是指证券发行后，各种证券在不同投资者之间买卖流通所形成的市场，又称流通市场或次级市场。第三市场是原来在交易所上市的证券移到场外进行交易所形成的市场。第四市场是投资者和证券的出售者直接进行交易所形成的市场。

5）按照金融交易的交割期限划分，金融市场可分为现货交易市场和期货交易市场。现货市场是指交易成交后必须立即进行交割的市场，即成交与办理收付手续同时进行。期货市场是指交易成交后在未来约定时间办理交割的金融市场，其特点是成交与办理收付手续不同步，是一种预约性的交易。

6）按照金融交易的地域范围划分，金融市场可分为国内金融市场和国际金融市场。国内金融市场是指金融交易的作用范围仅限于一国之内的市场，包括全国性市场和地区性市场。国际金融市场则是指金融资产跨越国界进行交易的市场，包括传统的国

想一想

如果 A 公司发行股票，股票的票面价值是每股 1 元钱，发行 5 000 万股，集资 5 000 万元。这些资金是从哪儿来的？A 公司先找一家证券公司或投资银行代理办理上市工作，等获得上市资格之后，A 公司发行股票的地方叫作一级市场，又称发行市场。有人在一级市场购买了这只股票后，就成为 A 分司的股东。如果投资者购买股票之后，不想继续持有必须到二级市场出售，即所谓的证券交易所，如深圳证券交易所、上海证券交易所、美国纽约证券交易所、伦敦证券交易所等，在那里出售或买入股票。

际金融市场和离岸金融市场。

四、金融市场的功能

在市场经济中，金融市场与商品市场、劳动力市场、技术市场等各生产要素市场共同构架了完整的市场体系。在整个市场体系中，金融市场处于神经中枢的地位，提供以下经济功能。

1. 融通资金的功能

在经济生活中，存在着资金的供应者和需求者，且具有不同的目标。金融市场的产生与发展为资金的融通以及资金供给者、需求者实现目标创造了条件，提供了媒介和场所的功能。

2. 调节资金的功能

金融市场调节资金的功能主要表现在其运行过程中，当资金的供给大于需求时，利率就会下降；利率下降使筹资成本降低，从而刺激资金需求增加，最终达到资金供求平衡。反之亦然。

3. 积累资金功能

金融市场的积累资金功能主要是通过长期资金市场的作用，促使储蓄转化为投资而实现的。在长期资金市场上，资金需求者（主要是企业和政府部门）通过发行股票或债券，将资金集中用于投资，引导各生产要素的流动和有效组合，从而实现资金的价值增值。

4. 配置资金功能

金融市场在融通、调节、积累资金的同时，还具有促进资金合理流动，实现资源优化配置和有效利用的功能。在经济运行过程中，通过金融市场将资源从低效率利用部门转移到高效率的部门，从而使整个社会的经济资源能最有效地配置在效率高的部门，实现稀缺资源的合理配置和有效利用。金融市场通过竞争机制和价格机制有效地引导资金在不同地区、不同行业、不同企业之间合理流动与重新组合，以提高资金的使用效率，实现资源优化配置，从而推动经济结构的调整和升级。

想一想

请将下列金融交易进行分类，判断是否属于：①货币或资本市场；②初级或次级市场；③公开或协议市场。注意下列交易适合于上述市场分类中一种以上的类别，答案要选出每一种交易适合的所有市场类型。

1）今天 A 访问了一家银行，为购买一辆小汽车和一些家具融资而获得了三年期贷款。

2）B 在附近银行购买了 9 800 元的国债，今天交割。

3）某 A 股普通股票价格上涨，为此 C 电话指示经纪人买入 10 000 股该股票。

4）D 获得了一笔收入，与一家基金公司联系，买入价值 15 000 元证券投资基金。

5. 防范风险功能

金融市场有多种多样的金融工具可供选择,有利于投资者进行投资组合,既能分散投资风险,又能提高投资的安全性与盈利性。特别是针对规避风险而设计的一些金融工具,如套期保值交易等,能为投资者提供转移和防范风险的机制。另外,金融市场是一个高度组织化和制度化的市场,其完善的法律法规、监管制度保证了金融市场交易的规范有序。

6. 反映经济信息功能

金融市场是国民经济的"晴雨表",其反映经济信息的功能主要表现在以下几个方面。

1)金融市场交易状况及其变动直接或间接地反映了货币供应量的松紧及变动,这种由金融市场反馈的宏观经济信息,有利于政府部门及时制定和调整宏观经济政策。

2)各金融市场的价格指数,对本国经济和金融状况的反应最为灵敏,同时也是反映微观经济运行的指示器。

3)金融市场有着广泛及时的收集和传播信息的通信网络,随着世界经济一体化和金融全球化水平的提高,人们可以通过金融市场的信息及时了解世界经济和金融业的发展变化情况。

五、金融市场的趋势

就国际范围而言,近 30 年金融市场已经发生了重大变化。从宏观角度看,金融全球化和金融自由化倾向十分明显;从微观角度看,金融工程化和资产证券化逐渐成为了趋势。

(一)资产证券化

资产证券化是指通过商业银行或投资银行集中及重新组合流动性较差的资产,如金融机构的一些长期固定利率放款或企业的应收账款等,以其作抵押来发行证券,实现了相关债权的流动化。最早产生于美国。

1. 资产证券化趋势的内容

资产证券化的主要特点是将原有不具有流动性的融资形式变成流动性的市场融资。以住宅抵押融资的证券化为例,住宅抵押融资属小额债权，且现金流动不稳定。有关金融机构将若干小额债权集中起来，通过政府机构的担保，使其转换成流动性较高的住宅抵押证券。

20 世纪 80 年代资产证券化又有新发展，具体如下。

1）将住宅抵押证券的做法应用到其他小额债权上，对这些小额债权进行证券化，如汽车贷款。

2）商业不动产融资的流动化，即商业不动产担保证券。以商业不动产的租金收入作为还债资金，与原所有者完全分离。

3）担保抵押债券，是指将住宅抵押凭证、住宅抵押贷款等汇集起来，以此为担保所发行的债券。

专家认为，现代金融正由传统的银行信用阶段发展到证券信用阶段。在此阶段，融资活动以有价证券作为载体，有价证券将价值的储藏功能和流通功能统一于一身，即意味着短期资金可长期化，长期资金可短期化，从而更好地适应了现代化大生产发展对资金调节的要求。

2. 资产证券化的原因

1）金融管制的放松和金融创新的发展。目前，西方国家纷纷采取放松管制的措施，刺激本国金融业的发展。金融创新本身是金融机构规避管制的结果，两者构成了资产证券化的基础。

2）国际债务危机的出现。国际债务危机导致巨额呆账，资产证券化既使原有债权得以重新安排，又使新增债权免受流动性差的困扰。使得银行越来越多地介入国际证券市场，推动资产证券化。

3）现代通信技术及自动化技术的发展为资产证券化创造了条件。

3. 资产证券化的影响

（1）资产证券的有利影响

对投资者来说，资产证券化提供了更多可供选择的新证券种类；对金融机构来说，资产证券化改善其资产的流动性，提高其资金周转效率，是获取成本较低的资金来源，增加收入的一个新渠道；对金融市场来说，资产证券化为金融市场注入新的交易手段，增加市场的活力。

（2）资产证券的不利影响

资产证券化中的资产多是一些长期贷款和应收账款的集合，

其固有风险影响到新证券本身的品质。资产证券化涉及多个当事人,使其风险表现出一定的复杂性,一旦处理不当,就会影响到整个金融体系的稳定。资产证券化也使金融监管当局在信贷扩张及货币供应量的估计上面临更为复杂的问题,对金融的调控监管也会产生一定不利影响。

(二)金融全球化

金融全球化是经济全球化的核心内容和高级发展阶段,国际金融市场正在成为一个密切联系的整体市场,在世界上任何一个主要市场都可以进行相同品种的金融交易,并由于时差原因,可以实现 24 小时不间断的金融交易,世界上任何一个局部市场的波动都可能马上传递到全球其他市场上,这就是金融全球化。

1. 金融全球化的内容

(1)金融市场的全球化

投资者和筹资者可以比较自由地在世界范围的国家或地区的金融市场上从事金融活动。

(2)市场参与者的全球化

资金需求者可以广泛地面向全球来筹集资金,而资金的供应者也可以在全球范围内选择贷款对象。

(3)金融工具的全球化

金融交易的工具,从原生产品到它们的衍生产品,其民族和国家色彩均已淡化,新的金融工具一经创造出来,就立即成为全球金融交易的对象。

2. 金融全球化的原因

金融全球化的原因包括:①金融管制的放松;②现代电子通信技术的发展;③金融创新的影响,许多新型金融工具本身就具有浓厚的国际性质;④国际金融市场上投资主体的变化,即市场参与者的国际化。

3. 金融全球化的影响

(1)金融全球化的有利影响

1)促进国际资本的流动,有利于稀缺资源在国际范围内的合理配置,促进世界经济共同增长。

2)为投资者在国际金融市场上寻找投资机会,合理调整资产持有结构,利用套期保值技术分散风险创造了条件。

想一想

有人说,金融全球化是一把"双刃剑",机遇与风险并存,你是怎么认为的?

议一议

金融全球化对我国金融体系和金融市场产生哪些影响?

3）为筹资者提供了更多选择机会，有利于其获得低成本的资金。

（2）金融全球化的不利影响

1）由于金融市场联系更加紧密，一旦发生局部金融动荡，马上传递到全球各大金融中心，使金融风险的控制更加复杂。

2）增加政府在执行货币政策与金融监管方面的难度。

（三）金融自由化

金融自由化是指20世纪70年代中期以来出现的一种逐渐放松甚至取消对金融活动的某些管制措施的趋势。

1. 金融自由化的表现

1）减少或取消国与国之间对金融机构活动范围的限制。

2）对外汇管制的放松或解除。

3）放宽金融机构业务活动范围的限制，允许金融机构混业经营。

4）放宽或取消对银行的利率管制。

2. 金融自由化的原因

1）经济自由主义思潮的兴起。

2）金融创新的作用。新的金融工具有效地避开和绕过了原有的管制条例，从而客观上促进了管制的放松。

3）金融的证券化和全球化的影响。

3. 金融自由化的影响

1）金融自由化的有利影响包括：①导致金融竞争更加激烈，在一定程度上促进了金融业经营效率的提高；②新的信用工具和交易手段的产生，大大方便了市场参与者的投融资活动，降低了交易成本；③促进资本的国际自由流动，有利于资源在国际间的合理配置，在一定程度上促进了国际贸易的活跃和世界经济发展。

2）金融自由化的不利影响。国际资本的自由流动，既有机遇也有风险。金融管制的放松，对金融机构的稳健经营提出了较高的要求，一旦处理不好，可能危及金融体系的稳定，并导致金融动荡和经济危机。金融自由化还给货币政策的实施及金融监管带来了困难。

实际上，金融自由化并不意味着没有政府的干预和管制，问题的关键不在于是要管制还是要自由化，而是如何适应新的发展态势采取适当的管制措施以趋利避害。

（四）金融工程化

金融工程化是指将工程思维引入金融领域，综合采用各种工程技术方法（主要有数学建模、数值计算、网络图解、仿真模拟等）设计、开发新型的金融产品，创造性地解决金融问题。

☆★ 第二节　货币市场

一、货币市场的构成要素与特点

货币市场是指以期限一年以内的金融工具为媒介进行短期资金融通的市场。由于货币市场主要进行短期资金交易，故又称短期资金市场。如果按交易对象划分，货币市场主要由短期拆借市场（同业拆借市场）、商业票据市场、国库券市场、大额可转让定期存单市场（CD市场）、回购协议市场等组成。

货币市场有以下3个特点：①交易期限短，最短的交易期限只有半天，最长的不超过一年，大多在3～6个月之间；②交易的目的是解决短期资金周转的需要，资金来源于暂时的闲置资金，资金去向一般用于弥补流动资金的临时不足；③所交易的金融工具有较强的货币性，货币市场的交易活动所使用的金融工具因期限短，具有高度的流动性，价格相对平稳，风险较小，随时可以在市场上变现而接近于货币，故被称为货币市场。

下面介绍几个主要的货币市场。

二、短期拆借市场

短期拆借市场主要表现为银行同业资金拆借和银行对企业提供短期信贷资金。银行对企业提供短期信贷资金，主要是为了解决企业流动资金不足或资金周转问题。主要是指同业拆借市场。

1. 同业拆借市场的含义

同业拆借市场是指银行之间、其他金融机构之间以及银行与其他金融机构之间进行的短期、临时性资金拆出、拆入的市场。在市场中相互拆借的资金，主要是各金融机构经营中暂时闲置的

头寸

根据《现代汉语词典》（2002年增补本）的解释，头寸的含义是：①指银行、钱庄等所拥有的款项，收多付少叫"头寸多"，收少付多叫"头寸缺"，结算收付差额叫"轧头寸"，借款弥补差额叫"拆头寸"；②指银根，如银根松也说"头寸松"，银根紧也说"头寸紧"。

通俗地解释，银行资金的头寸就是，银行到处想方设法调进款项的行为称为"调头寸"。如果暂时未用的款项大于需用量时称为"头寸松"，如果资金需求量大于闲置量时就称为"头寸紧"。

资金。相互拆借的目的是为了弥补头寸暂时不足和灵活调度资金。同业拆借市场主要通过现代化通信手段进行交易，借款方也无须提供担保抵押。

2. 同业拆借市场的交易

同业拆借市场的交易主要有两类：一是头寸拆借，二是同业借贷。头寸拆借是指金融机构之间为了轧平头寸，补足法定准备金或减少超额准备金进行的短期资金融通活动，一般为日拆。头寸拆借通常是在票据交换清算时进行的。同业借贷是指金融机构之间因临时性或季节性的资金余缺而进行的相互融通调剂，以灵活调度资金。

3. 同业拆借市场的利率

同业拆借市场利率的确定方式有两种，其一是融资双方根据资金供求关系及其他影响因素自主议定；其二是融资双方借助中介人——经纪商，通过市场公开竞标确定。

三、短期证券市场

短期证券市场是指期限在一年以内的短期证券发行和流通市场。按交易的内容不同，短期证券市场可分为商业票据市场、银行承兑汇票市场、大额可转让定期存单市场、短期政府债券市场、回购协议市场等。

1. 商业票据市场

商业票据市场是货币市场中历史最悠久的短期金融市场，是指以信誉良好的工商企业为出票人，承诺在指定日期按票面金额向持票人付现而发行的一种无抵押担保期票的市场。

商业票据的发行方式通常有两种：一种是发行公司直接发行，卖给购入者；另一种是委托交易商代售。非金融公司发行商业票据大都通过交易商，而金融公司则采用上述两种方式。

商业票据往往以贴现方式进行交易，发行期限短，故商业票据没有专门的流通市场，基本上是一种初级市场。商业票据具有以下特点：①商业票据是一种融资性票据，出票人签发票据的目的是出于融通资金的需要；②商业票据是一种市场票据，在市场上公开发行流通，一般无特定的销售对象；③商业票据是一种短期票据，在市场上流通的商业票据期限大多为1～2个月，最长不超过 9 个月。

一般根据出票人的管理水平、经营能力和风险程度、资金周转情况、产品竞争力、财务结构、经营前景等因素进行综合分析，评出等级。出票人资信等级的差异，致使其商业票据的贴现率也存在差异。

2. 银行承兑汇票市场

银行承兑汇票市场是以银行承兑汇票为交易对象，通过汇票的发行、承兑、转让及贴现而实现资金融通的市场，即以银行信用为基础的市场。

银行承兑汇票是货币市场上的一种重要的融资工具。经银行承兑后的汇票可以在银行承兑汇票市场上以贴现方式获得现款，如果贴现机构自身急需资金，则可凭贴进的未到期汇票向其他金融机构转让，实质上是货币市场上的金融交易行为。由于银行承兑汇票具有出票人和承兑银行两个当事人担保付款，因而其风险小、流动性强、具有可追索性，所以银行承兑汇票深受投资者欢迎。

3. 大额可转让定期存单市场

大额可转让定期存单市场（CDs）是在银行定期存款基础上建立的一种新型金融工具的交易市场。大额可转让定期存单（CDs）是商业银行和金融机构吸收大额定期存款的一种手段，在性质上是定期存款的一种创新。图 4-3 是大额可转让定期存单票样。

图 4-3 大额可转让定期存单票样

4. 短期政府债券市场

短期政府债券市场是指期限在一年以内的政府债券发行与流通市场。短期政府债券又称国库券，是政府为解决短期资金需

想一想

常见的商业票据有哪些？

想一想

国库券与国债有什么不同？

要而发行的一种有价证券。其期限在一年以内，具体可分为 3 个月、6 个月、9 个月和一年期等不同品种。

5. 回购协议市场

回购协议市场是一种现货买卖和远期交易相结合的短期证券市场。所谓回购协议，是指持券人在出售证券的同时，与证券的购买人签订一个协议，约定在一定期限后按约定价格购回所卖证券，从而获取即时可用资金的一种交易行为。从本质上说，回购协议是一种抵押贷款，其抵押品为证券。

回购协议的期限在一天到 6 个月不等。回购协议具有交易金额大、期限短、风险小且收益低等特点，是一种安全有效的短期融资工具。

四、贴现市场

贴现市场又称票据贴现市场，是指银行买进未到期的票据，向持票人融通短期资金的市场。银行在办理票据贴现时，支付给持票人的款项是票面金额扣除贴现利率后的余额，这实际上是银行对持票人的贷款，同时银行从中获得相应的利息收益。

可向银行贴现的票据主要是商业票据和银行承兑汇票。因为银行承兑汇票有承兑银行的付款保证，使贴现银行降低了放款风险，所以银行承兑汇票在票据市场上较受欢迎。

☆ 第三节　资本市场

一、资本市场特点

资本市场是指以期限一年以上的金融工具为媒介，进行长期性资金交易活动的市场，又称长期资金市场。资本市场有以下 4 个特点。

1）资本市场所交易的金融工具期限长，至少一年以上，最长的可达数十年，股票则没有偿还期限，可以长期交易。

2）交易的目的主要是为解决长期投资性资金的供求需要。所筹措的长期资金主要是用于补充固定资本，扩大生产能力，如开办新企业，更新改造或扩充厂房设备，国家长期建设性项目的投资。

3）资金借贷量大，以满足长期投资项目的需要。

4）作为交易工具的有价证券与短期金融工具相比，收益较高而流动性差，价格变动幅度大，有一定的风险性和投机性。

在我国，通常所指的资本市场，一般是指证券市场。按金融交易的性质与层次来划分，资本市场又可分为发行市场和流通市场。

二、证券发行市场

证券发行是指政府、企业以及金融机构以发行有价证券的方式来筹集资金的行为。证券发行市场又称为一级市场或初级市场，是证券发行者和证券购买者之间的资金交易活动所形成的市场。在证券发行市场上，证券从发行者手中直接转移到投资者手中，资金则从投资者手中转移到发行者手中。这样发行者通过发售证券将投资者的资金集中起来，用于生产投资，实现了储蓄向投资的转化。

1. 证券的发行方式

证券的发行方式多种多样，不同的发行方式会对证券的销售产生不同的影响。

1）按发行对象的不同，可分为公募发行和私募发行。公募发行是指公开向不特定的投资者广泛募集资金的证券发行方式；私募发行是指向特定的投资者募集资金的证券发行方式。

2）按发行主体的不同，可分为直接发行和间接发行。直接发行是指证券发行者不委托其他机构，由发行者自己办理有关发行手续，并将证券直接销售给投资者的方式；间接发行是指证券发行者委托中介机构代理出售证券的发行方式。

3）按中介机构（即承销商）承担发行责任的差别，可分为代销、助销和包销三种发行方式。①代销，又称推销，是指承销商按事先约定的发行条件，代发行者销售有价证券，到发行日期满，未售完部分的证券退还给发行者，采用这种销售方式，承销商不承担任何销售风险；②助销，又称余额包销或援助承销，是指承销商按约定发行条件积极推销有价证券，到发行日结束，未售出余额由承销商认购；③包销，又称全额包销或承销，是指承销商按约定的发行条件将全部有价证券一次性买下，然后再以更高价格销售给公众投资者，承销商购买价格与销售价格之差为包销费用，这是最常见的有价证券经销方式。

2. 证券的发行价格

（1）债券的发行利率

债券的发行利率，即债券的票面利率。一般来讲，债券的发行利率是债券的发行人根据债券本身的性质、期限、信用等级、利息支付方式及对市场条件的分析等因素来确定的。

（2）债券的发行价格

在发行债券时，其发行价格未必与债券的票面金额相等。为使债券投资的实际收益率具有吸引力，根据债券本身的市场销售能力和投资者的可接受程度，有时发行人将以高于或低于债券票面金额的价格发行债券。

按照与票面金额的关系，债券的发行价格一般有平价、溢价和折价3种形式。在债券面值与票面利率事先确定的情况下，影响债券发行价格的主要因素是市场利率和年付息次数。当市场利率等于票面利率时，债券以平价发行；当市场利率低于票面利率时，债券以溢价发行；当市场利率高于票面利率时，债券以折价发行。

3. 股票的发行价格

股票发行价格是指公司在证券发行市场上出售股票时所采用的价格。股票发行价格大都为溢价发行，但并不排除在特殊情况下的平价与折价发行。公司股票发行价格的确定，取决于以下一系列因素。

（1）盈利水平

税后利润综合反映了一个公司的经营能力和获利水平，在总股本和市盈率已定的前提下，税后利润越高，发行价格越高；反之亦然。

（2）股票交易市场态势

一般来说，在股指上扬、交易活跃的条件下，受交易价格上升的影响，股票发行价格略高，投资者能够接受；在股指下落、交易疲软的情形下，受股票交易价格下降的影响，股票发行价格不宜过高，否则，投资者难以接受。因此，股票市场的交易价格直接影响着股票的发行价格。

（3）本次股票的发行数量

股票发行受到购股资金量的制约，一次发行股票的数量较大，在确定的时间内，受资金供给量的限制，若发行价格过高，将面临发行失败的风险；相反，一次发行股票的数量较少，受资金供求关系的影响，发行价格可提高。

（4）上市公司所处的行业特点

不同的产业部门受技术先进水平、产品成熟状况、市场开发程度、政府政策支持等因素的影响，处于不同的增长阶段，有着不同的发展前景。一些具有发展潜力的公司，具有较强的竞争能力，市场前景看好，其发行的股票价格可能高些；而处于某些传统产业、竞争力较差的公司，其股票发行价格可能会低一些。

4. 股票发行价格的确定方法

在实践中,确定股票发行价格主要有市盈率法和市场竞争法两种方法。

1）市盈率法，是指根据市盈率的倍数来确定股票发行价格的方法。市盈率全称为市场盈利率，是购买股票的价格与公司每股税后利润的比率。用公式可表示为

$$市盈率 = \frac{每股的购买价格}{公司每股税后利润}$$

根据历史资料预测得到公司的盈利能力后,结合市场的平均市盈率，就可以确定股票的发行价格，计算公式为

$$股票发行价 = \frac{发行当年预测的税后利润}{公司发股后的总股本}$$

2）市场竞争法，是指通过市场竞价来确定股票发行价格的方法。在实行市场竞价时，首先要确定一个发行底价，投资者在规定时间内以不低于发行底价的价格，并按限购比例或数量进行申购；申购期满后，由证券交易所系统将所有有效申购按照价格优先、同价位申报者时间优先的原则，将申购者的申购单由高价位向低价位排队，并统计有效认购数量；当累计有效认购数量达到或超过本次发行股票的数量时，最后一笔申购价位即为本次股票发行的价格。如果在发行底价基础上的申购数量不能达到本次发行的股票数量，则竞价的底价就转为发行价格。因此，市场竞价法又称边际定价法。

5. 证券的发行程序

（1）证券的发行程序
证券的发行程序一般包括：发行者决定发行→选择中介机

构→签订承销协议→申请资信评级→呈交证管部门批准→制作认购申请书，发布募集公告→投资者认购→呈报发行情况等。

（2）股票的发行程序

股票的发行程序一般包括：制定新股发行计划→形成董事会决议→选择中介机构→签订承销合同→编制股票发行申请书→呈交证管部门批准→发布招股说明书→投资者认购→登记等。

三、证券流通市场

证券流通是指已上市发行的证券买卖、转让的交易行为。证券流通市场又称二级市场或次级市场，是指证券投资者转让、买卖证券的交易场所。证券流通市场主要有两种形式：一是场内交易市场，即证券交易所交易市场；另一种是场外交易市场，包括柜台交易市场、第三市场和第四市场。其中，证券交易所交易市场是最主要的证券交易场所。

1. 证券交易所交易市场

（1）证券交易所的组织形式

证券交易所是固定的、有组织地进行证券交易的场所，是证券流通市场的主要组成部分，其本身并不参加交易，只是为证券买卖提供一个公开交易的场所。因此，证券交易所有其特殊的组织形式。

1）会员制。会员制证券交易所是由会员自愿出资共同组成，不以营利为目的的社团法人。交易所的会员必须是出资的证券经纪商和自营商。交易所由会员共同经营、共担费用，只有具有会员资格的券商才能进场交易。交易所的最高权力机构是会员大会，由会员大会选举产生理事会，理事会是交易所的决策管理机构。会员制证券交易所强调自律性原则的管理方式。我国上海和深圳证券交易所均为会员制。

2）公司制。公司制证券交易所是由股东出资组成，以营利为目的的公司法人。交易所的股东可以是银行、证券公司、信托公司以及其他各类公司。交易所为证券经纪商和自营商提供集中交易证券的场所、设施和服务。交易所的最高权力机构是股东大会，由股东大会选举产生的董事会是交易所的决策机构，董事会聘请总经理负责交易所的日常管理，此外还设有监事会。交易所的主要收入来自收取证券上市费和证券交易佣金。

（2）证券交易所的交易规则

证券交易所是具有高度组织和严格规则的证券交易场所。各类证券进入证券交易所挂牌公开上市交易，首先必须经过证券上市管理部门的审核、批准。证券在交易所进行交易，采取公开竞价的方式进行，证券经纪人或自营商在证券交易所进行交易时，要遵循"价格优先"和"时间优先"的原则，以体现公开、公正、公平竞争的原则。报价较高的买者可以优先于报价较低的买者买入证券；报价较低的卖者可以优先于报价较高的卖者卖出证券。在报价相同的情况下，则按委托指令发出时间的先后顺序成交。这是交易所交易的最基本规则。

目前，世界各国股票的流通转让交易大部分是在证券交易所内进行的，而公司债券则主要是在场外进行交易。

想一想

证券交易所是做什么的？

2. 场外交易市场

1）店头市场，又称柜台交易市场。是最典型和最主要的场外交易市场，一般设在证券商的营业点内，由购销双方当面议价进行交易。店头市场交易的参与者主要是证券商和客户。

2）第三市场，是指在证券交易所外专门买卖上市股票的一种场外交易形式。第三市场最早出现于 20 世纪 60 年代的美国，近年发展很快，其原因主要是证券交易所对市场参与者、上市股票有严格的要求，通常还有"最低佣金比率"的限制，不允许随意降低佣金，这就使大批量的股票交易成本非常昂贵。因此，那些非交易所会员的金融机构和大额投资者就在交易所之外买卖这些上市股票，以减轻大宗股票交易的费用负担，从而形成了第三市场。

3）第四市场，是指股票的买卖双方绕开证券经纪商，彼此间利用通信手段直接进行大宗股票交易的市场。参与第四市场股票交易的都是一些大公司、大企业。在美国，第四市场主要是一个计算机网络，想要参与第四市场交易的客户可以租用或加入这个网络，各大公司把股票的买入价和卖出价输入电子计算机系统。客户在购买或出售股票时，可以通知计算机系统，计算机屏幕即可显示出各种股票的买进或卖出价格，一旦客户对某种股票的价格满意，就可以通过计算机终端商谈交易。

3. 证券的交易程序

证券的交易程序是指投资者或股东从开户、买卖股票到股票与资金交割完毕的全过程。大致可分为开户、委托、成交、清算

交割和过户等几个环节。

（1）开户

任何的投资者或股东要进入股市，首先应在证券商或经纪人处开立委托买卖证券的有关账户。在世界许多国家或地区，开户主要是指投资者（或股东）在证券经纪人处开立资金账户的行为。在我国，开户包括开立证券交易专用账户（如股东账户）和资金账户。

（2）委托

委托是指投资者或股东在办理完规定的手续后让证券商或经纪人代理证券买卖的行为。委托的形式主要包括柜台委托、电话委托、电脑委托和其他诸如电报、电传、信函等委托方式。目前网上交易委托已成为新的、重要的委托方式。

（3）清算交割

清算交割是指证券买卖双方成交后交收证券、结清价款的过程，即证券出售方收取价款、交付证券，证券买人方付清价款、收取证券的全过程。

（4）过户

过户是指买入股票的投资者到证券发行机构或指定代理机构办理变更股东名簿记载的手续。

4. 证券的交易方式

证券的交易方式大致有现货交易、信用交易、期货交易和期权交易4种。

（1）现货交易

现货交易又称现金交易，是指证券买卖成交后即时履行交割的一种交易方式。这里的"即时"可以是成交的当日，也可以是交易所规定的日期。中国目前的股票交易均为现货交易，采用的是 T+1 的结算方式。

（2）信用交易

信用交易又称保证金交易或透支交易，是指投资者通过交付一定的保证金的从证券商或经纪人那里取得信用，借入资金或证券入市操作，并在规定时间内返还所借资金或证券，并支付给券商或经纪人佣金和利息的一种交易方式。通过信用交易，投资者不仅能够扩大投资规模，还可以根据需要或市场行情趋势进行信用交易的买空卖空。信用交易方式在国际股市中较为常见，但在我国目前被禁止采用。

第四节　金融衍生工具市场

一、金融衍生工具市场概述

1. 金融衍生工具市场的含义

金融衍生工具，是以杠杆或信用交易为特征，以货币、债券、股票等传统金融工具为基础而衍生的。

随着各种金融衍生工具的出现和发展，形成了专门的金融衍生工具市场。金融衍生工具市场是指以各种金融合约为交易对象的交易场所。在该市场上交易的对象是金融合约，金融衍生工具的价格受相关联的原形金融资产现货市场价格的影响，金融衍生工具市场的运作采用高财务杠杆方式。在金融衍生工具市场上交易的主要有利率期货、利率期权、股票价格指数期货、股票价格指数期权、互换、远期利率协议等。

2. 金融衍生工具的种类

金融衍生工具品种繁多，有的直接以传统金融工具为基础，形式上相对简单；有些则是通过组合再组合、衍生再衍生的方式形成，其表现形式复杂。

（1）按衍生的基础工具分类

1）股权式衍生工具。是指以股票或股票指数为基础工具的金融衍生工具。主要包括股票期货、股票期权、股票指数期货、股票指数期权以及上述合约的混合交易合约。

2）货币衍生工具。是指以各种货币作为基础工具的金融衍生工具。主要包括远期外汇合约、货币期货、货币期权、货币互换以及上述合约的混合交易合约。

3）利率衍生工具。是指以利率或利率的载体为基础工具的金融衍生工具。主要包括远期利率协议、利率期货、利率期权、利率互换以及上述合约的混合交易合约。

（2）按交易方式分类

1）金融远期合约。金融远期合约规定了将来交换的资产、日期、价格和数量，合约条款因交易双方的需要不同而不同。金融远期合约主要有远期利率协议、远期外汇合约、远期股票合约。

2）金融期货。主要包括货币期货、利率期货和股票指数期货。

3）金融期权。包括现货期权和期货期权两大类，每一大类又可分为很多种类，如外汇期权、外汇期货期权等。

4）金融互换。主要有货币互换和利率互换两类。

3. 金融衍生工具的功能

（1）避险功能

金融衍生工具市场诞生的原动力就是风险管理。金融衍生工具可以将市场经济中的市场风险、信用风险等分散在社会经济每个角落的风险，集中在几个期货、期权市场或互换、远期等场外交易市场上，将风险先集中、再分割，然后重新分配，从而使套期保值者能够规避正常经营中的大部分风险，而不承担或只承担极少一部分风险。由于衍生交易的杠杆比率非常高，套期保值者可以以较小的代价、占用较少的资金来实现有效的风险管理。

（2）价格发现功能

金融衍生工具交易特别是场内交易，拥有众多交易者，通过类似于拍卖的方式确定价格，这种情形接近完全竞争市场，能够在相当程度上反映出交易者对金融工具价格走势的预期，使真正的未来价格得以发现。另外，衍生工具的价格通过行情展示和各种媒体的广泛传播，为各界了解汇率、利率及金融趋势提供了重要的参考信息，使这一价格成为指导生产、合理配置社会生产要素的重要依据。实际上，期货市场从信息上主导了现货市场以及远期工具市场的行情。

（3）盈利功能

金融衍生工具的盈利，既包括交易本身所带来的收入也包含提供经纪人服务的收入。金融衍生工具的价格变化会产生盈利，由于存在明显的杠杆效应，如果投资者操作正确就可以取得很高的利润率。

二、金融远期市场

金融远期全称为金融远期合约，是指交易双方达成的在将来某一特定日期按照事先商定的价格，以预先确定的方式买卖某种金融资产的合约。衍生工具的金融远期合约品种主要有远期外汇合约、远期利率协议等。

1. 远期外汇合约

远期外汇合约是指在外汇买卖成交时，双方先签订合同，规定交易的币种、金额、汇率及交割的时间等，并于将来某个约定的时间进行交割的合约方式。

远期外汇合约是为适应国际贸易和国际投资活动、防范汇率风险而产生的。在进出口贸易中，自签订合同到最终结算，货款通常需要一段时间（一般为 3~6 个月），如果在此期间内结算货币的汇率发生变化，进口商或出口商就可能蒙受一定的损失。假设双方以第三国货币进行结算，并约定 3 个月后付款。如果 3 个月后该结算货币的汇率下降，那么当出口商将收到的外汇卖给银行时，只能得到较少的本币；相反，如果 3 个月后该结算货币的汇率上涨，那么当进口商向银行购买外汇以支付出口商时，就需花费较多的本币。为了规避这种汇率风险以保证获得预期的出口收益和利润，在贸易合同生效之际，出口商往往会向银行卖出一笔与收入货款金额相等、3 个月后交割的远期外汇合约，保证其出口收入固定不变。

由此可见，国际贸易商之所以要进行远期外汇交易，主要是为了避免因汇率变化而引起的汇率风险。这种为保值而进行的远期外汇合约买卖，称为套期保值。其实，需要进行套期保值的并不只有国际贸易商，外汇银行和国际投资者也经常通过远期外汇合约对其外汇资产的收付活动进行保值处理。

2. 远期利率协议

远期利率协议是指买卖双方同意，按未来的清算日，对某一协议期限的名义存款或名义贷款金额，就协议利率与参考利率的差额而进行的支付所签订的协议。远期利率协议是一种在场外成交的金融衍生工具，主要用来进行远期利率头寸的保值。

远期利率协议通过将未来某一时间借入或借出资金的实际利率提前锁定在协议利率上而成为交易者防范利率风险的有效工具。例如，甲公司希望固定其未来借款成本，可以购买远期利率协议。这样，当利率上升时，甲公司由该协议所获得收益将抵消因利率上升而导致的成本增加部分，达到防范利率上升风险的目的；当利率下降时，则放弃了因利率下跌所可能带来的收益。

三、金融期货市场

1. 金融期货合约的定义

金融期货合约是指在特定交易所内通过竞价方式，交易双方承诺在未来的某一日或期限内，以约定的价格买进或卖出若干标准单位数量的某种金融工具的标准化协议。

金融期货是20世纪70年代在普通商品期货交易的基础上产生和发展起来的，目前已成为金融衍生工具中交易最活跃、应用最广泛的一个种类。

2. 金融期货交易的特点

1）期货合约均在交易所内，按照一定规则进行交易。由于所有买者和卖者集中在交易所交易，就可以克服远期交易中存在的信息不对称、违约风险高的缺陷。

2）期货合约是标准化的，即合约规模、交割日期、交割地点等都有标准规定，无须双方商定。在期货的交易过程中，买卖双方只需要选择适合自己的期货合约，并确定成交份数和价格即可，交易非常简便。

3）期货合约的当事人有三方。除期货的买卖双方外，交易所内的清算部或清算公司作为第三方，充当所有期货买者的卖出方和所有卖者的买入方。因此，买卖双方不直接接触，不必相互了解和认识，无须担心对方违约。

4）期货合约的买者或卖者可在交割日之前采用双方交易以结束其期货头寸（即平仓），而无须进行最后的实物交割。这样可最大限度地减少对交易者的资金占用。

3. 金融期货合约的种类

按标的物的不同，金融期货可分为外汇期货、利率期货和股价指数期货。

（1）外汇期货

外汇期货是指交易双方在成交后，承诺在未来的日期以事先约定的汇率交割某种特定标准数量的外汇。外汇期货合同是标准化的远期外汇合同，交易币种、合同规模、交易时间、交割时间等都有统一规定。

外汇期货是最早出现的金融期货品种，随着全球经济一体化的发展，外汇期货交易市场一直保持着良好的发展势头。外汇期货涉及的币种主要有美元、英镑、欧元、日元、澳元、加拿大元等。

（2）利率期货

利率期货是指交易所通过公开竞价买入或卖出某种价格的资产，在未来的一定时间按合约交割。以期限一年为限，有长期利率期货和短期利率期货。如长期国债期货、短期国债期货和欧洲美元期货。

（3）股价指数期货

股价指数期货是指以股票价格指数这种没有实物形式的金融商品为交易对象，买卖双方通过交易所竞价确定成交价格——协议股票指数，其合约的金额为股票指数乘以统一的约定乘数，即将股价指数的点数换算成货币单位进行结算，到期时以现金交割。股价指数期货没有实物交割，这是与其他标的物期货的最大区别。

股价指数期货是20世纪80年代金融创新过程中出现的最重要、最成功的金融工具之一。世界上比较著名的股票价格指数有美国标准普尔500指数、纽约股票交易所综合指数、道·琼斯30种工业股票价格指数、美国纳斯达克综合指数、日经指数、伦敦《金融时报》100种股票平均价格指数、香港恒生指数等。

四、金融期权市场

1. 金融期权合约及其相关概念

1）期权，又称为选择权交易，是指能在未来特定时间内以特定价格购买或出售一定数量某种特定工具的权利。

2）金融期权是期权的一种，是以金融工具或金融期货合约为标的物的期权交易形式。

3）金融期权合约是指赋予期权持有者在规定的期限内、按双方约定的价格（协定价格或执行价格）购买或出售一定数量某种金融资产权利的合约。

4）期权购买者（又称期权持有者），在支付一笔较小的费用（期权费）后，就获得了能在合约规定的未来某特定时间内，以实现确定的价格（协议价格）向期权出售者买进或卖出一定数量某种金融工具的权利。对期权购买者而言，期权合约赋予其只有权利而无义务，其可以在期权有效期内的任何时间或特定履约日行使其权利，也可以放弃行使这个权利。

5）期权出售者（又称期权签发者），在收取期权购买者所支付的期权费以后，就承担着在合约规定的时间内，只要期权购买者要求行使其权利，就必须无条件履行合约的义务。对期权出售者而言，期权合约赋予其只有履约的义务而无任何权利。作为合约义务的承担者，期权出售者以在成交时接受的期权费作为承担义务的一种补偿。

6）协定价格（又称履约价格或执行价格）。是指在期权合约中预先规定的、买卖双方行使期权时所使用的价格。此价格一经确定，在期权有效期内，无论期权指标的价格上涨或下跌，只要期权购买者一方要求行使期权，期权出售者就必须以此协定价格履行其义务。

7）期权费（又称保险费），是指期权购买者为获得期权合约所赋予的权利而向期权出售者支付的费用。此费用一经支付，不管期权持有者是否执行该期权，均不能退回。期权费是期权购买者为获取期权、规避风险而付出的代价，视期权种类、期限、标的物价格变动程度的不同而不同。

2. 金融期权的种类

按不同的标准划分，金融期权有不同的种类。

1）根据期权合同赋予持有者的权利不同，期权可以分为看涨期权和看跌期权两种形式。①看涨期权，又称买入期权，是指期权持有者在到期日或到期日之前，以协定价格从期权出售者手中买入一定数量的某种金融工具的权利；②看跌期权，又称卖出期权，是指期权持有者在到期日或到期日之前，以协定价格向期权买入者卖出一定数量的某种金融工具的权利。

2）根据期权执行时间的不同，期权可以分为欧式期权和美式期权。①欧式期权是指期权持有者只能在到期日行使的期权；②美式期权则是指在到期日或到期日之前的任何一个营业日都可以行使的期权。因此，对期权购买者而言，美式期权比欧式期权更灵活，所以美式期权的期权费通常高于欧式期权。

五、金融互换市场

1. 金融互换市场概述

（1）金融互换的定义和目的

金融互换是两个或两个以上当事人按照商定的条件，在约定的时间内，相互交换一系列现金流的合约。金融互换交易的金额都比较大，一般在 1 亿美元以上。金融互换交易起源于 20 世纪 70 年代末，其目的是规避利率或汇率的风险。

（2）金融互换交易的本质

金融互换交易的本质是比较优势和分享利益。比较优势是指交易各方在自己熟悉的领域拥有信誉、信息等优势，利用这些优势以更有利的条件获取某种金融工具；分享利益是指交易各方通过互换业务分配由比较优势而产生的全部经济利益。

（3）金融互换交易的特点

互换交易具有其他衍生工具不可比拟的优点。首先，互换的期限非常灵活，一般为 2～10 年，最长可达 30 年；其次，互换能满足交易者对非标准化交易的要求，掌握起来随心所欲；最后，使用互换进行套期保值十分方便，省去了使用期货、期权等产品对头寸的日常管理。

2. 金融互换市场的类型

（1）货币互换

货币互换是根据交易双方的互补需求，相互交换不同种类的货币和利息的交易行为。实现货币互换的前提是：①交易双方要分别需要对方的币种；②所持有的资本的数值、期限相同。通过货币互换能够降低筹资成本，预先锁定汇率或利率，规避汇率风险和利率风险。

（2）利率互换

利率互换是指两个筹款人分别借到的货币币种相同、金额相等、期限相同，但计息方法却分别为固定利率与浮动利率，双方按商定的规则互相支付对方应付利息，以降低资本成本和利率风险。例如，甲方以固定利率换取乙方的浮动利率，乙方则以浮动利率换取甲方的固定汇率，故称之为互换。

3. 金融互换工具的功能

（1）控制市场风险

金融互换工具是远期合约或期货合约的组合，而且是比远期合约和期货合约更有效率、流动性更高的交易工具，可以达到锁定汇率或利率，防范汇率风险和利率风险的目的。

（2）降低融资成本

互换交易的基础在于其利用比较优势可以大幅度降低融资成本，这是其他衍生工具所不具备的最大特点。所以，金融互换

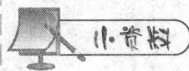

小·资料

货币互换与利率互换都是在 1982 年创造的，是适用于银行信贷和债券筹资的一种资金融通新技术，也是一种新型的规避金融风险的技巧。

市场成为国际上发展较快的筹资市场,是降低融资成本的手段。

(3)规避金融管制

金融互换作为表外业务,更容易规避外汇管制、利率管制以及税收限制等金融管制。

第五节 国际金融市场

一、国际金融市场的概念

国际金融市场是指进行国际间资金借贷或融通的场所。从概念上讲,有广义和狭义之分。广义的国际金融市场是指国际间集中进行各种金融活动的场所领域,包括传统的货币市场(短期资金市场)、资本市场(长期资金市场)、外汇市场和黄金市场,以及20世纪70年代以来形成和发展起来的国际金融期货和期权市场;狭义的国际金融市场则仅指从事国际资金借贷和融通的市场,即货币市场和资本市场。

目前,世界上主要的国际金融中心可以划分为5个区:西欧区(包括伦敦、苏黎士、巴黎、法兰克福、布鲁塞尔和卢森堡),亚洲区(包括新加坡、中国香港、东京),中美洲和加勒比海区(包括开曼群岛和巴拿马),北美洲区(包括纽约以及美国所有设有国际银行设施的州、多伦多、蒙特利尔),中东区(包括巴林、科威特)。在这些国际金融中心中,国际与国内金融市场在地理上并无明显的区别,只经营国际业务的部分即为国际金融市场。

二、国际金融市场的种类

国际金融市场是在居民与非居民之间或非居民与非居民之间,按照市场机制进行货币资金融通和交易的场所或营运网络。国际金融市场在世界范围内进行资金融通、证券买卖及相关的金融业务,参与者可以是一切个人或金融机构。

国际金融市场通常可以分为国际货币市场和国际资本市场、国际外汇市场和国际黄金市场,以及出现在20世纪70年代的金融期货和期权交易市场(国际金融衍生产品市场)。

（一）国际货币市场和国际资本市场

国际货币市场依信贷方式的不同，主要分为银行短期信贷市场、短期证券市场和贴现市场。国际货币市场使用短期金融工具，如国库券、商业票据、银行承兑票据、大额可转让定期存单等，但是，国际金融市场的货币市场组成部分是各主要西方国家的货币市场，所以在各国还有一些其他的短期金融工具被使用，在各个国家的货币市场上表现得不完全相同。

国际资本市场依筹资方式的不同主要可分为银行中长期信贷市场和证券市场。前者信贷期限一般为1～10年，中期一般为3～5年，长期一般为5～10年。贷款人主要是发达国家的大商业银行，贷款方式有独家贷款和银团贷款；借款人则有公司、政府机构、国际机构和金融机构等。证券市场上的有价证券，按性质可分为公司股票和债券两类。主要发行人有政府、公司、企业、机构等；购买人主要是保险公司、信托投资公司、储蓄机构及各种基金会和个人。

（二）国际外汇市场

1. 外汇含义

外汇是指外币或以外币表示的能用于清算国际收支差额的资产。我国《外汇管理条例》规定外汇包括以下内容。

1）外国货币，包括纸币、铸币等。

2）外币支付凭证，包括票据、银行存款凭证、邮政储蓄凭证等。

3）外币有价证券，包括政府债券、公司债券、股票等。

4）特别提款权。

5）其他外汇资产。

2. 外汇市场构成主体

1）外汇银行。是指经本国中央银行批准经营外汇业务的银行。

2）外汇经纪人。是指联系外汇买卖双方，促成交易以收取佣金的中介人。

3）顾客。即外汇的需求者和供应者，包括进出口商、跨国资金借贷者、投资者、出国旅游者、出国留学者等。

4）中央银行。中央银行负有稳定、维持外汇市场运行的责任。

3. 外汇市场的分类

1）按结构划分包括：①银行同业市场，外汇银行、外汇经纪公司和中央银行等；②客户与银行交易市场，参与者为客户和银行。

2）按有无固定场所划分包括：①固定的交易场所，如法国巴黎外汇市场、德国法兰克福外汇市场等；②无固定的交易市场，如通过电话、电报等进行交易的场所。

3）按是否受政府控制划分包括：①官方外汇市场，如中国；②自由外汇市场，如伦敦是世界上最大的自由外汇市场。

4. 外汇交易

外汇交易主要有即期交易、远期交易、掉期交易和期权交易等方式。

1）即期交易，又称现汇交易或现货交易，是指交易双方以当天外汇市场的价格成交，并在两个营业日内进行交割。

2）远期交易，是指交易双方根据合同规定，在约定的到期日，按约定的汇率，办理收付交割。

3）掉期交易，是指在买进或卖出某种货币的同时，卖出或买进交割期不同的同种货币。进行掉期交易的目的在于规避汇率变动的风险。

4）期权交易，是指在外汇买卖中，期权卖方提供给期权买方的一种可在合约期内或者到期时，执行或不执行合同的选择权利，即在一定时间内，期权买方拥有按约定汇价买进或卖出一定数量外汇的权利，也可以放弃这种权利。期权买方要向卖方预先支付保险费或期权费（不论日后是否执行合同）。

（三）国际黄金市场

黄金市场是买卖黄金的场所。因为黄金的买卖既是国家调节国际储备资产的重要手段，也是居民调整个人财富储藏形式的一种方式，所以各国都很重视对黄金的买卖。世界上著名的黄金市场有伦敦、纽约、苏黎世、中国香港。

1. 黄金市场的概念

黄金市场是买卖双方集中进行黄金买卖的交易中心，提供即期和远期交易，允许交易商进行实物交易或者期权期货交易，以投机或套期保值，是各国完整的金融市场体系的重要组成部分。

2. 黄金市场的构成

（1）黄金交易的主体

黄金交易的主体是指黄金市场上的参与者，包括黄金的买方、卖方和黄金经纪人。作为黄金卖方出现的有产金国的采金企业、藏有黄金待售的私人或集团、做金价看跌"空头"的投机者以及各国的中央银行等；作为买方出现的有各国的中央银行、为保值或投资的购买者、做金价看涨"多头"的投机者及以黄金作为工业原料的工商企业等。黄金市场上的交易活动，一般通过黄金经纪人成交。

（2）黄金交易的客体

由于在黄金市场上参与交易的目的不同，黄金买卖的意义也就有所不同。总的来说，用货币购买黄金，无论是作为投机活动、保值的实物，还是作为黄金储备，就金融本质意义而言，这种用货币进行的黄金买卖，属于金融活动范畴。而虽然用货币购买，但用于工业等方面的黄金，因其不再执行货币的部分职能，只充当一般商品，因此不属于金融活动范畴。

（3）黄金市场机制

黄金的买者与卖者自愿结合，自主交易。黄金价格由市场供求关系决定，买卖双方按议定的价格实行交换。

3. 黄金期货的分类

1）按照黄金市场所起的作用和规模，可分为主导性市场和区域性市场。

2）按照交易类型和交易方式的不同，可分为现货交易市场和期货交易市场。

3）按有无固定场所，可分为无形黄金市场和有形黄金市场。

4）按交易管制程度，可分为自由交易、限制交易市场和国内交易市场。

4. 黄金市场的交易方式

黄金市场的交易方式主要有以下几种。

1）实物交易（现货交易）。

2）期货交易。

3）期权交易。

4）黄金租赁交易。

5）黄金掉期交易。

6）黄金调换交易。

5. 黄金市场的发展与趋势

第二次世界大战后，国际金融市场的发展大致经历了 3 个阶段：第一阶段，国际金融市场分散地存在于经济发达国家，纽约、苏黎世、伦敦等传统金融中心占据国际金融市场的主导地位。第二阶段，欧洲货币市场产生和发展，并迅速成为国际金融市场的核心。20 世纪 60 年代以后，欧洲美元、亚洲美元，以及之后的欧洲马克、欧洲法郎、欧洲英镑等其他欧洲货币市场也形成规模。欧洲货币市场的形成实现了信贷的国际化，加快了金融市场的扩散，卢森堡、开曼群岛等一批新金融中心开始繁荣起来。第三阶段，在发达国家金融市场继续发展的同时，发展中国家金融市场也在不断国际化，成为国际金融市场的重要组成部分，促进了金融市场全球一体化。近年来，拉丁美洲、非洲等国家的金融市场逐渐兴起，拥有丰富石油资源的中东国家也在国际金融市场中占有举足轻重的地位。

当前国际金融市场的发展呈现出各国金融市场之间的关联程度越来越高、资本市场与货币市场边界趋于模糊、国际金融市场间价格联动不断加强、金融风险的破坏性和传递性增强、衍生品市场飞速发展、国际融资的证券化趋势增强等特点和趋势。

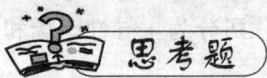

思考题

1. 简述金融市场的种类。
2. 试论金融市场的功能。
3. 简述货币市场的内容、种类。
4. 试分析公司股票上市的具体步骤。
5. 试分析金融衍生工具的功能。
6. 当今金融市场的发展趋势怎样？

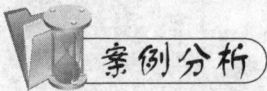

案例分析

韩国金融危机

一、案例内容

1997 年下半年，韩国金融市场急剧动荡，8 月中旬，韩元对美元的比价由年初的 861.3∶1 跌至 900∶1，10 月中旬，股票综合指数跌破 600 点的心理防线。进入 11 月，韩国金融形势急剧恶化，11 月 17 日，政府改革方案未获通过，韩元对美元的比价狂跌至 1 000∶1，股票综合指数又跌至 500 点以下。当日，韩国中央银行放弃 11 月初关于准备投放 20 亿～100 亿美元外汇储备维持韩元汇率稳定的承诺，这无疑是汇价跌破千元的主要原因。20 日，韩国中央银行又决定将韩元汇率的浮动范围扩大，开盘 15 秒后，韩元对美元比价即跌至跌幅下线，为 1 139∶1，同时股市也相继疲软，股票综合指数下跌至 488点。这一天，人们狂抛韩元，抢购美元，银行挤满了提兑存款的居民。人们还争相抢购黄金，致使金价一天内上涨了 10%。从 8 月中旬之后短短两个多月的时间里，韩元贬值 50% 以上，国内股票价格指数也跌至 10 年中的最低点。截至 1997 年12 月 11 日，韩国已有 14 家商业银行和综合金融公司被政府宣布停业，等待它们的将是紧急自救与破产。种种严重金融问题引发了韩国金融危机。

据分析，韩国金融危机产生的原因主要有以下几个。

1）韩国企业集团连续倒闭引发金融机构严重呆账问题是韩国金融危机爆发的导火索。

2）短期商业融资票据的不当使用是韩国金融危机产生的直接原因。

3）韩国政府对金融行业的长期过度干预是造成韩国金融危机的根本原因。

二、案例评析

韩国政府对金融危机采取了一系列的补救措施，动用外汇储备阻止韩元的进一步下跌，着力整顿金融机构，提前向外国投资者开放中长期债券市场等，最后还是向国际货币基金组织申请了援助贷款才渡过了这一危机，但这些金融援助附带的条件也给韩国经济带来了一定的抑制作用。

三、案例思考

1）韩国金融危机引发的内在原因和外在原因是什么？

2）如何防范金融危机？

第五章

金融体系及金融机构

一 解 析

从上述两起空难的案情中可见，保险公司不仅为风险保户及其受益人减轻了经济压力，而且起到了稳定社会情绪、缓解社会精神压力的作用。快速周到的保险理赔工作再次凸显了保险的经济保障和社会保障功能。

在经济生活中，企业往往在出事时才想起保险，其实保险是用今天的钱保障明天的幸福。无论是企业还是个人、在日常生活和生产过程中都可能会面临风险，因此通过保险公司参保是企业必备的一项投资。可以说各类金融机构和人们的生活息息相关，金融机构的分类，为企业和居民提供的金融产品和服务，就是本章学习的内容。

本章导读

金融是现代经济的核心，一国经济的正常运转离不开健全的金融体系，而金融体系中的重要组成部分——金融机构，在整个国民经济中起着举足轻重的作用。金融机构通过疏通、引导资金的流动。促进和实现了资源在经济社会中的分配，提高了全社会经济运行的效率。

本章引例

两起空难凸显保险保障功能

2002 年 4 月 15 日，中国国际航空公司飞往韩国的 CA129 航班在韩国釜山不幸坠落，机上 155 名旅客和 11 名机组成员遇难。

2002 年 5 月 7 日，北方航空公司一架客机在大连海域失事，机上 112 人全部遇难。

在不到一个月的时间内连续发生了两起空难事故，在全国引起了巨大震动。事故发生后，国内各大保险公司迅速启动保险紧急救援系统，积极参与事故的救援并快速开展对失事保户的调查理赔工作。

据统计，"4·15"空难中的 2 161 余万美元的机身险赔付中，中国人民保险公司承担了 302.5 万美元，中国再保险公司承担了 432.5 万美元的分保额。在"5·7"空难的保险赔付中，各保险公司共赔付航空意外险 43 人，共计 860 万元人民币；另据不完全统计，各保险公司赔付的其他人寿保险近 600 万元人民币。两次空难的再保险赔付共为 477.2 万美元。

关键词

金融体系　金融机构　银行类金融机构　国际性金融机构

第一节 金融体系构成与发展

一、金融体系的职能和构成

1. 金融体系概念

金融体系是各种金融工具、金融机构、金融市场和金融制度等一系列要素的集合，是这些金融要素为实现资金融通功能而组成的有机系统。金融体系通过吸收存款、发放贷款、发行证券、交易证券、决定利率、创造金融产品并在市场上流通等金融行为，将可贷资金从储蓄者手中转移到借款者手中，以购买商品、服务和投资，从而促进经济增长，满足人民生活需要。

2. 金融体系的职能

一国的金融体系最基本的职能表现在以下几个方面。

（1）充当资金流通的媒介

使资金由盈余的单位迅速流向资金缺乏的单位，让资金发挥最大的效益。这一职能的实现要借助于以下两种方式。

1）间接融资方式。在银行信用中，银行等金融机构是信用活动的中间环节，是媒介。从积聚资金的角度看，银行是货币资金所有者的债务人；从贷放资金角度看，银行是货币资金需求者的债权人。至于货币资金的所有者同货币资金的需求者，两者之间并不发生直接的债权债务关系，由金融机构充当借贷双方的中介。

2）直接融资方式。通过在金融市场买卖股票、债券等方式实现资金的融通。这是指公司、企业在金融市场上从资金所有者那里融通货币资金，方式是发行股票和债券。股票或公司债券的发行者，售出股票、债券，取得货币资金；资金所有者买进股票、债券，付出货币资金。在这个过程中，资金所有者和资金需要者之间直接建立金融联系，而不需要中介。

（2）为社会提供和创造货币。

概括地说，中央银行提供基础货币，商业银行创造存款货币。中央银行虽然不对一般企事业单位贷款，不能由此派生存款，但掌握着商业银行创造存款货币的源头——基础货币的创造与提供；商业银行作为直接货币提供者，创造存款货币的存贷活动，其提供的货币数量，均建立在基础货币基础上。随着社会扩大再生产的不断发展，新的基础货币不断被中央银行创造出来，又经商业银行体系不断创造出满足经济需要的追加货币供给。

（3）稳定金融体系

各国金融当局作为金融体系的最高监管机构发挥稳定金融体系，保障金融体系安全、有效运行的功能。金融行业是一个高风险的行业，面临的风险极多，而金融风险不仅决定着金融行业本身的生存与兴衰，也极大地影响了国民经济的稳定与发展。

3. 金融体系的构成

金融体系作为各种金融要素有机结合的一个整体，其功能是这些构成要素综合作用的结果。构成金融体系的基本要素主要包括作为交易对象的金融资产或金融工具、作为金融中介和交易主体的金融机构、作为交易场所的金融市场和作为交易活动组织形式和制度保障的金融制度。金融体系的构成如图5-1所示。

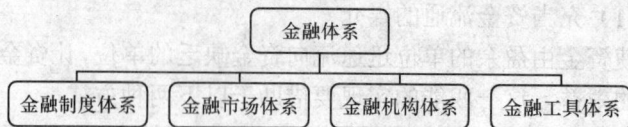

图 5-1　金融体系结构

二、金融机构的概念和分类

金融机构作为金融体系的重要组成部分，通过疏通、引导资金的流动，促进和实现了资源在经济社会中的分配，提高经济运行效率。

1. 金融机构的概念

金融机构是指专门从事货币资金融通活动的中介组织，为社会经济发展和再生产的顺利进行提供金融服务，是一国国民经济体系的重要组成部分。

2. 金融机构的分类

按照一般分类方法，金融机构可以分为银行金融机构和非银行金融机构两类。这两类金融机构有着共同的基本职能,即都起着金融中介的作用。两者之间的区别在于职能的实现程度不同。银行金融机构可以创造具有流通手段和支付手段作用的货币,而非银行金融机构创造货币的能力则大大低于银行金融机构。

三、金融体系的发展方向

近30年来,西方国家的金融机构获得了迅猛的发展,呈现出以下趋势。

1)在业务上不断创新,并向综合化方向发展。西方国家不断推出新机构、新业务种类、新金融工具和新服务项目,以满足顾客的需要;同时,商业银行业务与投资银行业务相结合,使银行发展成为全能性商业银行,为客户提供了更全面的服务。

2)跨国银行的建立使银行的发展更趋于国际化。银行业国际化是指银行业在国外设立分支机构,并从事国际银行业务及开拓境外金融业务。银行国际化是第二次世界大战后在西方各国普遍发展起来的,银行国际化加强了各国金融市场之间的密切联系,促进了国际间的资金流动,也使国际间金融竞争更加激烈,国际性金融风险有增无减。

3)按照《巴塞尔协议》的要求,重组资本结构和经营结构。《巴塞尔协议》是国际清算银行为适应国际形势变化,提出的一套国际金融市场主体的行为规范,由于绝大多数西方发达国家及银行均为国际清算银行的成员,所以《巴塞尔协议》对国际银行业的发展产生了深远影响。

4)兼并成为现代商业银行调整的一个有效手段。20世纪90年代以来,国际银行业出现重组浪潮,收购和兼并活动频繁。尤其是近几年,在国际银行业竞争日趋激烈的情况下,追求规模效益成为几乎所有国家银行业关注的焦点。同时,得益于各国金融管制的普遍放松,为大规模的银行并购提供了可能。例如,1998年银行业巨头花旗银行与旅行者集团、国民银行公司与美洲银行公司、第一银行公司与芝加哥第一公司等宣布合并,并购金额分别为700亿美元、600亿美元、300亿美元,合并后的资产总额分别达到3 109亿美元、5 700亿美元、2 400亿美元。兼并使银行垄断程度加强,大多数国家的少数几家银行垄断了各自银行业的主要市场份额,保持和加强了在全球竞争中的实力与地位。

5）银行与非银行金融机构正在不断融合，形成更为庞大的复合性金融机构。在大多数西方国家的金融体系中，长期以来商业银行与非银行金融机构有明确的业务分工，一般银行业务与信托业务、证券业务分离。但自20世纪80年代以来，金融机构的这种分业经营模式逐渐被打破，各种金融业务不断交叉，原有的差异日趋缩小，呈现由原来分业经营转向多元化、综合性经营的发展趋势。

第二节　银行类金融机构

在银行类金融机构中，银行种类繁多，名称各异，概括起来，主要包括以下几类。

1. 中央银行

中央银行是金融体系中的一种特殊的银行。其特殊性在于，中央银行不以营利为目的，是专门行使宏观调控与金融管理的机构，作为发行的银行、银行的银行和国家的银行，是一国金融体系的核心。

2. 商业银行

商业银行是以经营工商业存贷款为主要业务，并为客户提供多种金融服务的金融机构。金融机构体系的骨干和主体。

3. 专业银行

专业银行是指专门经营规定范围业务和提供专门性金融服务的银行。主要有投资银行、储蓄银行、抵押银行。

4. 政策性银行

政策性银行是指由政府创立、参股或保证的，不以营利为目的，专门为贯彻、配合政府产业政策、区域发展政策在特定领域内，从事政策性融资活动的金融机构，例如国家开发银行、中国农业发展银行、中国进出口银行等。

第三节　非银行金融机构

一、证券公司

（一）证券公司的功能

证券公司是一国金融体系的重要组成部分,是证券市场重要的组织者、参与者。证券公司作为连接证券市场上资金供求双方的桥梁和纽带,并为之提供适合各自所需的金融工具,对实现一国资源的有效配置和促进产业集中也起到了十分重要的作用。

1. 沟通资金供需

证券公司作为沟通资金盈余者和资金短缺者的桥梁,一方面使资金盈余者能够充分利用多余资金来获取收益;另一方面又帮助资金短缺者获得所需资金以实现发展。证券公司本身并不介入投资者和筹资者之间的权利义务关系,投资者和筹资者互相接触,并且相互拥有权利和承担相应义务。证券公司侧重于中、长期资本市场。

2. 优化资源配置

证券公司通过其资金媒介作用,引导社会资金通过发行股票和债券等方式流向效益好的产业和企业,促进企业生产规模的扩大,引导产业的集中,促进生产的社会化向更高层次发展,通过资源的合理配置来提高国家整体的经济效益。同时,证券公司帮助企业发行股票和债券,将企业的经营管理置于广大股东和债权人的监督之下,有利于整个社会经济建立科学的激励、约束机制,实现社会资源的优化配置。

3. 维系证券市场有序发展

证券市场由证券发行人、证券投资者、证券交易所、证券管理组织者、证券公司和服务机构组成。其中,证券公司起着联系不同主体、构造证券市场的重要作用。

在证券市场上,证券公司以自营商、经纪商、做市商等身份参与交易市场,对提高交易效率、维持场内秩序、稳定证券价格、保障交易活动的顺利进行都发挥着重要作用。证券公司还是重要的信息服务机构。通过搜集资料、调查研究和提供咨询服务，证券经营机构极好地促进了各种信息在证券市场中的传播，提高了证券市场透明度，维护了市场公开性原则。

（二）证券公司的主要业务

1. 证券承销业务

证券承销业务是指证券公司代理证券发行人发行证券的行为。证券承销业务是综合类证券公司的一项重要业务。当证券发行人确定证券的种类和发行条件并且报请证券管理机关批准之后，证券公司与之签订证券承销协议，明确双方的权利、义务及责任。

证券公司的承销方式一般包括包销和代销两种方式。包销是指证券公司将发行人发行的证券先全部购入，然后卖出，或者在承销结束时将售后剩余的证券全部买下的承销方式。代销则是指证券公司代发行人发售证券，在发行期结束后，将未出售的证券全部退还给发行人或包销人的承销方式。在包销情况下，承销机构要承担全部发行风险，发行人可以及时、足额地获取所需资金，但发行人支付给承销机构的发行费用较高。因此，通常适用于发行金额较大、急需用款、效益和信誉俱佳的发行人。在代销情况下，承销机构不承担发行风险，发行人支付给承销机构的发行费用相对较低。因此，在证券质量一般、不具备竞争能力，且承销商认为包销风险较大或者发行人对证券在预定期限内售完很有把握时，一般采用此种方式。另外，如果发行证券的数量与金额较大，一家证券公司难以承担承销责任，则需若干家证券公司组成承销团。在承销团中，有一家证券公司担任主承销商，其余的证券公司担任分销商。

2. 证券经纪业务

证券经纪业务又称代理买卖业务，是指证券公司接受客户委托买卖有价证券的行为。证券经纪业务是证券公司一项最基本的业务。证券公司作为中介，根据委托人对证券品种、价格和交易数量的委托代为办理证券交易。证券经济业务从开始到结束，程序大致有开立账户、交易委托、竞价与成交、清算与过户。

在证券经济业务中，证券公司应遵循代理原则、效益原则和"三公"原则。代理原则是指证券公司不能接受按有关法规规定不能参与证券交易的人的委托，也不能受理全权选择证券种类、买卖数量、买卖价格、买卖方向等的委托。对于证券买卖后所形成的盈利与损失，无权参与分享，也无须承担责任。效率原则是证券公司在进行经纪业务时注重效率。证券公司在接到客户委托后，应尽快按规定程序将委托事项以一定方式向交易所进行申报。只有这样，证券公司才能提高自己的声誉，吸引更多的客户，增加交易量，进而创造出更好的效益。"三公原"则是指证券公司在开展证券经纪业务时要做到资料、委托价格、成交的情况公开，操作程序、交易的结果公平、公正。

3. 证券自营业务

证券自营业务是指证券公司为本机构买卖证券、赚取差价并承担相应风险的行为。

证券公司在自营业务中，一方面作为证券买入者，以自有资金和自身账户买进证券；另一方面又充当证券卖出者，卖出持有的证券，并获取价差收益。由于证券市场的高风险性和高收益性，证券公司的自营业务带有一定的投机性，业务风险较大。

4. 投资咨询业务

综合类证券公司还可以为客户提供有关资产管理、负债管理、风险管理、流动性管理、投资组合设计、估价等多种咨询服务，为客户的融资、财务管理、投资选择等提供服务。有时，证券公司提供的咨询服务包含在证券承销、证券经纪、基金管理等业务之中。

5. 购并业务

购并业务是证券公司核心业务之一，被称为证券公司业务中"财力和智力的高级结合"。证券公司作为客户的购并顾问，辅助其物色目标公司。设计购并方案，代表客户接洽目标公司。证券公司可以帮助购并双方进行价值评估，确定公正价格，帮助安排融资，落实购并所需要资金等。

6. 受托投资管理业务

受托投资管理业务是指证券公司作为接受投资管理人根据有关法律、法规和投资委托人的投资意愿，与委托人签订受托投资管理合同，将委托人委托的资产在证券市场上从事股票、债券等金融工具的组合投资，以实现委托资产收益最大化的行为。证券公司可以建立附属机构来管理受托资产。

7. 开发业务研究和开发新业务

证券公司在现代社会经济发展中发挥着沟通资金供求、构造证券市场、推动企业并购、促进产业集中和规模经济形成、优化资源配置等重要作用。证券公司作为资金需要和资金供应者相互结合的中介，以最低成本实现资金所有权与经营权的分离。

二、保险公司

根据史料记载，在古代就有了保险的思想。在古巴比伦有财产保险的雏形；在古埃及、古希腊和古罗马则有人身保险的雏形。据说在 3 000 年前的幼发拉底河沿岸有人从事类似现代海上保险业的事业。在古巴比伦汉漠拉比法典中，就有关于类似货物运输保险和火灾保险的规定。在公元前 4 世纪的古埃及，石匠中盛行一种互助基金的组织，其宗旨是共同应付丧葬费用，这是类似人寿保险和意外伤害保险的办法。在古希腊，持有相同观点的政治、哲学或宗教信仰的人或同一行业的工匠组织成一种团体，每月缴纳会费，当其中有人遭遇不幸时，由该团体给予救济。在古罗马的历史上也出现过丧葬互助会的组织。

（一）现代保险业务的特点

现代保险业务的发展，有以下几个特点。

1. 保险业务范围日益扩大

社会经济对保险种类的需求越来越多，传统的海上保险、火灾保险和人寿保险增加了许多新内容。例如，海上保险扩充了各种内地水陆运输保险；人寿保险的保险条款在向有利于被保险人方向发展的同时，又出现了混合保险、简易人身保险、团体人身保险等。还出现了各种新型保险，如工业保险、汽车保险、航空保险、责任保险、保证保险、伤害保险等。

2. 保险公司数目激增，保费收入迅速增加

19 世纪初期，全世界只有 30 家私营保险公司。到 1910 年，在 29 个国家中，保险公司数目已达 2 540 家。到 2007 年全世界保险保费收入达到 4 万亿美元。

3. 再保险业务迅速发展，保险业日趋国际化

随着高新技术的发展和生产规模的扩大，出现了许多价值巨大的保险标的。单个保险公司无力承担巨额的保险责任，因而以分散风险为重要特征的再保险业务随之兴起。1846 年，科隆再保险公司成为世界上第一家专营再保险业务的保险公司。再保险的发展加强了国内外保险公司的联系，使保险业出现了国际化的趋势。

4. 社会保险兴起

20 世纪 80 年代以后，世界上实行不同范围和水平的社会保险的国家越来越多，险种也更加丰富。社会保险的兴起，是近代保险制度发展的主要特征。

（二）保险公司的种类

依据不同的划分标准，保险公司主要有以下几种类型。

1. 按照保险保障的范围分类

按照保险保障的范围分类，可以分为人寿保险公司、财产保险公司、再保险公司。

（1）人寿保险公司

人寿保险公司的保险产品主要是对受保人寿命或健康状况预期而提供的健康保险、伤残保险、年金、养老基金、退休金等保险产品。当被保险人遭受人身伤亡、疾病或生存到保险期满时，由保险人向被保险人或收益人给付约定的保险金额，以解决疾、残、老、死所造成的经济困难。

（2）财产保险公司

财产保险公司主要针对一定范围的财产损失提供保险产品。狭义的财产保险是以有形的财产以及与之有关的利益为保险标的的一种保险。财产保险产品分为个人部分和商业部分，个人部分包括家庭财产保险和汽车保险等；商业部分有产品责任保险、商业财产保险和内部玩忽职守损失保险等。

（3）再保险公司

再保险是保险公司对承担的来自于投保人风险进行再次分散的一种方式。在再保险中，保险公司通过购买再保险可以把部分或全部的偿还责任转移给再保险公司，而再保险公司为保险公司的保险人提供再保险协议中所包括的赔偿支付项目

进行偿付。该方式可以使行业损失在一组公司中吸收和分散，因而不会使一家公司在为投保人提供偿付时承受过重的财务负担。重大灾难、无法预见的赔偿责任和一系列数额较大的损失可以通过再保险来处理。没有再保险，多数保险公司将只能从事较安全的保险业务，对于许多有风险但有价值的商业机则无法承受。

2. 按照保险实施的方式分类

按照保险实施的方式分类，保险可分为自愿保险和强制保险。自愿保险是在自愿协商的基础上，由当事人订立保险合同而实现的保险。强制保险又称法定保险，是指由国家颁布法令强制被保险人参加的保险。

3. 按照保险经营方式分类

按照保险经营方式分类，可以分为互助保险、行业保险。互助保险是指由一些对某种危险有相同保障要求的人或单位，集资积聚保险基金，组织互助性保险合作社来经营的保险。行业保险是指某一行业为本系统企业提供的保险，行业自保的组织形式一般是成立自营保险公司，通过积累一定的保险基金作为损失补偿的后备。世界各国的行业自保公司多属于航空产业、石油产业等。

4. 按照是否营利分类

按照是否营利，保险可分为商业保险和政策性保险。

商业保险是以营利为目的的保险，商业保险公司多采用公司制形式。政策性保险公司则是指依据国家政策法令专门组建的保险机构，不以盈利为经营目的，主要有出口信用保险公司、投资保险公司、存款保险公司等，是保险市场中的特殊的业务机构，往往是根据国家对某些领域的保护意图而成立的。

（三）保险公司业务

1. 筹集资本金

保险公司根据国家保险管理机构的规定，在申请开业时必须拥有营业资本，即资本金。保险公司的资本包括法定盈余以及符合法律规定的实收资本。保险公司注册资本有最低限额，必须为实缴货币资本。

2. 出售保单，收取保费

保险公司通过出售保单获得保费收入，出售保单是保险公司的主营业务，获得的保费收入是保险公司对外承担风险或责任所得到的资金，不是借债，因而不需退还。

3. 给付赔偿款

保险公司在售出保单的同时承担了相应的保险责任，向遭受意外事故的投保人或受益人直接支付约定的赔偿。保险公司应积极收集信息、筛选投保人，确定以风险为依据的保险费率，制定限制条款，防止欺诈，努力降低经营风险。

4. 保险投资

保险投资是保险公司业务中非常重要的内容，尤其是人寿保险公司，其获得的保费收入经常远远超过保费支出，因而积聚了大量的长期资金。保险投资主要是指保险公司运用其资本金、各种准备金和承保盈余进行的投资活动，其目的是实现保险资金的保值增值；加快保险基金的积累，以应付重大灾难事故；增加保险公司的收益和利润；降低保险费率，增强企业竞争力。保险资金的投资主要有以下以种形式：银行存款、购买有价证券、发放抵押贷款和其他保险投资形式。

三、信托公司

信托公司是以代人理财为主要经营内容，以受托人身份经营现代业务的金融企业。大多数的信托投资公司是以经营资金和财产委托，代理资产保管、金融租赁、经济咨询、证券发行及投资为主的业务。作为金融体系中的重要组成部分，金融信托业在拓宽金融渠道，完善信用体系，促进经济发展等方面发挥着重要的作用。

四、融资租赁公司

融资租赁是由出租方融通资金为承租方提供所需的设备、资金，具有融资、融物双重职能的租赁交易。融资租赁主要涉及出租方、承租方和供货方三方当事人，并由两个或两个以上的融资租赁合同组成。融资租赁公司是指依法成立的以经营融资租赁业务为主的非银行金融机构。

五、投资基金

投资基金是指一种利益共享、风险共担的集合证券投资方式，即通过发行基金单位，集中投资者的资金，由基金托管人托管，由基金管理人管理和运用资金，从事资本市场上的股票、债券，货币市场上的短期票据与银行同业拆借等金融工具投资业务，并将投资收益按基金投资者的投资比例进行分配的一种间接投资方式。

基金是一种大众化的信托投资工具，各国对其称谓不尽相同，如美国称为"共同基金"，英国和中国香港称为"单位信托基金"，日本和中国台湾则称"证券投资信托基金"等。一般认为，基金起源于英国，是在 18 世纪末 19 世纪初产业革命的推动下出现的。20 世纪 70 年代以来，现代金融业不断创新，品种繁多、名目各异的基金不断涌现，形成一个庞大的产业。以美国为例，到 2000 年底，美国共同基金的资产总量已达 8 万亿美元，超过了商业银行的资产规模（7 万亿美元）。基金产业已经与银行业、证券业、保险业并驾齐驱，成为现代金融体系的四大支柱之一。

第四节　我国的金融机构体系

一、我国银行体系的发展

与西方国家相比，我国银行成立较晚，但金融事业的发展却源远流长。早在唐朝中叶就出现了柜坊，宋代的"钱铺"、明代的"钱庄"、清代的"票号"，都可以认为是我国旧式银行业兴起的标志。1845 年英国在中国香港、广州开设的丽如银行（后改称为东方银行）分行，是外国资本在我国开设的第一家新式银行。

1897 年 5 月，在上海成立的中国通商银行是我国自办的第一家现代商业银行。中国通商银行以及"南三行"（上海商业储蓄行、浙江兴业行、浙江实业行）、"北四行"（盐业行、金城行、大陆行和中南行）等一批银行的成立，标志着我国现代银行业的兴起。

1948 年 12 月 1 日，在河北石家庄成立的中国人民银行，是我国社会主义银行体系建立的标志。

我国银行体系的发展历程，大体经历了以下几个阶段。

1. 初步形成阶段（1948～1953年）

1948年12月1日，在华北银行、北海银行和西北农民银行的基础上建立了中国人民银行，并于同一天开始发行人民币。中国人民银行总行成立以后，各解放区银行逐步被改组为人民银行的分支机构。于是，全国统一的国家银行体系初步建立起来了。

2. "大一统"的金融体系阶段（1953～1978年）

与这一时期的经济体制相适应，银行体系也实行了高度集中的"大一统"模式。这种模式的基本特征为，中国人民银行是全国唯一一家办理银行业务的金融机构，集中央银行和普通银行于一身，其内部实行高度集中管理，在利润分配上实行统收统支。

3. 改革初期阶段（1979年～1983年9月）

中国农业银行、中国银行、中国人民建设银行从中国人民银行中分设出来，打破了中国人民银行一家包揽的局面。但中国人民银行仍然集中央银行职能与商业银行职能于一身，不能有效地对银行业和金融全局进行领导、调控与管理。

4. 初具规模阶段（1983年9月～1993年）

在这一阶段，形成了以中央银行（中国人民银行）为核心，以四大商业银行为主体，股制商业银行、外资及合资银行共同发展的银业体系，并初具规模。

5. 新型银行体系的提出与建设阶段（1994年至今）

改革目标之一是建立在中央银行宏观调控下的政策性银行与商业银行分离，以国有商业银行为主体，其他商业银行并存的金融机构体系。为此，1994年我国先后建立了3家政策性银行，同时着手进行国有商业银行的股份制改造。

二、我国银行类金融机构

（一）中央银行

我国的中央银行是中国人民银行，是在国务院领导下，制定和实施货币政策,对全国金融事业实施监督管理的国家机关。中国人民银行是国家重要的宏观调节机构,不承办对企业和个人的信贷业务。中国人民银行行长是国务院组成成员,其任免程序和任期与国务院各组成部门的首长相同。中国人民银行副行长是国务院工作人员,由国务院总理任免。中国人民银行实行行长负责制。

(二)商业银行

目前,我国的商业银行体系按照中国银行监督管理委员会的划分标准,包括:①四大国有商业银行;②股份制商业银行;③城市银行;④其他银行机构,包括政策性银行、外资银行、城市信用合作社、农村信用合作社、企业集团内部的金融公司、信托投资公司、金融租赁公司、金融资产管理公司和邮政储蓄机构。截至 2007 年年底,中国银行业金融机构包括 3 家政策性银行,4 家国有商业银行,13 家股份制商业银行,117 家城市商业银行,21 家外资法人银行,117 家外国银行分行,242 家外国银行代表处,599 家城市信用社,2.4 万家农村信用社,113 家农村合作银行,17 家农村商业银行,19 家村镇银行,4 家农村贷款公司,8 家农村资产互助社,4 家金融资产管理公司,59 家信托投资公司,74 家财务公司,12 家金融租赁公司,5 家汽车金融公司。商业银行对我国经济的发展起着重要的作用。

1. 四大国有商业银行

(1)中国工商银行

中国工商银行成立于 1984 年,全面承担起由原中国人民银行办理的工商信贷和储蓄业务,担当起积聚社会财富,支援国家建设的重任。

2005 年,中国工商银行完成了股份制改造,正式更名为"中国工商银行股份有限公司"(以下简称"工商银行");2006年,工商银行成功在上海、香港两地同步发行上市。公开发行上市后,工商银行共有 A 股 2 509 亿元,H 股 830 亿元,总股本 3 340 亿股。

(2)中国农业银行

中国农业银行于 1979 年 2 月恢复成立,截至 2007 年年底,在中国内地设有分支机构 24 452 个,同时在新加坡、香港设有分行,在伦敦、东京、纽约设有代表处。全行总资产达到 60 501.27 亿元人民币,各项存款 52 833.14 亿元人民币,各项贷款 34 801.05

亿元人民币。是一家城乡并举、联通国际、功能齐备的大型国有商业银行。2007 年，中国农业银行在英国《银行家》杂志"世界 1 000 家大银行"排名中名列第 65 位。

（3）中国银行

中国银行，全称中国银行股份有限公司，是中国大型国有控股商业银行之一。中国银行的业务范围涵盖商业银行、投资银行和保险领域。主营传统商业银行业务，包括公司金融业务、个人金融业务和金融市场业务。1929 年，中国银行在伦敦设立了中国金融业第一家海外分行，此后，在世界各大金融中心相继开设分公司。目前已建立遍布全球 29 个国家和地区的机构网络。按核心资本计算，2008 年中国银行在英国《银行家》杂志"世界 1 000 家大银行"排名中名列第 9 位。

（4）中国建设银行

中国建设银行股份有限公司前身是中国人民建设银行，1954 年成立，1996 年易名为中国建设银行，是中国四大国有商业银行之一。中国建设银行股份有限公司由原中国建设银行于 2004 年 9 月分立而成立，主要经营公司银行业务、个人银行业务和资金业务。截至 2008 年 9 月末资产总额 7.32 万亿元。

四大国有商业银行无论在人员、机构网点数量上，还是在资产规模和市场占有份额上，在我国整个金融领域中都占有举足轻重的地位，而且，这一局面将维持相当长的一段时间。

2. 股份制商业银行

从 20 世纪 80 年代中期开始，除四大国有商业银行之外，又陆续组建了一批股份制商业银行。1986 年，国务院重新组建了交通银行，之后，相继成立了招商银行、深圳发展银行、兴业银行、中信实业银行、中国光大银行、上海浦东发展银行、华夏银行、中国民生银行等。

股份制商业银行都是按照国际通行规则和市场原则开展各项银行业务活动并进行自身经营管理的，尽管在资产规模、机构数量和人力资源等方面不能同中、农、工、建相抗衡，但其资本、资产及利润的增长速度已经高于上述 4 家银行，呈现出较好的发展势头，日益成为我国银行体系中的重要力量。2007 年末我国股份制商业银行资产总额 72 494 亿元，同比增长 33.2%；负债总额 69 107.5 亿元，同比增长 31.5%；不良贷款余额 860.4 亿元，不良贷款率 2.15%，较上年下降 0.66 个百分点。

3. 城市商业银行

城市商业银行的前身是城市合作银行,我国城市商业银行迅速发展,跨区域经营达到高潮,并形成了多种形式的跨区域经营,如北京银行在上海设立分行,盛京银行在天津设立分行等。其服务领域是,依照商业银行经营原则为地方经济发展服务,为中小企业发展服务。

(三)其他银行机构

1. 政策性银行

政策性银行是指由政府创立、参股或保证的,不以营利为目的,专为贯彻、配合政府经济方针政策,在特定的业务领域内直接或间接从事政策性融资活动、充当政府发展经济,促进社会全面进步,进行宏观经济管理,与商业银行并存、互补,并与之对应的专门金融机构。

为适应国民经济发展的需要,我国政府于1994年成立了国家开发银行、中国农业发展银行、中国进出口银行3家政策性银行。

(1)国家开发银行

国家开发银行成立于1994年3月17日,总部设在北京,注册资本为500亿元人民币。国家开发银行是在原有6家国家专业投资公司的基础上组建的,实行行长负责制,其主要业务是从中国建设银行分离出来的,优先委托中国建设银行办理。

国家开发银行直属国务院领导,贯彻国家宏观经济政策,筹集和引导社会资金,缓解经济社会发展的瓶颈制约和薄弱环节,致力于以融资推动市场建设和规划先行,支持国家基础设施、基础产业、支柱产业和高新技术等领域的发展以及国家重点项目建设;向城镇化、中小企业、"三农"、教育、医疗卫生和环境保护等社会发展瓶颈领域提供资金支持;拓展国际合作业务。截至2007年年底,国家开发银行资产总额28 947亿元人民币,贷款余额2.25万亿元,不良资产率仅为0.59%,实现净利润296亿元。

(2)中国农业发展银行

中国农业发展银行成立于1994年11月18日。机构设置上实行总行、一级分行、二级分行、支行制,实行行长负责制,总行设在北京,注册资本为200亿元。其营运资金的主要来源包括:①向中国人民银行申请再贷款;②发行金融债券;③业务范围内开户企事业单位的存款;④财政支农资金;⑤境外筹资。

中国农业发展银行是直属国务院领导的政策性金融机构。主要职责是以国家信用为基础，筹集资金，承担国家规定的农业政策性金融业务，代理财政支农资金的拨付，为农业和农村经济发展服务。经过 10 多年的发展到 2007 年末，全行总资产 10 676.4 亿元人民币，贷款余额 10 224.4 亿元，实现经营利润 148.8 亿元。全系统有 30 个省级分行、330 个二级分行和 1 811 个县级支行，服务网络遍布除西藏自治区外的中国内地地区。

（3）中国进出口银行

中国进出口银行成立于 1994 年 7 月 1 日，总部设在北京，实行董事会领导下的行长负责制，董事由国家有关部门提名，据国务院批准。注册资本为 33.8 亿元，由财政部拨给。其营运资金来源，一是向中国人民银行申请再贷款；二是在境内发行金融债券和在境外发行有价证券来筹措资金；三是按照金融机构之间融资的一般原则与方式，从国外金融机构筹资，包括贷款、转贷、资金拆借、金融保险等；四是通过其他方式，如外国政府或国际金融组织贷款、提供业务咨询与服务取得收入等。

中国进出口银行是国务院领导下的从事进出口政策性金融业务的政策性银行。其主要任务是执行国家产业政策和外经贸政策，为扩大我国企业机电产品和成套设备等资本性货物出口提供政策性金融支持。

中国进出口银行的主要业务有以下 6 项：办理与机电产品和成套设备有关的出口信贷业务；办理与机电产品和成套设备有关的政府贷款、混合贷款、出口信贷的转贷、国际银行间及国际银团的贷款业务；办理短期与中长期出口信用保险、进出口保险、出口信贷担保、国际保理等业务；经批准在国外发行金融债券；办理对其承担的各类贷款、担保、对外经济技术合作等项目的评审，为境内外客户提供有关的咨询服务；办理经批准的其他业务。

2. 信托投资公司

信托是指财产所有人为实现特定目的，通过签订合同，将其指定的财产委托给信托机构（或其信任的个人）全权代为管理或或处理；信托当事人包括委托人、信托人（信托投资公司）、受益人。信托投资公司是指依法设立的，以营利和收取报酬为目的，以受托人身份承诺信托和处理信托事务的金融机构。中国国际信托投资公司、上海国际信贷有限公司、深圳国际信托投资公司等。截至 2008 年 11 月末，中国 54 家信托公司固有资产 870 亿元，管理信托财产余额 13 300 亿元，实现净利润 90.74 亿元。信托产

小资料

中国人最早设立的银行

1897 年 5 月 27 日设立的中国通商银行是中国人最早设立的银行。该银行是由清朝末年盛宣怀提议并创办的，总行设在上海。初期时采取官商合办的形式，银行的管理大权完全掌握在盛宣怀手中。中国通商银行的成立，标志着中国现代银行事业的开始。1935 年中国通商银行因滥发银行券曾发生挤兑风潮，后来为四大家族所控制。解放后，其"官股"为人民政府所接管。1952 年 12 月与其他行庄合并组成私营银行，后并入中国人民银行。

品主要有证券投资类、私募股权类、资产证券化类的房地产类。2008年共发行208只信托产品,754只信托模式的银信理财产品。中国国际信贷投资公司是1979年10月4日由前国家副主席荣毅仁创办的,后改名为中国中信集团公司,经过20年的发展现已成为具有较大规模的国际化大型跨国企业集团。拥有44家子公司(银行),其中包括设在香港、美国、加拿大、澳大利亚等地的子公司,在东京、纽约设立了代表处。中信集团的业务主要在金融、实业和其他服务业领域。截至2007年底,中信集团总资产为13.217亿元;当年净利润为160亿元。

3. 金融租赁公司

金融租赁公司是指经批准设立的,以经营融资租赁业务为主的金融机构。

1980年,中国国际信托投资公司率先开办了国际租赁业务,开创了中国融资租赁的先河。1981年4月和8月,中国东方租赁有限公司和中国租赁有限公司相继成立,标志着中国租赁业的诞生。

4. 邮政储蓄机构

邮政储蓄机构是指国家、省级、地市级、县级邮政储汇管理部门和持有银行业监督管理机构颁发的《金融许可证》的邮政储蓄网点。2006年12月31日,经国务院同意,中国银监会正式批准中国邮政储蓄银行开业。2007年3月6日成立中国邮政储蓄银行有限责任公司,这是金融体制改革取得的又一重大阶段性成果。业务范围包括提供储蓄业务、汇兑业务,绿卡业务(借记卡)代理业务等金融业务。本外币资金自主运用规模已接近1万亿元。

5. 金融资产管理公司

金融资产管理公司是指经国务院决定成立的收购国有银行不良贷款,管理和处置因收购国有银行不良贷款形成的资产的国有独资金融机构,是由国家全资投资的特定政策性金融机构。

在1999年我国相继成立4家资产管理公司——华融、长城、东方、信达,分别收购、管理和处置中国工商银行、中国农业银行、中国银行、中国建设银行剥离出来的不良资产。

6. 外资银行

根据世贸组织的相关协定,中国银行业全面对外开放。随着中国取消对外银行经营人民币业务的客户和地域限制并实行法人导向型监管，外资银行规模迅速扩大，业务品种和服务呈现多元化趋势。截至 2007 年年末，已有 21 家外资银行将其境内分行改制为外资法人银行。2007 年末，外资银行有 437 家外资银行，资产总额 1.25 万亿元，占银行业金融机构总资产的 2.38%。外资银行的引进对促进中国银行业改革创新、改善公司治理、完善风险管理和内控机制、提升品牌效应等方面起到了积极作用。

7. 农村信用社

农村信用社是指经批准设立，由社员入股组成，实行社员民主管理，主要为社员提供金融服务的农村合作金融机构其性质为集体性质的合作金融组织，是独立的企业法人。目前有三种省级管理机构模式：27 个省（区、市）组建省级联社；北京、上海组建全市一级法人体制的农村商业银行；天津设立市、区（县）两级法人的农村合作银行。2007 年末全国共组建农村商业银行 17 家，农村合作银行 113 家，组建以县（市）为单位的统一法人机构 1 775 家。一些银行已经或正在引入境内外战略投资者，公司治理逐步完善，综合实力不断壮大。

（四）我国银行金融机构发展新动向

起步于 20 世纪 70 年代末或 80 年代中后期的信托公司、金融租赁公司，在经历了一个曲折发展阶段后，业务创新不断推进，机构竞争力不断加强；近年来新设立的汽车金融公司、货币经纪公司等金融机构，也有效地促进了金融服务的专业化发展。

1. 信托公司——从"融资平台"向理财机构转型

信托公司正在从"融资平台"向"受人之托、代人理财"的理财机构转型，发展成为面向合格投资者、主要提供资产管理、投资银行业务等服务的专业理财机构。截至 2008 年一季度末，全国信托公司受托管理的信托财产为 12 105.32 亿元。

根据中国银监会 2007 年颁布的管理办法，银监会依法为符合条件的信托公司更换新的金融许可证。截至 2008 年一季度，已有 34 家信托公司更换新的金融许可证。

中国银监会将积极支持换证后的信托公司逐步开展私人股权投资信托、产业投资信托、企业年金、资产证券化、受托境外理财等新业务试点，为社会提供更多更好的理财产品和信

议一议

你所在的地区有哪些企业属于非银行金融机构？

托服务。

商业银行参股信托公司取得了新突破。例如，湖北国投引进交通银行作为战略投资者的重组方案获核准，并完成重新换发金融许可证等工作；民生银行参股陕西省国际信托投资股份有限公司近期也已获银监会批准。

同时，外资金融机构入股信托业日渐增多，如澳大利亚国民银行、英国安石投资管理公司等入股信托公司分别获银监会批准。

2. 商业银行获准设立金融租赁公司

2007年，中国银监会修订《金融租赁公司管理办法》，允许合格金融机构参股或设立金融租赁公司。随后，中国工商银行、中国建设银行、交通银行、中国民生银行和招商银行先后向银监会提交设立金融租赁公司的申请。

2007年11月，由中国工商银行独资设立的工银金融租赁公司开业，这是商业银行退出融资租赁行业十几年后的再次进入。其他4家商业银行筹建金融租赁公司的申请已通过中国银监会批准，并获准开业。

允许商业银行开办融资租赁业务，是推动我国商业银行综合化经营的必然要求，有利于商业银行提升核心竞争力。而商业银行的介入，也会提升融资租赁行业的整体发展水平。随着商业银行附属金融租赁公司的设立和业务的深入开展，将从根本上改变中国融资租赁市场的格局。

3. 汽车金融公司积极开展信贷资产证券化项目

汽车抵押贷款证券化项目的积极开展，是汽车金融公司融资的新渠道。2007年11月，中国银监会批准上汽通用汽车金融有限责任公司、华宝信托有限责任公司开办第一期汽车抵押贷款证券化项目。这是我国金融机构资产证券化试点以来第一例非银行金融机构信贷资产证券化项目，也是第一例以汽车抵押贷款为基础资产的证券化项目。

汽车金融公司作为汽车制造商附属的专业金融机构，在提供汽车金融服务、金融产品开发及风险控制方面具有专业性。截至2008年一季度末，已开业的9家汽车金融公司资产总额315.32亿元，负债总额251.52亿元，所有者权益63.8亿元，贷款余额总计273.85亿元。

4. 货币经纪公司在中外合作中逐步发展

中国银监会 2003 年成立后，批准设立了两类全新的非银行金融机构，即汽车金融公司和货币经纪公司，它们的诞生，有助于促进我国金融体系的结构优化和金融服务的专业化发展。

2005 年 12 月，上海国利货币经纪公司首次为中国银行间市场引入间接交易平台，其合资双方为上海国际信托投资有限公司和英国德利万邦货币经纪公司；2007 年 9 月，上海国际货币经纪公司由中国外汇交易中心和英国毅联汇业货币经纪公司合资设立。2008 年 1 月，平安信托获准在深圳筹建合资的平安利顺国际货币经纪公司，其外资股东为利顺金融集团。

货币经纪公司的业务范围包括境内外的外汇市场交易、境内外货币市场交易、境内外债券市场交易、境内外衍生产品交易。

监管部门还将批准设立新的货币经纪公司，以扩大货币经纪服务的覆盖面。

三、我国非银行金融机构

除上述金融机构外，凡从事融资业务，又不称为银行的机构，国际惯例均划为非银行金融机构之列。我国非银行金融机构主要有保险公司、证券机构等。

1. 保险公司

保险公司是经营保险业的金融机构，依靠投保人所缴纳的保险费而聚集起大量的保险资金。保险公司的资金主要用于长期投资，特别是用于购买政府债券。在西方，还可以购买企业债券。西方国家的保险业发展非常迅速，已成为金融业的重要支柱。中国的保险业是国民经济中增长最快的行业之一。截至 2007 年年末，全国共有保险专业中介机构 2 331 家，外资保险专业中介机构 7 家。中资保险公司有中国人寿保险公司、中国平安保险股份有限公司、中国太平洋保险股份有限公司、中国人民财产保险股份有限公司、中保国际控股有限公司等；外资保险公司如美国友邦保险有限公司、中德安联人寿保险有限公司、信诚人寿保险有限公司等。截至 2008 年 10 月，中国保险业原保险保费收入 8 554.48 亿元，其中财产险 2 001.19 亿元，人身险 6 553.28 亿元；原保险赔付支出 2 438.24 亿元；资产总额 31 938.83 亿元。在金融海啸的冲击下，中国政府已通过各种政策来保证经济和金融的安全、

我国民族保险业的起源

我国民族保险业历史可以追溯到100年前。1885年，轮船招商局为了摆脱外国保险业对我国的控制，在上海创立了"仁和"、"济和"保险公司。从此，开始了我国民族保险业的新纪元。

稳定与发展。

中国人民保险（集团）公司成立于1949年10月20日，我国开始独立自主地经营保险业务，随着国民经济的恢复和发展，各种保险业务逐步开展起来，全国先后建立起2 000多个分支机构，保险业队伍拥有近五万名成员，保险事业的发展对当时的国民经济起到了积极的经济补偿作用。

在1958年，由于错误地认为我国经济已实现"一大二公"，用保险手段解决灾害经济补偿已无必要了，保险已经完成了其历史使命。从而决定从1959年起停办国内保险业务。1959年到1978年的20年，在中国人民保险史上留下了一片空白。此间，我国先后发生了邢台地震、海城地震、唐山地震和四川、陕西洪水等重大自然灾害，给国家财政的稳定带来极大冲击，给人民生产生活带来无法弥补的损失。

党的十一届三中全会以后，国务院根据国家经济体制改革和对外开放政策的需要，恢复了国内保险业务，从此，中国保险事业获得了新生。

1979年经国务院批准，中国人民保险公司在1980年全面恢复了国内保险业务，同时在原有基础上还大力发展涉外保险业务。其后，又陆续成立了多家区域性保险公司及全国性的股份制保险公司，加上陆续在中国开展业务的外国保险公司，我国的保险事业迅速发展起来，进入了一个新时代。1996年7月23日，中国人民保险公司更名为中国人民保险（集团）公司，下设中保财产保险有限公司等四个分公司。1999年1月18日，中保财产保险有限公司更名为中国人民保险公司。2003年7月19日，经国务院批准，中国人民保险公司重组后更名为中国人保控股公司，并同时发起设立了中国内地最大的非寿险公司——中国人民财产保险股份有限公司和首家保险资产管理公司——中国人保资产管理有限公司。同年11月，人保财险成功实现海外上市，成为国内金融企业海外上市第一股。2004年，中人保险经纪公司（简称中人经纪）成立。2005年中国人民健康保险股份有限公司（简称人保健康）、中国人保寿险有限公司（简称人保寿险）、中元保险经纪有限公司（简称中元经纪）、中盛国际保险经纪有限公司（简称中盛国际）等四家子公司成功开业。2007年6月中国人保控股公司复名为中国人民保险集团公司。

目前，中国人民保险集团公司已在全国各地设立了4 500个分支机构，8家子公司。同时，中国人民保险公司还与世界上各个地区的保险界建立起广泛的联系，与 120 多个国家和地区的

1 000 多家保险公司、再保险公司和保险经纪公司建立了分保关系，并参加了亚非保险和再保险联合会及所属的再保险集团。现在，中国的保险业正在奋力跨越自己的幼年期，迎接即将到来的"成年加冕"礼。

2. 证券公司

证券公司是资本市场的中介，业务的发展依存于整个资本市场，证券公司主营业务包括经纪业务、证券承销业务、自营业务、资产管理、并购重组顾问、衍生产品、私募发行、基金管理等。2008 年共有中金公司、东方证券、平安证券、长江证券、申银万国、东海证券、海通证券 7 家证券公司发行了 8 只集合理财产品，募集资金超过 61.9 亿元以上。2008 年 5 月中国证监会发布《证券公司集合资产管理业务实施细则（试行）》和《证券公司定向资产管理业务实施细则（试行）》部门条例，对证券公司的资产管理业务进行了规范，为以后的健康发展打下了基础。

四、外资（合资）金融机构

主要有外资金融机构的代表处，外资金融营业机构、中外合资金融机构。1979 年 2 月，日本输出入银行在北京首设代表处，拉开了中国银行业对外开放的序幕。1980 年 10 月，汇丰银行获准成立北京代表处，这是新中国成立后汇丰银行在中国设立的第一家分支机构，1985 年汇丰银行深圳代表处升格为分行，汇丰才在中国有了可以从事较全面银行业务的营业机构。1981 年 7 月，内地第一家外资银行——南洋商业银行深圳分行获准成立。1996 年 12 月和 1998 年 8 月，中国人民银行先后允许符合条件的外资银行在上海浦东和深圳试点办理涉外企业的人民币结售汇业务。1999 年 7 月央行又将外资试点办理人民币业务范围扩大到所在地的临近省区，目的是实现人民币经常项目有条件的可兑换。

中国加入 WTO 之后，在华外资银行又一次获得高速发展机遇。外资银行在自身扩张之外，还积极寻求机会入股中资银行。2006 年 12 月 11 日，银监会宣布取消外资银行在中国境内经营人民币业务的地域和客户对象限制，在承诺和审慎监管框架下，对外资银行实行国民待遇。由此，外资银行进入法人银行时代。不过，2008 年下半年以来，因金融危机的影响，外资银行受到严重冲击。

2007 年证券公司经纪业务排名出炉

银河证券、国泰君安证券和申银万国证券在中国证券业协会公布的《2007 年度证券公司经纪业务收入排名情况》中，分列代理买卖证券业务净收入排名的前三位，而参加本次年度排名的证券公司共有 101 家。

数据显示，在 101 家券商去年共实现代理买卖证券业务净收入 1 603.9 亿元中，银河证券收入为 104.87 亿元，国泰君安为 85.95 亿元，申银万国为 79.91 亿元。

此外，中国证券业协会还对 2007 年证券公司营业部的平均代理买卖证券净收入进行了排名，中金公司以 3.7 亿元排在第一位，国信证券和东莞证券以 1.4 亿元和 1.3 亿元排在第二、三位。

五、QFII

QFII 是指合格的境外机构投资者。QFII 制度是指允许经核准的合格境外机构投资者,在一定规定和限制下汇入一定额度的外汇资金,并转换为当地货币,通过严格监管的专门账户投资当地证券市场,其资本利得、股息等经审核后可转为外汇汇出的一种市场开放模式。2002 年 11 月 7 日,证监会、央行联合颁布《合格境外机构投资者境内证券投资管理暂行办法》,自 2002 年 12 月 1 日起施行。截至 2008 年 12 月底,我国 QFII 总数达到 72 家,其中 2008 年获得 QFII 资格的有 20 家。

六、中国香港和中国澳门的银行业

(一)中国香港的银行业

中国香港是以国际金融资本为主体,以银行业为中心,外汇、黄金、证券、期货、共同基金和保险金融市场高度发达的多元化国际金融中心之一。香港回归祖国后,在"一国两制"的方针和《中华人民共和国中国香港特别行政区基本法》的指导下,继续维护现有的金融体制。

1. 中国香港金融机构的资本属性

外资金融机构占香港金融机构总量 90%。按资本属性划分,主要有英资银行、日资银行、中资银行、美资银行、华资银行等 5 类。从规模和数量上看,居于前列的有英资银行,如汇丰集团和渣打银行,这两家银行也是发行货币的银行;中资银行以中银集团为主,还有中国工商银行、中国农业银行、中国建设银行的中国香港分行,中资控股的嘉华银行、友联银行等;1994 年中国银行成为中国香港发钞银行。美资银行主要有摩根大通银行、花旗银行等。

2. 中国香港的银行业

中国香港的银行业已有 100 多年的发展历史。20 世纪 70 年代,中国香港的国际金融中心地位形成以后,银行业快速发展。1981 年港英政府修改了有关法规确立了香港银行业的三级管理制度,1990 年港英政府再次修改有关条例,将三级管理制度确定为持牌银行、有限制牌照银行、接受存款公司，并相应提高了三级机构资本金的要求，现行的银行三级管理制度规定的三类机构最低实收资本金分别为 1.5 亿、1 亿和 0.25 亿港币。

香港银行业的同业组织是香港银行公会，是由政府立法成立的，所有持牌银行必须成为会员纳入银行业监管体系。特区政府的政策意图通过银行会向社会披露，银行公会在确立利率协议与加强银行业自身调节和自律等方面具有重要作用。

3. 中国香港金融管理当局

中国香港金融体系中一直都没有中央银行体制，但设有外汇基金局和银行业监理处，分管货币政策和银行业监管。为了加强对香港金融业和管理，港英政府于 1993 年 4 月 1 日成立金融管理局，将原来两个机构的功能合并，金融管理当局对市场的干预逐步转为间接方式，从而减轻了政策性操作对市场带来的震动。目前，香港金融管理局已成为具有明确目标和手段，能有效控制和实现政策目标的货币与银行业监管机构。同时充分发挥同业公会的作用，即实行以政府部门为主、同业公会自律为辅的监管体制。

（二）澳门的银行业

按照国家的"一国两制"政策，澳门回归祖国后，仍维持现有的金融体制和金融机构体系。

外资金融机构在澳门金融机构体系中具有重要地位。澳门最早的银行——葡资的大西洋公司成立于 1902 年，20 世纪 70 年代开始的经济高速增长，澳门的出口加工业、旅游博彩业和房地产业快速发展，活跃了金融业的存贷款和汇兑业务，多家银行相继成立，形成了一定规模的产业，并具有地方特色。1970 年 8 月，澳门颁布第一部银行法，首次形成了澳门银行业的"三级制"银行体系，即注册银行、注册银号和找换店。到 1975 年，南通、大丰、永亨等银号纷纷转为银行，外资银行也进入澳门开办业务。1982 年，澳门将注册资本提高到 3 000 万。20 世纪 90 年代，澳门银行业进一步向电子银行和家庭银行方向发展，注重个人理财服务，重新调整发展战略，加强管理，向多元化、国际化、现代化的方向发展。

澳门金融机构不实行外汇管制，资本自由进出，银行既可经营本币业务，又可经营外币业务，还可经营离岸业务。澳门银行业国际化程度较高，有 14 家银行的总行设在澳门，如汇丰银行和中国银行等世界知名银行。由于澳门不设中央银行，澳葡政府具有货币发行权，但长期以来，一直由货币暨汇兑监理署代行中央银行职能，由大西洋银行发钞。1978 年，中资澳门南通银行更名为"中国银行澳门分行"，成为中国银行第九家海外分行，目前是澳门最大的金融企业。

七、我国金融体系发展方向

我国金融体系是在各解放区银行的基础上，通过组建中国人民银行、没收官僚资本银行、改造民族资本银行、发展农村信用合作社，形成了以中国人民银行为中心的"大一统"的金融机构体系。

从 1953 年我国开始大规模、有计划地发展国民经济以后，便按照苏联模式实行高度集中的计划管理体制及相应的管理方法。与此相适应，金融机构也按照苏联模式进行了改造，建立起高度集中的"大一统"的金融体系，并一直延续到 20 世纪 70 年代末。"大一统"体制下，中国人民银行实际上是当时我国唯一的银行，其分支机构按行政区划逐级设于全国各地，各级分支机构按总行统一的指令和计划办理业务。中国人民银行既是金融行政管理机关，又是具体经营银行业务的经济实体，是作为政权机构和金融企业的混合体而存在的。实行严格的现金管理，信贷资金实行自上而下的严格计划管理，相应地，银行内部实行统收统支、统存统贷的资金管理制度等。这一体制的突出特点是统得过多过死，忽视商品生产、价值规律和市场调节作用，只依靠行政手段而不利用经济手段，致使整个金融系统缺乏活力。

十一届三中全会后，随着经济体制改革的全面铺开以及向纵深的不断推进，在金融领域进行了一系列改革，其中对金融机构体系的改革就是一项极为重要的内容。

（一）由高度集中的金融机构体系，朝多元化体系改革方向发展

1979 年 2 月，为适应首先开始于农村的经济体制改革，振兴农村金融事业，再次恢复了中国农业银行，中国人民银行的农村金融业务全部移交中国农业银行经营。1979 年 3 月，为适应对外开放和改革的需要，专营外汇业务的中国银行从中国人民银行中分设出来，完全独立经营。1979 年，中国人民建设银行也从财政部分设出来，到 1983 年，进一步明确建设银行是经济实体，除仍执行拨款任务外，同时开展一般银行业务。1983 年 9 月，国务院决定，中国人民银行专门行使中央银行职能，另设中国工商银行办理中国人民银行原来所办理的全部工商信贷业务

和城镇储蓄业务。1984 年 1 月，中国工商银行正式成立。稍后，中国人民保险公司也从中国人民银行中独立出来。从此，中国人民银行完全摆脱了具体银行业务，这是我国金融体系改革的重大转折，标志着中央银行体制的正式建立。

同时，在经济体制改革迅速推进的大背景下，1979 年 10 月，成立了中国国际信托投资公司，1981 年，成立了中国投资银行。自 1981 年开始，银行广泛开展信托业务，各地相继成立地方性的信托投资公司和国际信托投资公司，还出现了各种类型的信托投资机构。此外，对外资金融机构开放市场，允许外国金融机构在华设立办事处。1981 年，批准外资、侨资、合资银行在经济特区设立，中国的金融体系开始走向多元化。

（二）1994 年以后的金融体制改革

1994 年金融体系改革的目标是建立适应社会主义市场经济发展需要的以中央银行为领导的，政策性金融和商业性金融相分离的，以国有商业银行为主体的，多种金融机构并存的现代金融体系。具体实施中，主要围绕贯彻"分业经营、分业管理"原则推进。经过改革，目前我国已经建立了一个较为完整的金融体系新格局。

今后改革的思路是：完善中央银行的宏观调控，逐步建立以间接调控为主的灵活自如的金融宏观调控体系；金融业要实行政策性与商业性机构分离；建立全国统一、分层次的金融市场。

第五节　国际性金融机构

国际金融机构是多国共同建立的金融机构的总称，主要有全球性和区域性金融机构组成。

一、全球性金融机构

1. 国际货币基金组织

国际货币基金组织（IMF）是联合国的一个专门机构，其宗旨是，共同研究和协商国际货币问题，加强国际货币合作；便利国际贸易的扩大与平衡发展，协助会员国克服国际收支困难；促进国际汇兑，稳定货币汇率，避免各国间的货币竞争性；消除妨国际货币基金组织是在美国"怀特计划"的建议下，根据 1944 年 7 月联合国国际货币金融会议通过的《国际货币基金协定》而建立的。1945 年 12 月 27 日成立，1947 年 3 月 1 日开始运作，同年 11 月 15 日成为联合国的专门机构，总部设在美国华盛顿，至今已有 184 个成员国。

世界银行不是一般意义上的"银行"，它是联合国的专门机构之一，拥有 184 个成员国，总部设在华盛顿哥伦比亚特区。中国是世界银行创始国之一。1980 年 5 月 15 日，世界银行集团的执行董事会通过决议，承认并恢复了我国在这 3 个组织中的合法席位。

碍世界贸易的外汇管理等。

国际货币基金组织的资金来源主要是会国缴纳的基金份额，还有向会员国和国际金融市场借款、出售黄金收入以及创设特别提款权等。其主要业务包括当会员国国际收支发生困难时，向会员国提供各种贷款；向会员国提供咨询、培训服务；对会员国的汇率政策进行监督以及对会员国的经济、金融与形式进行磋商、协调。

2. 世界银行

世界银行（World bank）包括国际复兴开发银行和国际开发协会。世界银行的宗旨是，为解决会员国恢复和发展经济的资金不足，提供和组织长期贷款和投资，从而资助会员国兴办特定的基本建设工程，协助其复兴与开发。

3. 国际金融公司

国际金融公司（IFC）资本金来自 178 个成员国，成立于1956 年，其宗旨是促进发展中国家私营部门的可持续投资，从而减少贫困，改善人民生活。

4. 国际投资争端解决中心

国际投资争端解决中心（ICSID）成立于 1966 年 10 月，其宗旨和任务是，制定调解或仲裁投资争端规则，受理调解或仲裁投资纠纷的请求，处理投资争端等问题，为解决会员国和外国投资者之间争端提供便利，促进投资者与东道国之间互相信任，从而鼓励国际私人资本向发展中国家流动。

5. 多边担保投资机构

多边担保投资机构（MIGA）目前有 164 个成员国，成立于1988 年。

二、区域性金融机构

区域性金融机构包括亚洲开发银行、非洲开发银行、泛美开发银行、阿拉伯货币基金组织、伊斯兰银行、西非发展银行、西欧投资银行、国际经济合作银行、国际投资银行等。区域性金融机构共同宗旨是通过发放贷款和进行投资、技术援助及协助规划，促进本地区的经济发展与合作。

亚洲开发银行是仅次于世界银行的第二大开发性金融机构。亚洲开发银行现有成员国 47 个。亚洲开发银行的宗旨是鼓励政府和私人在亚洲太平洋地区投资，通过提供项目提供和技术援助，促进和加强亚洲太平洋地区发展中国家、地区的经济发展。其资金来源有以下两类：一是普通资金，主要由会员国认缴的股本、来自国际金融市场及各国政府的借款和捐款构成；二是特别基金，包括亚洲开发基金、技术援助特别基金、日本特别基金及联合国金融资金。

三、国际清算银行

国际清算银行是西方主要发达国家和若干大商业银行合办的国际金融机构，主要办理国际清算；接受各国中央银行存款并代理买卖黄金、外汇和有价证券；办理国库券和其他债券的贴现、再贴现等。此外还负责推动金融监管的国际合作，制定国际统一的银行监管标准，协调各成员国中央银行的关系，致力于跨国性银行的监管工作。

四、国际金融机构的作用

1）维持汇率稳定。国际金融机构体系的目标之一是建立一个稳定的汇率制度。

2）进行行业协调。即对国际金融业的业务活动进行规范、监管、协调。主要包括：一是制定国际监督合作的基本原则；二是制定监督工具；三是加强对银行风险资产的管理。

3）调节国际收支平衡。主要通过提供短期贷款，缓解暂时的国际收支逆差；提供长期贷款以促进经济长期发展。

4）积极防范并化解国际金融危机。例如，提供紧急贷款、给予一定的资金援助；制定协调协定，国际借贷总安排；召集权威人士拟订改革方案等。

国际金融机构的作用也存在着局限性。

思考题

1. 金融体系的功能有哪些？
2. 金融机构的概念是什么？
3. 非银行金融机构有哪些？

4. 证券公司的主要业务有哪些？

案例分析

世界金融业综合化发展趋势
对我国金融体制改革的启示

一、案例内容

自从 20 世纪末（1999 年 11 月 4 日），美国通过《金融服务现代化法案》，取消了实行半个多世纪的《格拉斯—斯蒂格尔法案》，从而标志着美国金融业从立法上告别了"分业经营"的历史，迈向"混业经营"的新历程。时至今日，西方主要发达国家的金融业现已全部走上了"混业经营"的综合化发展道路。目前我国仍实行"分业经营、分业管理"的经营体制，并在此基础上不断开展业务创新。这是我国金融管理当局几年来始终恪守的指导性原则。但混业经营毕竟是一种潮流，与世界潮流背道而驰的中国在进一步的改革开放中，尤其是在加入世界贸易组织之后，如何进行金融体制的调整和改革，是我国金融业所面临的紧迫问题，值得深思与探索。

二、案例分析

1）我国商业银行自我约束机制及内部控制机制仍不成熟和完善。我国国有商业银行是整个金融体系的中心，银行类金融机构的资金占我国全部金融资产的 90% 以上。而目前国有企业总体经济效益较差。同时，国有商业银行尚未建立有效的风险控制机制，风险意识薄弱，内控较差。如果在这种情况下实行"混业经营"，在证券投资业务高收益回报的驱动下，难以避免银行资金违规进入股市，造成整个金融体系的不稳定。

2）我国证券市场规模有限，市场结构和运行机制有待于优化。我国国民经济证券化率较低，证券市场规模狭小，容量有限，市场运行机制仍有待于进一步优化；各种规避风险的金融衍生工具尚未获得发展，投资风险相对较大；市场投资者中机构投资者比重还很低，而以散户为主的股市市场波动大，投机成分大，稳定性差，此时若允许银行资金入市势必引起股价异常波动和"泡沫"经济现象，埋下金融风险隐患。

3）我国金融法制建设虽已取得较大成就，但仍存在诸多不足之处。近年相继颁布了《中国人民银行法》、《商业银行法》、

《证券法》和《保险法》等一系列法律法规，但这些仅是金融市场行为的基本依据，仍属于框架性文件，对实际操作的规定过于粗疏，有待细化。如果现在急于依照美国模式进行金融自由化，放松管制，当金融机构在松动的管理环境下违规冒险时，监管机构和监管政策将显得被动和无力。

由此可见，我国的宏观金融形势与西方发达国家存在着很大差别，盲目效仿将会带来很大风险。但是，加入世贸组织过渡期将尽，纳入世界经济潮流后，制度上的落后必将影响我国金融业的国际竞争能力。那么，权衡利弊，在稳健与效率之间如何进行博弈呢？

三、案例思考

1）目前我国金融业"分业经营"体制符合我国的实际情况。通过上述分析可见，"分业经营"体制还是有着重要的现实意义的。在我国金融业发展还不完善的情况下，通过"分业经营"建立起各业间的隔离带，避免由于各业的不完善而带来的"交叉感染"，是保证我国金融业健康稳步发展的现实选择。无论是银行业的经营机制、内控机制的不完善，还是证券市场的不发达，以及信托、保险业的粗放经营，都容不得各业间的相互冲击，在市场不均衡，各业风险与收益不对称的条件下，若推倒"防火墙"，撤销隔离带，那么在利益的驱使下，各业资金将肆意横流，打破原有的资金格局，使得社会经济各界得不到应有的资金保证，影响我国经济合理、持续、稳定地发展。

2）"混业经营"是未来的必然选择。货币产生于商品交换的需要，金融活动则是商品生产发展的必然要求。随着商品经济的迅猛发展和市场范围的不断扩大，社会生产经营活动需要更有效的金融活动为之服务。"分业经营"是我国目前经济环境和经济条件下的现实选择，但它毕竟阻碍了市场效率，限制了竞争，也影响了我国金融业走向世界，与国际接轨。随着金融业对外开放程度的不断提高，国内商业银行和证券公司、保险公司欲追求"高效率、低成本、创新性"的全方位业务经营，提高我国金融机构的国际竞争力和金融服务效率，实行"混业经营"体制将是必然选择。

3）从"分业经营"到"混业经营"应是一个渐进的过程。前述提及，"分业经营"与"混业经营"并非绝对不相融，从"分业经营"到"混业经营"应是一个渐进的过程。"混业经营"的取向应在稳健与效率两要素的动态效用中以总效用最大化来实现。因此，从"分业经营"到"混业经营"是在金融环境不断改善条件下的一个渐进过程。在具体操作上，我们可以首先通过开展中间业务和业务创新逐步过渡。其次，让有条件的金融机构成立金融控股公司，通过设立子公司的方式在银行、证券、保险和资产管理领域开展分业经营，在此基础上逐步走上融合的发展道路。

第六章

商业银行

本章导读

商业银行是一国金融体系的主体。商业银行是金融企业,一方面通过吸收存款、借款等负债业务筹集资金,另一方面又通过货款、投资等资产业务运用资金,获得利息收入,同时又利用其技术、网络、人才、信息等优势为客户开办代理、结算、咨询等中间业务,获得非利息收入。商业银行正是通过其负债、资产及中间业务的经营,实现利润,保证自身的生存和发展。商业银行在吸收存款、提供货款的同时,创造出存款货币,即商业银行的信用创造职能。

解析

商业银行是金融企业,作为企业可能出现破产的现象。商业银行作为金融企业有着自身的特点以区别于一般的工商企业。

本章引例

A 公司以购买原材料为由,向某银行申请流动资金贷款 800 万元,由 B 公司担保,期限半年。贷款到账后,A 公司将全部贷款挪用投入房地产项目中,因该项目缺口无法正常施工导致贷款到期后,无力归还本金,而且还有部分欠息。

关键词

商业银行 职能 商业银行业务

第一节 商业银行概述

一、商业银行的概念

商业银行是指以吸收存款为主要资金来源,以开展贷款和中间业务为主要业务,以营利为目的的综合性、多功能的金融企业。

首先,商业银行具有一般的企业特征。商业银行拥有业务经营所必需的自有资金,且大部分资本来自股票发行;商业银行实行独立核算、自负盈亏;其经营目标是利润最大化,从商业银行的设立到商业银行选择业务及客户的标准来看,主要是盈利。商业银行是否开办某项业务,主要看这项业务能否给其带来现实的或潜在的盈利。商业银行接受还是不接受某个客户,也主要看这一客户能否给其带来现实的或潜在的盈利。所以说,获得最大利润既是商业银行产生和经营的基本前提,也是商业银行发展的内在动力。

其次,商业银行是经营货币和资金的金融企业。商业银行的活动范围不是一般的商品生产和商品流通领域,而是货币信用领域。一般企业创造的是使用价值,而商业银行创造的是充当一般等价物的存款货币。

第三,商业银行不同于其他金融机构具体如下。

1)与中央银行相比较,商业银行是面向工商企业、公众及政府经营的金融机构。而中央银行是只向政府和金融机构提供服务的具有银行特征的国家机关。中央银行创造的是基础货币,并在整个金融体系中具有超然地位,承担着管理者的职责。

2)与其他金融机构相比较,商业银行能够提供更多、更全面的金融服务,能够吸收活期存款。而其他金融机构不能吸收活期存款,只能提供某一方面或某几方面的金融服务。随着金融自由化和金融创新的发展,商业银行经营的业务和提供的服务范围越来越广泛。

二、商业银行的产生与发展

(一)银行的产生

银行是从货币经营业发展而来的。从历史上看,银行起源于意大利。早在 1272 年，意大利的佛罗伦萨就已出现了巴尔迪银行，稍后于 1310 年又设立了佩鲁奇银行。具有近代意义的银行则是 1587 年建立的威尼斯银行。中世纪的威尼斯凭借其优越的地理位置成为著名的世界贸易中心，各国商人云集于此，为了顺利地进行商品交换，需要将携带的货币兑换成威尼斯地方货币，于是就出现了专门的货币兑换商，从事货币兑换业务。随着商品经济的发展，货币收付的规模日益扩大，各地商人为了避免长途携带大量金属货币带来的不便与危险，便将剩余的货币委托货币兑换商保管，后来又发展到委托货币兑换商办理支付和汇兑。而货币兑换商则借此集中了大量货币资金，当货币兑换商发现这些长期大量集存的货币余额相当稳定，可以用来发放高利贷，获取高额利息收入时，货币兑换商便从原来被动接受客户委托保管货币转而变成积极主动揽取货币保管业务，降低保管费和不收保管费。发展到给予委托保管货币的客户一定好处时，保管货币业务便演变成存款业务。同时，货币兑换商根据经验，改变了以前实行全额准备，以防客户兑现提款的做法，实行部分准备金制度，其余的存款则用于贷款取息。此时，货币兑换商就演变成了集存、贷款和汇兑支付、结算业务于一身的早期银行了。威尼斯银行便应运而生。17 世纪，银行这一新型的金融机构由意大利传播到欧洲其他国家。

（二）商业银行的形成

商业银行是商品经济发展到一定阶段的必然产物，并随着商品经济的发展不断完善。

一般认为，商业银行的名称来自于其早期主要办理的基于商业行为的短期自偿性贷款，人们便将这种以经营工商企业存、贷款业务，并且是以商品生产交易为基础而发放短期贷款为主要业务的银行，称为商业银行。随着商品经济的发展，这种银行的业务范围不断扩大，其提供的服务业早已多样化，人们仍习惯称之为商业银行，并一直延用到现在。

商业银行主要通过两种途径产生。一是从旧式高利贷银行转变而来。早期的银行如威尼斯银行建立时资本主义生产关系尚未确立，当时的贷款主要是高利贷。随着资本主义生产关系的确立，高利贷因利息率过高而影响了资产阶级的利润，不利于资本主义经济的发展。高利贷银行面临着贷款需求锐减的困境，多数的高利贷银行顺应资本主义经济发展的需要，降低贷款利率，并主要为工商企业提供流动性贷款，转变为商业银行。这是早期商业银行产生的主要途径。

二是根据资本主义经济发展的需要，按资本主义原则，以股份有限公司形式组建而成。大多数商业银行是按这一方式建立的。在最早建立资本主义制度的英国，建立了最早的股份制商业银行——英格兰银行。英格兰银行一成立，就宣布以较低的利率向工商企业提供贷款，由于英格兰银行募集的资本高达120万英镑，实力雄厚，很快就动摇了高利贷银行在信用领域的垄断地位，英格兰银行也因此成了现代商业银行的典范。英格兰银行的组建模式很快被推广到欧洲其他国家，商业银行开始在世界范围内得到普及。但是，世界各国对商业银行的称谓却不尽一致，英国称之为"存款银行"、"清算银行"；美国称之为"国民银行"、"州银行"；日本称之为"城市银行"、"地方银行"等。

（三）商业银行的发展

尽管世界各国商业银行产生的条件不同，称谓也不一致，但其发展基本上是遵循着两种传统。

1. 英国式融通短期资金传统

至今，英美国家商业银行的贷款仍以短期商业性贷款为主。这一传统在英国形成有其历史原因。英国是最早建立资本主义制度的国家之一，也是最早建立股份制商业银行的国家，所以英国的资本市场比较发达，企业所需资金主要通过资本市场募集。另外，直到工业革命初期，企业生产设备都比较简单，所需资本比重小，这部分资本主要由企业向资本市场筹集，很少向银行贷款。企业向银行要求的贷款主要是用于商品流转过程中的临时性短期贷款。从银行方面来说，早期的商业银行处在金属货币制度下，银行的资金来源主要是流动性较大的活期存款，本身的信用创造能力有限。为了保证经营的安全，银行也不愿意提供长期贷款，这种对银行借贷资本的供求状况决定了英国商业银行形成以提供短期商业性贷款为主的业务传统。这种传统的优点是能较好地保持银行清偿能力，银行经营的安全性较好。缺点是银行业务的发展受到限制。

2. 德国式综合银行传统

按这一传统发展的商业银行，除了提供短期商业性贷款外，还提供长期贷款，甚至直接投资企业股票与债券，包销公司证券，参与企业的决策与发展，并为向企业合并或兼并提供财务支持和财务咨询等投资银行服务。至今，不仅德国、瑞士、奥地利等国家仍坚持这一传统，而且美国、日本等国的商业银行也在开始向这种综合银行发展。这种综合银行传统之所以会在德国形成，与德国历史发展有关。德国是一个后起的资本主义国家，其确立资本主义制度时，便面临着英、法等老牌资本主义国家的社会化大工业的有力竞争，这就要求德国的企业必须有足够的资本实力与之竞争。但是德国资本主义制度建立比较晚，其国内资本市场落后，德国企业不仅需要银行提供短期流动资金贷款，还需要银行提供长期固定资产贷款，甚至要求银行参股。而德国的银行为了巩固和客户的关系，也积极参与企业经营决策，与企业保持密切的联系。因此，在德国最早形成金融资本、产生金融寡头也就理所当然了。德国综合银行传统的优点是有利于银行开展全方位的业务经营活动，充分发挥商业银行在国民经济活动中的作用；其缺点在于可能加大银行经营风险，对银行经营管理提出更高的要求。

三、商业银行的性质与职能

（一）商业银行性质

1. 商业银行是一种营利性的经营企业

（1）商业银行具有一般企业的基本特征

1）拥有从事业务经营所必需的自有资本。自有资本是商业银行存在和发展的基础，国家通过法律对商业银行的资本作出强制性规定。

2）自主从事经营活动。商业银行在法律地位上是独立的法人，自主进行经营活动。商业银行所从事的是货币信用活动，货币活动主要是汇兑、结算、收付等，信用活动主要是存款、贷款、投资等。

3）从经营中获取利润。商业银行作为营利性企业，追求利润最大化是银行经营的最终目标，营利性自始至终贯穿于商业银行的整个业务过程。首先，创立或经营银行的目的是为了营利；其次，是否经营某项业务取决于能否为银行带来盈利。商业银行的盈利能力、利润水平，对其经营管理至关重要。利润不仅是商业银行充实资本、扩大经营的重要源泉，也是增强银行信誉、提高竞争力的有力手段。在西方商业银行中，利润是评价银行业绩的一个主要指标，决定着银行的生存与发展。

（2）商业银行具有金融企业的特征

商业银行作为金融企业，与一般工商企业是不同的，主要表现在以下两种。

1）经营对象上的差异。一般工商企业所经营的是普通商品，而商业银行经营的是特殊商品——货币资金。

2）经营方式的差异。一般工商企业采取生产或买卖的方式经营，而银行采取借贷方式，即信用方式经营。采用信用方式经营货币，不改变货币的所有权，只把货币的使用权作有条件的让渡。

2. 商业银行是一种社会性的经营企业

商业银行以货币与信用作为经营对象，而货币与信用有别于一般商品的特殊商品，具有广泛的社会接受性。货币作为一般等价物，具有与其他一切商品相交换的能力；货币作为贮藏手段，可以代替真正的物质财富进行价值贮藏；货币作为金融资产，可以无限占用和方便转让。而商业银行经营的信用，不仅以吸收存款和发放贷款、证券投资的形式出现，还以开出汇票，支票，开立信用账户，创造存款货币的形式出现。由于货币与信用的特殊性，使商业银行在其业务经营活动中，将两者有机地结合起来，把社会中各种经济主体、各种经济活动广泛地联系起来。因此，商业银行的经营活动一开始就带有一定的宏观经济意义，即其业务经营活动具有广泛和强烈的社会性。作为社会性的企业，商业银行必须遵守国家颁布的政策、法规、条例。因此，国际上通常采用立法形式对银行业务作出强制性规定，进行有别于一般企业的特殊管理。

3. 商业银行是一种服务性的公用企业

为社会提供可靠的服务，不仅是创建商业银行的目的之一，也是实现商业银行营利目标的可靠保证。任何公用事业如电力、自来水、燃气、公共交通等都是为满足公共需要而创立的，因此都承担了提供可靠服务的责任。银行也是如此，必须以为公众服务为己任的态度来开办业务，从事经营活动。商业银行作为服务性的公共企业，对公众应承担以下几方面的义务。

1）向公众提供可以接受的银行服务。这不仅指银行有义务让人们得到所需的各项服务，包括存贷款、结算、汇兑等服务项目，而且也要求银行应以一种合理方便的态度提供此种服务。例如，服务态度优良、服务质量有保证、服务范围周全、服务效率高、服务费用公正等。为此，商业银行必须在网点分布、工作时数、内部作业程序等方面下工夫，以适应顾客的需要。

2）要促进国家的经济建设。商业银行不是孤立存在、不受任何约束的。作为金融体系的一个环节，商业银行业务经营与管理活动，不但要遵守政府的金融政策、金融法规，同时作为国家经济部门的重要部分，其经营活动还要以"促进增长、增加就业、平衡供求、节约资源、保护环境、提高效率"为准则。

3）为地方建设提供咨询，当好参谋。商业银行与所在地的政府、企业、团体、居民有着广泛而持久的联系，并且银行拥有为社会各界提供财务、信用等方面服务的技术知识、因此有义务向公众提供所需的信息咨询服务，帮助社会选择最佳的财源以应对其需要。

（二）商业银行职能

商业银行在现代经济活动中所发挥的功能主要有信用中介、支付中介、金融服务、信用创造和调节经济五大职能。

1. 信用中介

信用中介是指商业银行通过负债业务，把社会上的各种闲置资金集中起来，通过资产业务，将其投向需要资金的部门，充当资金闲置者和资金短缺者之间的中介，实现资金的融通。商业银行在发挥信用中介功能时，充当了买卖"资本商品使用权"的商人角色。一方面，商业银行通过支付利息吸收存款，借入款项、另一方面，商业银行又通过贷放货币资本或购买有价证券等投资活动获取利息及投资权益。这种收入与支出之间的差额便形成商业银行利润。

信用中介是商业银行最基本的职能，发挥这一职能有以下作用。

1）使闲散货币转化为资本。商业银行通过开办活期存款和储蓄存款等业务，把闲散在居民手中的货币集中起来，投放到生产和流通部门，成为生产资本、商品资本或货币资本，扩大了社会资本的规模，促进了生产和流通的发展。

2）使闲置资本到充分利用。商业银行通过各种存款形式，能把从再生产过程中游离出来的暂时闲置的货币资本转化为生产资本、商品资本等职能资本，在社会资产总量不变的情况下，提高资本使用效率，扩大了生产和流通规模，也提高了社会资本总的增值能力。

3）续短为长，满足社会对长期资本的需要。由于商业银行存款业务种类多样化，可以使众多短期资金来源在期限上相衔接，变成数额巨大的长期稳定余额，用于满足社会对长期借贷资本的需求。

2. 支付中介

支付中介是指商业银行利用活期存款账户，为客户办理货币结算、货币收付、货币兑换和转移存款等业务活动。支付中介是商业银行的传统职能，借助于这一职能，商业银行成为工商企业、政府、家庭、个人的货币保管人、出纳人和支付代理人，使商业银行成为社会经济活动的出纳中心和支付中心，并成为整个社会信用链的枢纽。

从历史上看，商业银行的支付中介职能要早于信用中介职能。但是当银行的信用中介职能形成后，支付中介职能的发挥就要以信用中介职能为存在前提。商业银行提供的转账结算、支付汇兑等服务主要面向其存、贷款客户。而支付中介职能发挥得好，反过来促进了银行存、贷款业务的扩大，使银行信用中介职能得到更从分的展现。

商业银行在发挥支付中介职能过程中，具有以下两个作用。

1）使商业银行连续拥有比较稳定的廉价的资本来源。客户要想利用商业银行的支付中介职能，获得转账结算等服务便利，首先必须在商业银行开立活期存款账户，并存入一定的资金。这使商业银行能集中大量低息甚至无息资金，有利于降低银行资金成本。

2）可节约社会流通费用，增加生产资本投入。商业银行广泛提供非现金转账结算和支票收付服务，既可加速资金周转又可减少现金的使用量和流通量，进而使现金的保管费、铸造费、运转费等社会流通费用大大减少，从而可以将更多的资金投入生产，促进生产扩大，以提供更多更好的产品。

3. 金融服务

金融服务是商业银行利用其在国民经济活动中的特殊地位，以及在提供信用中介和支付中介服务的过程中所获得的大量信息，运用电子计算机等先进手段和工具，为客户提供其他服务。这些服务主要有财务咨询、代理融通、信托、租赁、计算机服务、现金管理等，通过提供这些服务，商业银行一方面扩大了社会联系面和市场份额，另一方面取得大量的费用收入。同时，也加快了信息传播，提高了信息技术的利用价值，促进了信息技术的发展。商业银行是各种行业中最先大规模使用计算机和信息技术的部门之一，也正是由于银行业和信息技术产业的紧密结合，才推动了信息技术的迅速发展，为人类社会进入信息经济时代创造了有利条件。借助于日新月异的信息技术，商业银行的金融服务职能发挥着越来越大的作用，并使商业银行也在发生了革命性变化，向着"电子银行"、"网上银行"方向发展。

4. 信用创造

信用创造是商业银行的特殊职能。信用创造是指商业银行利用其吸收存款的有利条件，通过发放贷款，从事投资业务，而衍生出更多存款，从而扩大社会货币供给量。当然这种货币不是现金货币，而是存款货币，只是一种账面上的流通工具和支付手段。

商业银行的信用创造职能是在信用中介职能发挥的基础上派生出来。由于商业银行的信用创造职能直接对社会信贷规模及货币供给产生影响，所以商业银行成为货币管理当局监管的重点，中央银行货币政策工具中的法定存款准备金制度在很大程度上是为了控制商业银行信用创造职能而运用的。另外，如再贴现率则通过影响市场利率而调节商业银行再贷款成本，进而影响商业银行贷款规模。当然，影响商业银行信用创造职能发挥的因素还有很多，如公众的流动性偏好、市场利率预期等。

商业银行在发挥信用创造职能过程中所产生的作用主要在于，通过创造流通工具和支付手段，可以节约现金使用，节约流通费用，满足社会经济发展对流通和支付手段的需要。

5. 调节经济

调节经济是指商业银行通过其信用中介活动，调剂社会各部门的资金余缺，同时在中央银行货币政策指引下，在国家其他宏观政策的影响下，调节经济结构，调节投资与消费比例关系，引导资金流向，实现产业结构调整，发挥消费对生产的引导作用。商业银行还可以通过在国际市场上的融资活动，来调节本国的国际收支状况。

第二节　商业银行的业务

商业银行的业务一般包括负债业务、资产业务和中间业务三大类。负债业务形成商业银行的资金来源，是经营活动的基础部分；资产业务是银行运用资金，取得经济收入的业务；中间业务是负债业务、资产业务的派生业务，是指银行不需运用自己的资金，为客户提供各种服务，收取一定的手续费的业务。

一、负债业务

商业银行的负债业务主要有资本金、存款和借款三项业务。

（一）资本金

资本金又称自有资金，包括银行股东的投入和银行经营中的各种积累。商业银行资本金主要包括以下几个部分。

1. 股本或实收资本

股本或实收资本是指银行投资者的初始投入以及以后的追加投入，对股份制商业银行来说则是银行成立时发行股票及以后增发股票所筹集的资本。

2. 各种公积金或盈余

（1）资本公积（资本盈余）

资本公积（资本盈余）是银行实际资本与股本或实收资本之间的差额，又称资本溢价。最常见的资本公积是由于商业银行股票发行价格与面值不同而产生的。例如，某商业银行发行 1 亿股股票，每股面值为 1 元，每股发行价为 4 元，则发行成功后该银行的股本为 1 亿元，资本公积为 3 亿元。

（2）盈余公积（营业盈余）

盈余公积（营业盈余）是商业银行按规定从当年实现的净利润中提取的，主要是用于增强银行实力，满足银行的发展需要，或用于弥补亏损。盈余公积包括法定盈余公积和任意盈余公积，前者是银行按国家的规定比率必须提取的，后者的提取情况由银行自行决定。

（3）未分配利润（留存盈余）

未分配利润是银行在进行利润分配后仍保留的利润，可用以增强资本实力，或用于以后年度分配或弥补亏损。

3. 风险准备金

风险准备金又称补偿性准备金，是商业银行为应付各种损失而从收益中提留出来的准备金，主要有贷款准备金、坏账准备金和证券投资损失准备等。当银行出现呆账、坏账或投资损失时，提留风险准备金用以核销这些损失,但当没有核销或核销损失后还有剩余时,风险准备金就成了银行资本金的组成部分。图6-1所示为各大银行资产负债情况。由此可以看出,工、中、建和交行等大型商业银行在银行业市场中仍然占据绝对主导地位,总资产、总负债、存款总额以及贷款余额都占到了整个市场的三分之二以上。股份制商业银行中,近两年上市的民生银行、上海浦东发展银行、中信银行以及兴业银行的扩张速度很快,市场份额不断增加;相对而言,华夏银行和深圳发展银行以及未上市的光大银行和广东发展银行的市场份额则偏低。

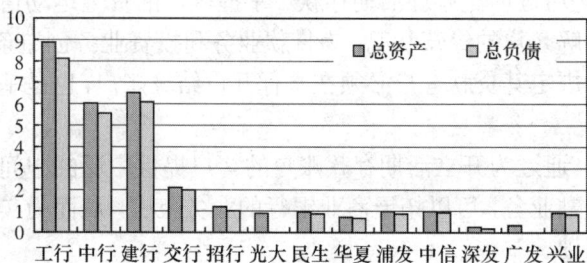

图6-1 2007年银行资产、负债情况

(二)存款

存款业务是商业银行最主要的负债业务,以中国人民银行公布的金融统计数据为例,2006 年,我国全部金融机构(含外资金融机构)本外币并表的各项存款余额为 34.8 万亿元,各项贷款余额为 23.8 万亿元,存差已达 11 万亿元,占存款余额近 32%,这表明我国金融体系趋于稳健,但是,也要考虑,亏损占用和不良资产等历史问题。

商业银行的存款一般分为活期存款、定期存款和储蓄存款三大类。

1. 活期存款

传统的活期存款又称支票存款,是一种不需要事先通知,凭支票便可随时提取、支付或转账的存款。商业银行经营活期存款能满足存款客户方便支取现金和进行转账结算的需要。商业银行往往要求客户在活期存款账户中保留一定的最低金额,这样就可以保证银行拥有充足而稳定的营运资金,也可以作为客户取得贷款和有关金融服务的重要条件。

活期存款账户是客户可以随时进行资金转移的账户。活期存款账户结算频繁、业务量大、手续繁多、成本较高，且账户上的资金随时会被客户取走或转出。因此，有一段时期国外银行对该账户的资金一般不支付利息。为了防止银行通过付息或变相支付利息进行恶性竞争，有些国家（如美国）曾用法律来规定该账户不得支付利息。

一般来说，商业银行经营活期存款业务主要有以下好处。

1）可把众多客户活期存款账户上沉淀的部分资金，作为中、长期资金运用，这样能变短期资金为中、长期资金，却不必支付与长期存款同样高的利息。

2）通过广泛办理活期存款，掌握客户的资金运动情况，间接地了解客户的经营状况，为贷款业务和投资业务创造条件。许多银行规定其贷款客户必须在本行开设结算账户，也是基于这一理由。

3）通过为开立活期存款账户的客户提供广泛的中间业务和其他金融业务，可以拓展商业银行的业务范围，从而为实现盈利奠定基础。

商业银行为了应付日趋激烈的市场竞争，更多地吸收社会资金，在传统的活期存款的基础上，不断开发出新的活期存款品种，如可转让支付命令账户。可转让支付命令账户简称 NOW 账户（Now Account），是由美国马萨诸塞州的一家储蓄贷款协会于 1912 年创办的。美国大部分州的银行法在 1980 年以前曾规定，支票存款（活期存款）是不得支付利息的。为了争取客户，该贷款协会推出一种不使用支票的活期账户，而是使用支付命令书。支付命令书像支票一样可以进行转账、支付、取现等操作，也可以流通转让，但是由于没有支票，银行可以给予存款者一定的利息，从而吸引了很多客户。到 1980 年，该业务已经在美国各银行流行，并在其他国家推广，现在已为商业银行及其他存款机构所普遍采用。

除 NOW 账户外，还有超级可转让支付命令账户、货币市场存款账户等新型的活期存款账户，都是传统的活期存款的创新品种。活期账户创新的基本思路是，保持活期存款灵活转账、支付等优点，克服活期存款不支付利息或利息低的缺陷，这也是所有新型活期存款的特点。

2. 定期存款

传统的定期存款是一种有一定时间限制，存款人凭存单或约定方式提取的存款。定期存款在存入之日到提取之日的约定期限内，一般不能被提前取出。定期存款的期限一般有 3 个月、6 个月、1年、2年、3年，甚至更长，其利率大都由商业银行参照市场资金供求状况预先制定，可随时调整。一般来讲，期限越长，利率越高；期限越短，利率越低。客户在商业银行办理定期存款时，商业银行签发定期存单，存单到期，客户凭存单向商业银行提取存款本金和利息。这种传统的定期存单是不可转让的，但通常可作为动产质押品，以获取商业银行的贷款。

传统的定期存款在提前支取时，存款人会遭受很大的利息损失，且存单也不能在市场上转让。商业银行为了迎合客户需求，创新出一些定期存款品种，最基本的是大额可转让定期存单。大额可转让定期存单（CDs）是1961年由美国花旗银行推出的。这种存单有以下特点。

1）面额固定，且面额较大。在美国，大额可转让定期存单的最低面额为2.5万美元，最高可达1000万美元，通常为10万～100万美元。

2）存单不记名，谁持有，谁拥有。

3）存单期限一般为7天到12个月不等，常见的存单期限为3个月、6个月等。

4）有定期存单的流通市场，在该市场上定期存单可以自由流通转让，且该市场交易活跃。

大额可转让定期存单的推出，迅速在各国商业银行业务中得以推广。目前，大额可转让定期存单已成为商业银行的主要资金来源，也成为公司、政府机构、基金及个人的主要投资对象。另外，商业银行看到了定期存单蕴藏的巨大市场，推出更多的定期存单业务，如货币市场定期存单、小额储蓄存单等。这些创新定期存款产品的原理在于保持定期存款高利息的特点，克服定期存款不能提前支取或变现性差的弱点，通过市场转让来提高其流动性。

3. 储蓄存款

储蓄存款是为个人积蓄货币和取得利息收入而开立的存款账户。储蓄存款可分为活期储蓄存款和定期储蓄存款两种。活期储蓄存款的存取无一定期限，不使用支票，而是用存折或存单，手续比较简单。只凭存折便可提现，存折不能转让流通，储户不能透支款项。定期储蓄存款类似于定期存款，预先约定期限，到期支取，两者的区别在于存款对象和利率限制上。有些国家法律规定只有个人和非营利性组织才能开立定期储蓄账户，并对其利率上限作出规定。

20世纪70年代以来，商业银行相继开设了新型的储蓄存款业务，如电话转账服务账户、自动转账服务账户、股金汇票账户、个人退休金账户和清单储蓄账户等。下面介绍最基本的自动转账服务账户。

自动转账服务账户（ATS）是美国银行于 1978 年在电话转账服务账户的基础上发展而来的。其主要内容是，储户同时在银行开立储蓄存款账户和活期存款账户，活期存款账户的余额始终保持 1 美元，其余资金都存入储蓄存款账户获取存款利息，当客户需要动用资金时，可直接开出支票。银行收到储户的支票时，立即从储蓄存款账户上划出支票上所载金额的资金进入活期存款账户，并进行转账或备客户兑取。自动转账服务账户实际上是把活期存款账户和储蓄存款账户联合起来，分别吸收了两种账户的优点，使得储户既可实现支票转账或支取，又可获取储蓄利息。

其他新型的储蓄存款账户与自动转账服务账户在原理上是基本一致的，如电话转账服务账户通过电话指示在活期存款账户和储蓄存款账户间转移资金。我国的银证通其实也是一种转账服务账户的发展品种，能实现银行储蓄存款账户和证券资金账户间的转账功能。

除了活期存款、定期存款和储蓄存款外，商业银行还有一些其他存款品种，但这些存款所占比例一般很小，图 6-2 为 2007 年商业银行存贷款情况。表 6-1 所示为股份制商业银行资产负债情况。

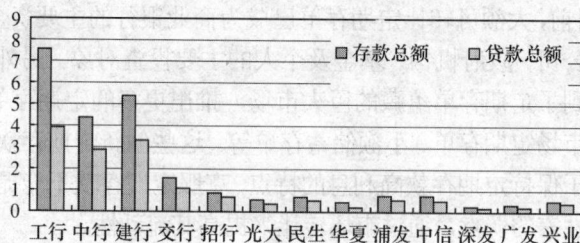

图 6-2　2007 年银行存贷款情况

表 6-1　2007 年股份制商业银行总资产、总负债

单位：亿元

项　目		第一季度	第二季度	第三季度	第四季度
总资产	余额	56 902.9	64 239.3	68 791.7	72 494
	增长率/%	22.5	30.1	34.6	33.2
	占银行业比重/%	12.4	13.2	13.6	13.8
总负债	余额	54 747.9	61 386.4	65 774.5	69 107.5
	增长率/%	21.9	28.2	33.2	31.5
	占银行业比重/%	12.6	13.4	13.7	13.9

（三）借款业务

1. 向中央银行借款

商业银行在必要时，也可向中央银行要求融通资金。中央银行作为货币的最终供给者，拥有雄厚的资金实力。另外，中央银行为保持金融稳定，促进经济发展，也有必要对商业银行提供资金。中央银行向商业银行融通资金主要有以下两个途径。

（1）再贴现

再贴现是商业银行以已对客户贴现而未到期的票据，向中央银行做再次贴现而取得资金的行为。再贴现与贴现不同，贴现是商业银行对企业单位的融资行为，属于商业银行的资产业务；再贴现是中央银行向商业银行的贴现行为，是商业银行的负债业务。通过再贴现，商业银行将其原先所持的票据转让给中央银行，中央银行则把相应的资金支付给商业银行。

如果再贴现过多，则有大量资金从中央银行流向商业银行，最后流入流通领域，就有可能会造成货币供给量过多。因此，中央银行对商业银行的再贴现有严格限制，一般只是应对商业银行短期性的急需资金的不足。商业银行不能为了扩大贷款或投资，而不断地向中央银行申请再贴现。商业银行申请再贴现要付利息，利息的高低由再贴现票据的票面金额与再贴现利率（即再贴现率）共同确定，其计算公式为

$$再贴现利息 = 再贴现票据票面金额 \times 再贴现率（日利率）\times 票据未到期天数$$

因此，中央银行通过调整再贴现率，可以控制商业银行再贴现的成本，进而控制商业银行向中央银行再贴现的数量，这是中央银行宏观调控的内容。

（2）再贷款

再贷款是商业银行开出本票（或借据），或以政府债券等作为抵押，向中央银行取得的贷款。再贷款与贷款相对应，贷款是商业银行对客户提供的贷款，是其资产业务；再贷款是商业银行向中央银行申请的借款，是其负债业务。再贷款资金一般只能解决商业银行的临时性资金需要，商业银行不得将再贷款资金用于扩大贷款或投资。与再贴现一样，再贷款也是要付利息的，其利息计算公式为

$$再贷款利息 = 再贷款金额 \times 再贷款利率 \times 再贷款期限$$

再贷款利率由中央银行确定，若中央银行提高再贷款利率，

想一想

再贴现与贴现有什么不同？

议一议

再贷款与贷款有何区别？

则商业银行付出的再贷款利息增多，其筹资成本提高，商业银行就会减少再贷款数量。反之，中央银行降低再贷款利率，则商业银行会增加再贷款数量。当社会资金较为紧缺时，中央银行会降低再贷款利率，当社会资金过于充足时，中央银行会提高再贷款利率。这也是中央银行宏观调控的内容。

2. 同业借款

同业借款是指商业银行之间或商业银行与其他金融机构同业之间的短期资金余缺调剂。同业借款主要有同业拆借、转贴现和转抵押借款。

（1）同业拆借

同业拆借是指商业银行之间以及商业银行与其他金融机构之间发生的短期性或临时性借款。商业银行日常业务经营活动中的结算轧差，有时会出现盈余，有时也会出现头寸不足。对于头寸盈余的商业银行或金融机构，自然愿意将暂时盈余的头寸资金拆借出去，以获取一定的利息收入；而对于头寸不足的商业银行，为了维持银行业务的正常周转，则必须向其他商业银行或金融机构拆入资金。商业银行同业拆借，一般有较固定的用途，即用来补充短期流动资金的不足，因此期限较短，在一些发达国家通常为半天或几天之内。

我国同业拆借分为头寸拆借和短期拆借两种。头寸拆借是指拆借期限在 7 天内（含 7 天）的拆借，属于真正意义上的同业拆借；短期拆借是指拆借期限在 7 天以上 4 个月以下（含 4 个月）的拆借。我国《商业银行法》明确规定，同业拆借应当坚持短期融资的原则，禁止利用拆入资金发放固定资产贷款或者用于投资。拆出行的拆出资金必须是银行的闲置资金，即按规定交足存款准备金、留足备付金和归还人民银行到期贷款后剩余的资金；拆入行的拆入资金只能用于弥补票据结算、联行汇差头寸的不足和解决临时性周转资金的需要。

（2）转贴现借款

转贴现借款是指商业银行在资金紧张时，可将已贴现的未到期的票据向其他银行贴现而取得资金的行为。

（3）转抵押借款

转抵押借款是指商业银行在资金临时短缺、周转不畅的情况下，通过向其他银行申请抵押贷款而取得资金的行为。

3. 回购协议借款

回购协议借款又称证券回购借款，是指资金短缺的银行暂将其持有的证券（主要是政府债券）卖出，同时签订协议在未来的某一时日按双方约定的价格回购证券的短期融资行为。例如，某行急需 1 000 万元资金，预期 1 个月左右能归还，那么该行就可以在回购协议市场上卖出 1 000 万元的政府债券，卖出的同时签订合约，于 1 个月后以 1 003 万元的价格买回这笔政府债券。在这一个月内，银行就可以获得 1 000 万元资金的使用权，期满后归还这 1 000 万元资金并支付 3 万元的利息。

从表面上看，回购协议借款具有"一卖一买"的过程，似乎是政府债券的两次买卖行为。但从实质上看，回购协议是一种借贷行为，是以证券（主要是以政府债券）作为担保的融资行为，而买卖正是这种担保方式的实现途径。通过卖出证券，一方获得资金，而另一方得到证券，证券就成为了担保品。到回购时，融资方支付了本息，证券这一担保品又交回了卖出方。因此，回购协议是一种安全性较高的融资行为，受到商业银行和其他金融机构的欢迎。在发达国家或地区，回购协议市场非常活跃，市场参与者众多，交易量很大。我国的回购协议市场起步晚，经历了一些曲折的发展历程，自 1998 年恢复营运以来，回购协议市场得到了很大的发展。回购协议借款一般是短期的，常见的期限有 7 天、14 天、21 天、1 个月、2 个月、3 个月等。回购协议的单笔交易量都很大，单笔一般在 100 万元以上。有担保、风险小、期限短、交易量大、操作灵活等，是回购协议借款的特点所在。

4. 发行金融债券

发行金融债券是一种中长期的筹资方式。金融债券的利率一般比存款利率要高，能在市场上流通转让，加上商业银行有较高的信誉，因而较容易发行成功。通过发行金融债券筹集资金，虽然所付利息较高，但由于偿还期长且固定，一般不会产生提前兑付，银行可用于长期放款、投资，使用灵活。

各国商业银行发行金融债券都受国家的严格限制。西方发达国家的商业银行发行的金融债券稍多些，而我国商业银行却较少发行金融债券。

5. 向国际金融市场借款

除了在国内市场取得借款外，商业银行还可以从国际金融市场借款来弥补其资金不足，主要形式有在国际金融市场上发行债券和直接向国际金融机构借款两种。直接向国际金融机构借款既包括向国际大商业银行的一般性商业借款,也包括向世界银行等国际金融组织的借款。

二、资产业务

商业银行的资产业务是指商业银行运用资金的业务。按资金的运用方式,商业银行的资产可划分为现金资产、贷款、证券投资和其他资产4种基本类型。

(一)现金资产

商业银行的现金资产主要包括库存现金、在中央银行的存款、同业存放款项和托收中现金4部分。商业银行持有现金资产是维持其流动性的需要,即应对存款户的提取和应对正常的贷款、投资等的需要。一般而言,现金资产是没有收益或低收益的,银行持有太多的现金资产会降低其经营效益,但是如果银行现金资产不足,则银行随时可能出现支付危机,危及银行信誉,甚至导致银行倒闭。可见,现金资产不能过多,也不能过少,银行现金资产的管理,关键在于将现金资产保持在适当的水平上。

(二)贷款

贷款是指商业银行将组织到的资金,按照一定的条件和贷款利率贷给客户并约期偿还的一种资金运用方式。贷款的分类很多,按贷款时间长短可以分为短期、中期和长期贷款;按其用途和对象可以分为工商业贷款、农业贷款、消费贷款;按保证程度和贷款方式可分为信用贷款、担保贷款、票据贴现。下面对信用贷款、担保贷款、票据贴现分别加以介绍。

1. 信用贷款

信用贷款是仅凭借款人的信用而发放的贷款。由于信用贷款只凭借款人的信誉,有较大的风险,所以贷款利率较高。为了避免风险过分集中,对信用贷款数额有较多限制,且审查严格,一般只对那些与银行往来密切、资金雄厚、信誉程度高、经营稳健、经济效益好的企业提供信用贷款。

2. 担保贷款

担保贷款是借款人凭担保人或担保品取得的贷款。按提供担保主体的不同,担保可以分为人的担保和物的担保。人的担保是指以自然人或法人自身的资产和信誉为他人的贷款提供担保。人的担保，典型的方式就是保证。借款人不履行债务时，由保证人负责清偿。物的担保是指自然人或法人以其自身的财产为自己或他人的债务提供担保。如果借款人不履行债务，债权人可以通过处分担保财产而得到清偿。商业银行的担保贷款，一般包括保证贷款、抵押贷款和质押贷款三类。

（1）保证贷款

保证贷款是指借款人以借款人以外的机构或个人对借款人按时履行还款义务提供保证，而向商业银行申请的贷款。在商业银行发放保证贷款时，商业银行要求借款人请求另外的机构或个人作为保证人，如果贷款到期，借款人不能及时向银行偿还本息，则由保证人代为偿还。对贷款提供保证，能提高贷款的到期偿还能力，降低贷款风险。

关于保证人的资格，我国《担保法》规定，具有代为清偿能力的法人、其他组织或者公民，可以作为保证人。国家机关不得作为保证人，学校、幼儿园、医院等以公益为目的的事业单位、社会团体不得作为保证人，企业法人的分支机构、职能部门不得作为保证人，但企业法人的分支机构有法人书面授权的，可以在授权范围内提供保证。

（2）抵押贷款

抵押贷款是商业银行以借款人或第三人的财产作为抵押品而发放的贷款。抵押品一般不能转移，或转移时其功能会受到损伤，如土地使用权、房产、机器设备等。抵押品对贷款提供担保，若借款人到期不能偿还贷款，则贷款人有权拍卖、变卖抵押品，所得款项优先用于偿还银行的贷款本息。偿还后有剩余的，则应归还给借款人；如果仍不足以偿还贷款本息，则不足部分仍可向借款人追索。

抵押特点在于不转移对抵押物的占有，这一特点是抵押与质押的区别所在。在贷款没有到期之前，抵押物仍由借款人控制和使用。例如，某企业以房产作抵押，则在贷款未到期前，房产仍由该企业管理并使用。银行向借款人提供抵押贷款时，一般对抵押品作一定的折扣。例如，企业以价值 100 万元的房产作抵押向银行申请贷款，银行一般不会给予 100 万元贷款，而是提供 80 万元或更少的贷款，以防止房产价格的下跌，保障贷款的安全性。不同的抵押品会有不同的折扣率，价值稳定的抵押品，其折扣率相对小些。一般而言，抵押品的折扣在 20%～50% 之间，即银行提供的贷款额度为抵押品价值的 50%～80%。

（3）质押贷款

质押贷款是指以借款人或第三人的动产或权利作为质押物发放的贷款。质押可以表述为，债务人或者第三人将特定财产或权利移交给债权人占有，作为债权的担保，债务人无法按时清偿债务时，债权人可以将该特定的财产或权利拍卖、变卖而优先受偿。与抵押不同的是，在质押中质押物是从债务人手中转移到债权人手中，由债权人保管和占有。与抵押贷款一样，银行提供质押贷款时，也要根据质押物的价值稳定性进行折扣，质押贷款额一般为质押物价值的 30%～80%之间。

质押包括动产质押和权利质押两种。动产是指除土地、房屋等不动产以外的一切可移动之物，范围相当广泛，诸如珠宝、首饰、字画、工具、设备、半成品、原材料等有形物品，均可以作为质押的标的物。权利质押是具有可转让性或交易性的财产权，包括债权、股权和商标权、专利权、著作权等无形财产权。不具有可转让性的权利，不能成为权利质押，诸如人身保险费请求权、遗产继承权等。我国《担保法》第 75 条规定可以质押的权利有汇票、支票、本票、债券、存款单、仓单、提单；依法可以转让的股份、股票；依法可以转让的商标专用权，专利权、著作权中的财产权；依法可以质押的其他权利。

3. 票据贴现

票据贴现是客户将其持有的未到期的票据交给银行，银行从票据面额中扣除自贴现日起至到期日止的利息后，将余额支付给顾客。贴现后，票据归银行所有，票据到期后，由银行按票据面额向票据付款人收回款项。银行扣除的利息叫做贴息，贴息与票据面额的比率叫做贴现率。票据贴现的计算公式为

$$\text{贴息}=\text{票据面额}\times\text{年贴现率}\times\frac{\text{未到期天数}}{360}$$

或　　　　贴息=票据面额×日贴现率×未到期天数

银行的贴现付款额=票据面额−贴息

票据贴现业务可以认为是票据买卖业务，是原票据持有人因资金短缺而将票据卖给银行。同时，票据贴现业务又是一种贷款，是银行对原持票人提供的资金融通，但与普通贷款相比有许多不同之处。

1）贷款是到期后收取利息，贴现则是贴现业务发生时从票据面额中预扣利息。

2）贷款期限较长，且常有延期、展期情况。而贴现的期限

一般较短，最长不超过一年。票据期满，票据付款人必须无条件付款，不能延期或展期。

3）贷款的申请人即为银行的直接债务人。而贴现申请人（原持票人）并非银行的直接债务人。到期时银行是先向票据付款人（包括承兑人）收取款项。当票据付款人不能付款时，银行可要求贴现申请人（原持票人）支付款项。

4）一般贷款只有待到期后，才能收回本息，流动性差。而票据贴现后，银行如急需资金可向其他银行转贴现或向中央银行再贴现，随时收回资金，所以有很强的流动性。

（三）投资业务

投资业务是指商业银行的证券投资业务，即商业银行通过买卖政府债券、公司债券、金融债券、股票等有价证券从中获得利益的经营活动。

证券投资业务是商业银行的主要业务之一，与贷款业务有以下区别。

（1）两者的业务对象不同

贷款的业务对象包括企业、单位和个人等社会经济活动的主体；投资的业务对象是有价证券，是社会经济活动的客体。

（2）两者的业务方式不同

贷款时银行先考察贷款申请人的还款能力，然后签订贷款合同，其业务方式是进行谈判；投资是银行分析证券的市场行情，决定是否进行投资，或投资多长时间，其业务方式是买卖操作。

（3）两者的风险程度不同

相对而言，贷款的风险要高于证券投资的风险，因为贷款的期限是双方约定的，银行一般不能提前收回；而投资的期限由银行自由选择，银行可以及时出售证券来降低风险。

（4）两者的流动性不同

贷款一般是不具流动性的，贷款资金只有到期才能收回；而证券有流通市场，银行可随时进行买或卖，具有较强的流动性。

（5）两者的收益不同

贷款的收益来自贷款利息；而证券的收益通常有两种：一是证券的利息或分红（股票）收入；二是证券在市场上买卖时的差价收入，当然买卖时有可能是收入，也有可能是损失。

（四）其他资产业务

其他资产业务主要包括商业银行的固定资产、商业银行的应

小常识

1. 债券投资收益有3种

1）票面收益率。即证券票面上标明的收益率。（转下页）

（接上页）

小贴士

2）当期收益率。即证券票面收益与证券现行市场价格的比率。如某银行以 90 元价格买进面值为 100 元、票面收益率为 10% 的证券一张。到期后，银行从发行者那里收到 10 元利息，与银行投入的 90 元相比，获得的收益率是 11.1%

$$\left(\frac{10}{90}\times 100\%\right)。$$

3）到期收益率。在考虑证券利息收入同时，反映证券增、减因数。例如：某银行购入票面价为 200 万元的证券，票面收益率为 10%，偿还期为 10 年，4 年后为 280 万元的价格转让，则到期收益率为：

$$\frac{200\times 10\%+\frac{(280-200)}{4}}{\frac{(200+280)}{2}}\times$$

$$100\%=9.17\%$$

我国使用的债券转让收益计算方法：

$$持有到期收益率=$$
$$\frac{债券面额+利息总额-购买价}{购买价格\times 剩余年数}$$
$$\times 100\%$$

（转下页）

收利息等。表 6-2 是某商业银行的资产负债表。

表 6-2 2007 年某商业银行合并资产负债表

单位：亿元

资　　产	2007-12-31	2006-12-31
现金及存放中央银行款项	11 423.46	7 036.57
存放同业及其他金融机构款项	294.06	156.37
拆出资金	1 703.52	1 908.69
以公允价值计量且其变动计入当期损益的金融资产	343.21	211.56
衍生金融资产	227.69	105.39
买入退售款项	758.80	392.18
客户贷款及垫款	39 575.42	35 339.78
可供出售金融资产	5 312.41	5 046.09
持有至到期投资	13 300.85	12 289.37
应收款项类投资	12 117.67	11 061.63
长期股权投资	1.72	1.27
固定资产	766.28	789.74
在建工程	25.18	25.63
递延所得税资产	58.65	—
其他资产	933.96	730.62
资产总计	86 842.88	75 094.89
负债和股东权益		
同业及其他金融机构存入款项	7 276.09	3 674.94
拆入资金	775.65	328.24
以公允价值计量且其变动计入当期损益的金融负债	155.90	327.31
衍生金融资产	71.27	26.13
卖出回购款项	1 935.08	486.10
客户存款	68 984.13	63 263.90
应付职工薪酬	192.06	70.73
应交现金及附加	408.67	220.04
应付次级债券及存款证	355.62	367.07
递延所得税负债	3.37	13.84
其他负债	1 242.52	1 598.55
负债合计	81 400.36	70 376.85
股东权益		

续表

资　产	2007-12-31	2006-12-31
股本	3 340.19	3 340.19
资本公积	1 062.07	1 097.01
盈余公积	135.36	54.64
一般准备	408.34	127.19
未分配利润	454.40	57.15
外币报表折算差额	−10.89	−3.51
归属于每公司股东的权益	5 388.47	4 672.67
少数股东权益	53.05	45.37
股东权益合计	5 442.52	4 718.04
负债和股东权益合计	86 842.88	75 094.89

三、中间业务

现代商业银行业务的突出特点之一，就是中间业务的迅速发展。在世界金融史上，中间业务是与商业银行与生俱来的业务，现在已成为商业银行的主要支柱业务之一。其对象包括各类银行、非银行金融机构、企业、社会团体和个人。商业银行的中间业务是指通常不需动用自有资金，代客办理资金收付、咨询、代理、担保和其他委托业务事项，利用其机构、网络、信息、人才和信誉等方面的优势，提供各类金融服务并收取手续费的业务。

中间业务有广义和狭义之分。狭义的中间业务是指不直接动用银行自有资金，也不形成债权债务关系的业务；广义的中间业务除包含狭义的中间业务外，还包括一些不直接动用银行资金，但会形成银行的债权债务关系的业务，也即构成银行或有负债的业务，这些业务称为表外业务。因此，广义的中间业务是狭义的中间业务加上表外业务。中国人民银行于2001年6月发布《商业银行中间业务管理暂行规定》，将商业银行中间业务定义为包括结算、代理、信托及表外业务等业务的综合体。可见，我国商业银行的中间业务定位在广义的中间业务之上。同样，这里所说的中间业务也是一种广义的范畴。

最初商业银行把中间业务当作是一个辅助性的或次要的业务。但随着银行业竞争的加剧和银行业务的不断创新，中间业务不仅得到快速的发展，而且在发达国家或地区，中间业务已成为商业银行的主要业务。中间业务代表的是非利息收入，可以用非

（接上页）

持有期间收益率＝

$$\frac{卖出价格-债券面额}{债券面额×持有年数}×100\%$$

2．股票投资收益率有3种

1）股利收益率。是股份公司的现金形式派发的股息与股票市场价格的比率。

2）持有期收益率。是在股票持有期间，股东除了可能获得的股息之外，还可以通过买卖股票获得差价得利。

持有期收益率＝

$$\frac{股息+(卖出价-买入价)}{买入价}×100\%$$

利息收入占银行全部收入的比重来说明中间业务的重要性。

商业银行的中间业务可分为以下几类。

（一）结算业务

结算业务是指商业银行为客户办理由商品交易、劳务供应、资金调拨及其他款项往来所发生的货币收付、了结债权债务关系的有关业务。商业银行的结算业务主要有支票结算、本票结算、汇票结算、汇兑结算、托收结算和信用证结算等。

随着经济的发展，社会商品交易与资金的收付、转移高度频繁，需要银行提供便利的结算服务。同时，商业银行自身网络建设的日趋完善，能为社会提供高效、方便、快捷的资金结算业务。商业银行开展结算业务，不仅促进了社会商品流通，加速资金周转，提高社会资金使用效益，而且商业银行可以利用结算资金，扩大其资产规模，提高盈利能力，可以在为客户进行资金结算的同时，了解客户经营动态，掌握客户业务经营状况的间接资料，为开展资产业务准备条件。

（二）代理业务

代理业务是指商业银行接受客户的委托，以代理人身份代为办理双方协定的经济事项的业务。在代理业务中，客户是委托人，银行是代理人，必须以契约的方式规定双方的权利与义务，包括代理的范围、内容、期限及纠纷处理等内容，并由此建立一定的法律关系。

代理业务是典型的中间业务，在代理过程中客户的财产所有权没有转移，银行只是利用其自身的便利条件，为客户提供代理服务。在代理业务中，银行一般不使用自有资金，不为客户垫款，不参与收益的分配，只收取手续费。从责任上看，银行一般只负有代理责任，不对收付双方的经济纠纷负责，因此经济责任及风险较小。

在经营代理业务中，银行可以获得手续费收入。同时，代理业务又增加了银行的资金来源，银行可以利用这些暂时存款开展资产业务，增加利息收入。而且，开展代理业务，密切了银行与客户间的联系，有助于银行提高信誉，获取更多的社会信息。因此，代理业务是优质的中间业务，是商业银行业务竞争的重心。

依据《商业银行中间业务暂行规定》，我国商业银行可以开展的代理业务有以下几种。

1）代收代付业务，包括代发工资、代理社会保障基金发放、代理各项公用事业收费（如代收水电费、电话费、各种管理费等）。

2）代理证券业务，包括代理证券的发行、转让、兑付、开户等，代理开放式基金的申购、认购、赎回、分红等。

3）代理发行、承销、兑付政府债券。

4）代理保险业务。

5）代理政策性银行、外国政府和国际金融机构贷款业务。

6）代理销售业务，包括代售旅行支票业务。

7）代理其他银行卡的收单业务，包括代理外卡业务。

（三）信托业务

信托业务是指银行以受托人的身份，接受委托人的委托，按其要求代为经营、管理、处置资金（或财产）并收取手续费的中间业务。信托业务通常涉及3个当事人，即委托人、受托人和受益人。

"信托"一词有广义与狭义之分。狭义的信托业务是指受托人接受委托人的委托，以自己的名义代为经营管理受托财产的业务，核心是受托人管理受托财产时是以自己的名义进行的，也就是以自己的意志来管理受托财产。在狭义的信托下，受托人自主处置受托财产，因此具有较大的风险性。广义的信托业务除了狭义的信托外，还包括受托人以委托人的名义开展活动的"委托"业务，在"委托"业务下，银行管理受托财产的行为由委托人指定，其风险性较小。目前，我国金融机构仍是"分业经营"，商业银行不能开展狭义的信托业务，但可开展委托业务，如我国《商业银行中间业务暂行规定》规定商业银行可以经营委托贷款。考虑到现代商业银行的综合化发展趋势，下面介绍的信托业务以广义信托业务为准。

信托业务主要有以下几种类型：

（1）个人信托

个人信托是以个人（自然人）为对象的信托业务。包括以下几种类型。

1）财产信托。主要是受托人为事务繁忙的人、老年人或心志失常的人管理财产。

2）遗嘱信托。主要是死者生前委托受托人代为清理债权债务、管理遗产或将遗产分配给受益人。

3）证券投资信托。受托人为个人办理证券投资，并接受个人在财产保管、投资和纳税方面的咨询。

（2）公司信托

公司信托是以公司法人为对象的信托业务。包括以下内容。

1）受托为股份公司办理股票和债券的发行、登记、过户、还本付息等业务。

2）受托代为企业经营管理职工福利基金。

3）受托代为公司存款和贷款。

（3）公益信托

公益信托是个人或团体捐赠设立的公益基金，由信托机构代为营运生息，将所得用于研究、宗教、办学、医药、救助伤残人及孤寡老幼等慈善事业。

（四）租赁业务

租赁是一种出租人以收取租金为条件，在一定时期内，将特定财产交付承租人使用的经济行为。租赁业务按其性质可以分为融资租赁和服务性租赁两种。融资租赁又称金融租赁，是银行从事的主要租赁形式，是由银行（租赁公司）出资购买承租人选定的设备，并按协议将设备长期出租给承租人使用，分期收取租金的租赁形式。在融资租赁下，承租人无力购买设备，出租人代为购买，通过分期收取租金来收回购买设备款和利息，并获得一定的利润。因此，这种租赁是出租人对承租人的一种融资，故称融资租赁。服务性租赁又称经营性租赁，是指出租人先出资购买一些设备和大型工具，然后将设备和工具租给需要者使用，并按使用时间和强度等收取一定租金的租赁方式。两者区别如下。

1）租赁物的选定人不同。在融资租赁下，租赁物由承租人选定，出租人购买；在服务性租赁下，租赁物由出租人选定和购买。

2）租赁期限不同。融资租赁期限一般较长，其期限常为租赁物的经济寿命；服务性租赁的期限一般较短。

3）租赁期间，租赁物的维修、保养、保险等费用的承担者不同。在融资、租赁下，上述费用由承租人承担；在服务性租赁下，上述费用由出租人承担。

4）租赁期满，租赁物的处置不同。在融资租赁下，租赁期满后一般由承租人买下租赁物，因此当承租人有足够的资金，且不愿再租赁时，可与出租人协商，将租用设备买下；而在服务性租赁下，租赁期满后，租赁物要返还给出租人。

（五）银行卡业务

银行卡是由银行或信用卡公司签发的，证明持卡人资信、可供持卡人进行转账、存取现金、购物、透支等操作的一种信用凭证。银行卡的正面凸印有：卡号、持卡人姓名、性别和有效期限等信息，背面有一道磁条，记录持卡人的账号、个人密码、存款余额等信息。持卡人持有银行卡，既可在银行柜台或自动柜员机（ATM）上办理所需服务，也可在特约商户进行消费，极大地方便了持卡人的经济活动。

银行卡一般具有以下的主要功能：①转账结算功能，持卡人在特约商户购物消费后，无须以现金支付，通过银行卡可实现转账结算，这是银行卡最主要的功能；②储蓄功能，持卡人可在发卡银行的柜台办理存款或支取现金，也可以在自动柜员机（ATM）上凭卡存取；③汇兑功能，持卡人外出旅游、购物时，可通过银行卡在异地取款或消费；④消费贷款功能，持卡人可在一定的期限内，在一定的限额下进行透支，是银行向客户提供的消费贷款。

银行卡市场发展特点：①国内受理市场快速发展，中国人民银行推出的农民工银行卡特色服务业务扩大到 14 个省份，覆盖3.6 万个营业网点；②银行卡进入品牌经营时代，近年来，我国银行卡数量俱增，持卡消费占消费总额比例明显提高，但是，各银行卡的"活卡率"依然较低。据粗略统计，全国信用卡中大约有 60%～70%的睡眠卡，未来银行卡业务将创新品牌经营，提高银行卡业务对发卡机构的利润贡献率；③银联品牌国际化，截至2007 年年末，累计开通受理业务的国家和地区有 26 个。境外发卡由港澳地区向周边国家逐步延伸已有 5 个国家和地区发行银联卡，发卡机构达到 25 家。

银行卡有多种分类方式，我国通常将银行卡分为贷记卡和借记卡。贷记卡就是所谓的信用卡，具有透支功能；而借记卡则是储蓄卡，有汇兑、存取等功能，无透支功能。国际银行卡市场上基本上为维萨（VISA）、万事达（MASTERCARD）、运通三大国际信用卡集团所控制。维萨卡的市场份额占到五成，万事达占四成，运通占一成左右。我国的银行卡也依存这三大集团，如牡丹卡（工行）、金穗卡（农行）、长城卡（中行）、龙卡（建行）均为万事达卡或维萨卡。截至 2007 年年底，全国银行卡发卡总量 15 亿张，同比增长 32.63%。

（六）基金服务类业务

商业银行的基金服务业务发展迅速，相关资料表明，从 1985～1999 年的 15 年间，美国银行的存款业务量增长了 2.2 倍，年均增长率为 5.3%；而基金业务总量增长了 28.2 倍，年均增长率为 25%。纽约银行 1995 年托管基金资产为 5.2 万亿美元，所创利润占银行利润总额的 30% 左右，而到 2000 年 9 月底，所托管基金资产为 8.3 万亿美元，所创利润占银行利润总额 45%。因此，对于商业银行而言，基金服务业务将是未来银行业务竞争的焦点。

1. 基金托管业务

投资基金一般都要委托基金托管机构，来作为基金资产的名义所有人和保管人，并监督基金管理人的基金运作。

在投资基金的内部组织结构中，基金管理人负责基金的日常管理和市场运作，基金托管人独立开设基金资产账户，依据基金管理人的指令处理基金资产，并对管理人的投资计划进行监督。设立基金托管机构的目的在于防止基金资产被挪作他用或违法、违规经营，保障基金投资者的合法权益。

从世界上看，基金托管人选择由实力雄厚、经营稳健、信誉良好的商业银行、投资公司或保险公司来担任。我国《证券投资基金管理暂行办法》第 15 条规定："经批准设立的基金，应当委托商业银行作为基金托管人托管基金资产，委托基金管理公司作为基金管理人管理和运用基金资产。"第 17 条规定："基金托管人、基金管理人应当在行政上、财务上相互独立，其高级管理人员不得在对方兼任任何职务。"商业银行应设立专门的投资基金托管部门。基金托管部门应保证自身的办公场所、人员和业务的独立性，基金财务应与托管部门财务相互独立。基金托管部门不应挂靠或从属于基金托管人的任何部门；基金托管人应为基金托管部门建立相适应的用人、工资、福利制度以及激励约束制度。

1998 年 2 月 24 日，经中国证监会、中国人民银行批准，中国工商银行成为中国国内第一家证券投资基金托管银行。根据银河证券基金研究中心最新数据显示，截至 2008 年 12 月 31 日，共有 12 家具有托管资格的银行托管了 464 只基金和 18864.6 亿元的基金资产，其中工、建、中、农、交等五大银行托管了其中的 396 只基金和 17 047.78 亿元基金资产，占整个基金行业资产的比例高达 90.38%。

基金托管人的业务收益为托管费,是指基金托管人为基金提供托管服务而向基金或基金公司收取的费用。托管费通常按照基金资产净值的一定比例提取,实际工作中按基金资产净值乘以托管费率来测算。基金托管费一般逐日计算并累计,至每月末时支付给托管人。托管费年费率在国际上通常为 0.2%左右,美国一般也为 0.2%,我国的台湾、香港地区则为 0.25%。目前我国内地的托管费率为 0.25%。

2. 开放式基金代理业务

开放式基金代理业务是经中国证券监督管理委员会和中国人民银行批准,银行受基金管理公司委托代为办理基金单位的认购、申购、赎回等业务。其内容有以下几点。

1）代理基金销售业务。包括代理认购和代理申购两种。认购是指募集期内的购买行为,而申购是指基金成立后的购买行为。商业银行通过其营业柜台接受投资者的认购、申购申请,并向基金管理人认购、申购,从中收取一定的代理费用。

2）代理赎回。当开放式基金持有人无意再持有基金时,可按公布的基金净值要求基金管理人赎回,持有人可通过指定的商业银行办理,商业银行收取一定的代理费用。

3）代理基金注册与过户登记服务。

4）代理基金分红。

（七）信息咨询业务

银行信息咨询业务早期以对内服务为主,随着经济、金融的发展,逐步转化为以对社会和客户服务为主。银行信息咨询主要依靠自身信息、人才、信誉等方面的优势,收集和整理有关信息,并通过对这些信息以及银行、客户资金运作的记录和分录,形成系统的资料和方案提供给客户,以满足客户业务经营管理或发展需要服务。其业务范围较广,一般包括受托进行银行信息资料查询,受托进行企业资金及信息调查,受托进行产品供求情况和市场行情的调查,受托进行某投资项目或专门问题的可行性研究,以及进行财务辅导,提供政策咨询,介绍商品和金融交易,在进出口贸易中,为国内企业介绍国外客户,了解并预测各国利率和汇率变化趋势等。

（八）表外业务

1. 表外业务概念

表外业务是指不反映在商业银行资产负债表上，不直接涉及银行账面资产与负债金额的变动，但对银行的资产负债构成潜在影响，使银行产生收益或损失的银行业务。

表外业务是银行不直接提供资金的金融服务，如银行为客户提供担保、提供贷款承诺等。银行经营表外业务时，无须动用自有资金，不涉及资产项目或负债项目的变化，银行通过向客户收取一定的费用（如担保费、承诺费等）获得利润。但银行经营表外业务会形成或有负债，有一定的经营风险。如担保业务中，若债务人不能到期支付，则银行作为担保人要承担付款责任。一旦风险产生，银行就可蒙受，使资产、负债项目发生变化。因此，表外业务不直接反映在资产负债表上，但会影响到银行的损益，进而影响到资产、负债项目。

2. 表外业务与中间业务的关系

因为表外业务不直接运用银行自有资金，也属于中间业务。在前面介绍中间业务时曾提出，中间业务有广义与狭义之分，广义的中间业务包括表外业务及其他除负债业务、资产业务以外的一切业务；狭义的中间业务是指除表外业务以外的所有中间业务。因此，这里所说表外业务与中间业务的关系，是指表外业务与狭义的中间业务的关系。

表外业务与狭义中间业务一样，都是广义中间业务的一部分。两者有共同的特点，即不直接动用银行自有资金，利用银行的技术、网络、人才等优势为客户提供金融服务，获取手续费等非利息收入的业务。表外业务与中间业务存在的根本区别在于两者的风险性不同。中间业务的风险较低，一般不会产生经济责任；表外业务则有较高的风险度，经营中会产生或有负债，或有负债也可能转化为真实的负债，引起银行资产的损失。

3. 表外业务种类

表外业务可以归纳为以下三大类。

1）担保类业务。该类业务是银行经客户的申请，由银行提供履约保证的业务。担保类业务主要有保函（包括履约保函、投标保函、付款保函等)、贷款担保、备用信用证、贷款出售与贷款证券化等。

2)承诺类业务。该类业务是银行许诺根据约定条件在一定时期内向借款人或筹资人提供融资的业务。银行许诺提供融资的方式包括有贷款、包销等。承诺类业务主要有银行贷款承诺、循环贷款承诺、票据发行便利等。

3)金融衍生工具交易业务。所谓金融衍生工具,是指在传统的金融工具基础上产生的创新金融工具。例如,股票是传统的金融工具,而在股票交易的基础上产生的股票指数期货、股票期权就是金融衍生工具。金融衍生工具交易业务主要有远期外汇交易、远期利率协议、期货、期权、互换等业务。

20 世纪 70 年代以来,商业银行的表外业务得以迅速发展,表外业务已成为商业银行中间业务中的主要业务,对商业银行的利润有很大的贡献。但是,表外业务的发展也给商业银行带来了极大的风险,影响其正常经营,甚至导致银行倒闭。1995 年,巴林银行因为其在新加坡的机构大量进行日经股票指数期货的投机,损失超过 10 亿美元,最后不得不宣布倒闭,这是当时世界金融业上最大的倒闭事件。因此,商业银行在经营表外业务时,必须加强风险管理。

第三节 商业银行经营与管理

一、商业银行经营的特点

1. 高负债率

商业银行经营的是货币商品,主要从事信用的授受。一方面,商业银行资金的 80%～90%来源于社会公众和工商企业的存款;另一方面,又把大部分资金贷给公众和工商企业,从而使其成为最大的债务人和最大的债权人。因此,高负债率是商业银行一个突出的经营特点。商业银行高负债率经营是建立在社会公众对银行具有充分信心的基础之上的,如果公众对银行的信心发生动摇,就可能发生挤兑存款的现象,危及银行的生存和发展。所以,高负债率经营使银行显得十分脆弱,要求银行确立不同于一般企业的经营原则。

2. 高风险性

银行业是一个高风险行业,银行除了要面临因信用危机而发生的挤兑风险之外,还面临着无法收回贷款的信贷风险,由于市场利率、汇率变化带来的市场风险,以及由于银行从业人员水平不高、业务操作不当所带来的操作性风险等。高风险的存在使得银行的经营管理比一般企业更复杂,要求银行兼顾多方面的关系,确立不同于一般企业的经营原则。

3. 监督管制的严格性

由于商业银行经营具有高负债率、高风险性的特点,商业银行的业务活动与社会公众的利益息息相关,在社会经济活动中具有特殊重要的地位,因此各国政府对商业银行都实施严格的管制,如规定银行的开业资格、限制银行的业务活动领域、限制银行利率等。随着金融自由化程度的加深,美、英等发达国家已逐步取消了一些对银行业经营的限制条款,但这并不意味着这些国家放松了对银行业的管制,而只是转移监管重心,银行业仍是受政府管制最严厉的行业之一。

二、商业银行经营原则

商业银行经营具有高负债率、高风险性以及受到严格管制的特点,决定了其经营原则不是单方面的,而是几个方面的统一。通常认为,商业银行经营的原则就是在保证资金安全、保持资产流动性的前提下,争取最大的盈利。这可称为"三性"原则,"三性"即"安全性、流动性、盈利性"。

1. 安全性原则

安全性原则要求银行在经营活动中必须保持足够的清偿能力,经得起重大风险和损失,能够随时应对客户提存,使客户对银行保持坚定的信心。与一般企业不同,商业银行负债经营的特点使其安全性在很大的程度上决定于资产安排的规模和资产的结构以及资产的风险度和现金储备的数量。所以,为实现安全性目标,商业银行要做到以下几点。

1)筹措足够的自有资本,提高自有资本在全部负债中的比重。商业银行资金的主要来源是吸收存款和借入款项,这种负债经营本身就蕴藏着很大的风险,而商业银行主要依靠保持清偿能力来抵御和防范这种风险,保持清偿能力的基础就是商业银行的自有资本。自有资本在全部负债中比重既是判断一个银行实力的主要依据,也是银行赢得客户信任的基础。一家银行如果能够赢得客户坚定的信任,那么即使发生暂时的资金周转困难,也会因客户的信任而不会发生挤兑,确保其经营的安全。所以,商业银行要根据实际情况,不断补充自有资本总额,不断提高自有资本在全部负债中的比重。

2)合理安排资产规模和结构,提高资产质量。商业银行通常按照贷款与存款的比率、资本净值与资产的比率、不良贷款占贷款总额的比率等指标要求来控制其资产规模。如果贷款与存款比率过高,或者资本净值与资产总额的比率过低,则说明银行资产的风险系数过大,会影响银行经营的安全性。如果不良贷款占贷款总额的比率过高,也反映该银行资产质量不高,可能危及银行的安全性。此外,商业银行还应通过保持一定比例的现金资产和持有一定比例的优质有价证券来改善银行的资产结构,提高银行的安全性。

3)遵纪守法,合法经营。熟悉国家的法律法规,坚持依法经营,不仅能够保持商业银行良好的社会形象,还可以得到法律的保护和中央银行的支持,一旦发生经营风险,便可以得到中央银行的及时援助,避免遭受更大风险的打击。

2. 流动性原则

流动性是指商业银行随时应对客户提存以及银行支付需要的能力。商业银行的流动性包括资产的流动性和负债的流动性。资产的流动性是指资产的变现能力,衡量资产流动性的标准有两个:一是资产变现的成本,某项资产变现的成本越低,则该项资产的流动性就越强;二是资产变现的速度,某项资产变现的速度越快,则该项资产的流动性就越强。负债的流动性是指银行以适当的价格取得可用资金的能力。衡量银行负债流动性的标准也有两个:一是取得可用资金的价格越低,该项负债的流动性就越强;二是取得可用资金的时间,取得可用资金的时间越短,则该项负债的流动性就越强。

为满足流动性要求,商业银行应做到以下几点。

1)调整资产结构,维持流动性较好资产的适度比例。商业银行流动性最高的资产主要是库存现金、在中央银行的超额准备金存款以及在其他银行的活期存款。这些资产可以随时用于清偿支付,但不能盈利或盈利很低,所以商业银行应将法定存款准备金降到最低程度——即法定存款准备金率要求的水平，以防止经常出现的超额准备影响银行的盈利水平。流动性次之的商业银行资产包括短期同业拆借、短期政府债券及商业票据。此类资产既能够迅速收回或在市场上变现（流动性较强），又具有一定的盈利性，因此调整此类资产的比例是满足银行流动性要求的主要途径之一。

2）加强负债管理，注重从负债方面来满足银行经营的流动性要求。近几十年来，西方商业银行在激烈的竞争中，贷款在总资产中的比重不断提高，尤其是长期贷款的比重上升很快，导致西方商业银行资产流动性不断下降。为了保持足够的流动性，商业银行越来越注重从负债方面来满足银行的流动性要求，即保持足够的资金来源，以应对提存和支付需要。这些资金来源主要包括向中央银行借款、向中央银行再贴现、发行可转让存单、向其他银行借款、利用回购协议等。这些资金来源的成本相对较低，一般低于银行贷款和投资收益，不会造成银行为增加流动性而减少贷款和投资，是满足银行流动性要求的另一主要途径。

3）加强流动性管理，实现流动性管理目标。为实现流动性目标，商业银行通常要制定一些量化的流动性指标，以此衡量银行的流动性状况。这些指标有3类：一是资产类流动性指标，如现金资产比例、流动性资产的比率和贷款占总资产的比率等；二是负债类流动性指标，如股权总资产的比率、存款占总负债的比率以及预期存款变动率等；三是资产负债综合类流动性指标，如贷款占存款的比率、存款增长率与贷款增长率之比等。商业银行可根据以上指标要求编制流动性计划。流动性计划可分年、季、月和隔日几种，其主要内容是合理安排资产与负债的对应结构，使资产的期限结构和负债的期限结构相匹配。商业银行还可以根据流动性计划实施情况和资金来源与运用情况的变化，及时进行头寸调剂，保持银行足够的流动性。

3. 盈利性原则

盈利性是指商业银行在其经营活动中获取利润的能力，是商业银行管理的基本动力。这一原则要求商业银行管理者在可能情况下，尽可能地追求利润最大化。最大化的利润既为商业银行扩大规模、开拓业务提供了资金支持，又给予股东较高的回报，带动股票价格相应上升，从而有利于银行资金的筹集。此外，较高的盈利水平还能够带来银行声誉的提高，增强公众对银行的信任,从而有利于保持银行同社会各界的良好关系,降低业务营运的总成本。

商业银行的盈利主要来自于业务收入与业务支出的差额。商业银行的业务收入包括贷款利息收入、投资收入与服务收入等;其业务支出包括吸收存款的利息支出、借入资金的利息支出、贷款与投资的损失以及工资、办公费、设备维修费、税收支出等。

根据商业银行业务收入与支出的主要内容,商业银行追求盈利水平的提高应做到以下几点。

1)减少非盈利资产,提高盈利性资产的比重。盈利资产是商业银行利润的主要来源,商业银行追求较高的利润,必然将资金更多地应用于盈利资产。但是,长期贷款、长期投资等盈利性高的资产流动性却较差,为了保持商业银行的流动性,保证银行有足够的清偿力,银行必须保有一定数量的现金资产,但由于现金资产盈利性很差,所以其规模必须适度,否则就会影响银行的盈利水平。因而商业银行的管理者总是将这种非盈利资产压缩到最低水平,相应扩大盈利资产的比重,为银行获取更多的利润来源。

2)降低资金成本,扩大资金来源。商业银行只有扩大资金来源,才能够更多地发放贷款和进行投资以增加盈利。但吸收资金要支付成本,对于不同的资金来源,银行需要支付的成本不同。对于银行最主要的资金来源存款来说,活期存款的资金成本要低于定期存款。很多西方国家还规定不给活期存款支付利息,而是由银行通过提供其他优质的金融服务来吸引更多的活期存款等廉价资金。一家商业银行如果能够给客户提供比其他银行更多更好的服务,不仅会使银行存款大量增加,还能带来贷款、投资等业务的扩大,而贷款、投资等业务的扩大又给银行带来更多的派生存款,使银行资金成本总体水平下降,银行盈利水平提高。

3)加强经济核算,节约管理费用开支。商业银行的经营费用支出除了资金成本以外,还包括非经营管理费用的支出,因加强经济核算,履行节约、严格控制成本支出以实现银行净利润的最大化。此外,事故、差错、贪污挪用等造成的经济损失也是冲减银行利润的一个方面,商业银行应当通过严格操作规程,完善监督机制,降低事故和差错的发生率,杜绝银行内部人员违法违纪行为给银行带来的重大损失,确保银行盈利目标的实现。

4. 安全性、流动性和盈利性权衡的原则

商业银行的经营管理是一个权衡利害、趋利避害的过程，在决策时应该坚持盈利性和安全性权衡的规则。首先，安全性是商业银行经营的客观要求。商业银行所经营的资产，绝大部分来自于社会公众的存款，如果银行不能及时满足客户提取存款的要求，银行信誉度就会下降，甚至会导致银行因发生信用危机而破产。信贷资金的盈利是在安全性归位后带回利息所实现的，所以安全性与盈利性是一对矛盾。在资金投放时，安全系数越大，往往风险越小，盈利水平越低；而安全系数小、风险大的项目，往往造成适得其反的结局，不但可能无法获得盈利，本金也会遭受损失。所以，管理者是在解决这对矛盾的过程中进行决策的，两利相较取其重，两害相权取其轻。在商业银行经营管理的实践中，权衡利弊，取得最好的经济效益，必须做到以下几点：①掌握信息，选择良好的信贷项目；②避免风险，争取盈利；③提高从业人员素质，完善组织机构；④运用社会力量作好信贷项目评估工作。

三、资产负债管理理论和方法

商业银行经营管理的原则是保证信贷资金流动性、安全性和盈利性的有机统一，这是银行管理者决策的依据之一。

资产负债管理理论是现代商业银行管理的基础和核心，商业银行其他方面的管理都是在这一基础上进行的。随着经营条件的变化，西方商业银行经营管理理论大致经历了 3 个阶段，即资产管理理论、负债管理理论和资产负债综合管理理论。

（一）资产管理理论

资产管理理论产生于商业银行建立初期，直到 20 世纪 60 年代，在银行管理领域中占据着统治地位。资产管理理论是以银行资产的流动性为侧重点的一种管理理论。这种理论认为，由于银行资金的主要来源是活期存款，提存的主动权在客户手中，银行管理起不了决定作用；但是银行掌握着资金运用的主动权，于是银行侧重于资产管理，争取在资产上协调流动性、安全性与盈利性。随着经济环境的变化和银行业务的发展，资产管理理论的演进经历了 3 个阶段，即商业贷款理论、转移理论和预期收入理论。

1. 商业贷款理论

商业贷款理论又称真实票据理论。这一理论认为,银行资金主要来源是流动性很强的活期存款,银行经营的首要宗旨是满足客户兑现的要求,所以必须保持资产的高流动性,才能确保不会因为流动性不足而给银行带来经营风险。因此,商业银行的资产业务应主要集中于以真实票据为基础的短期自偿性贷款上,以保持与资金来源高度流动性相适应的资产高度流动性。短期自偿性贷款主要是指短期的工商业流动资金贷款。

商业贷款理论产生于商业银行发展初期,当时企业的资金需求比较小,主要依靠自有资本经营,企业对资金的需求以商业周转性流动资金为主。此外,由于金融机构管理水平较低,也没有作为最后贷款人角色的中央银行在商业银行发生清偿危机时给予救助,商业银行的经营管理者更强调维持银行的流动性,并不惜以牺牲部分盈利性为代价。在这种金融市场很不完善、融资渠道和资产负债业务单一的历史条件下,银行在经营实践中找到了保持资产流动性的理论依据,即商业贷款理论。

商业贷款理论的思想为早期商业银行进行合理的资金配置与稳健经营提供了理论基础。它提出银行资金的运用受制于其资金来源的性质和结构,并强调银行应保持其资产的高度流动性,以确保银行经营的安全性。但是,随着资本主义的发展,商业贷款理论的局限性逐渐暴露出来。首先,这一理论没有认识到活期存款余额的相对稳定性,即在活期存款的存取之间,总会有一个相对稳定的资金余额可用于发放长期贷款,而是将银行资产过多地集中于盈利性很差的短期自偿性贷款上。其次,这一理论忽视了贷款需求的多样性。该理论指导下的银行资产只能用于商业性贷款,而没有看到不动产贷款、长期性贷款、消费贷款等多种形式的社会贷款需求,限制了银行业务的拓展和盈利水平的提高。最后,这一理论忽视了贷款自偿性的相对性,即在经济衰退时期,即便是有真实票据作抵押的商业性贷款,也会出现缺乏偿还性的情况,从而增加了银行的信贷风险。

2. 转移理论

转移理论又称转换理论,这一理论认为,银行保持资产流动性的关键在于资产的变现能力,因而不必将资产业务局限于短期自偿性贷款上，也可以将一部分资金投资于具有转让条件的证券上，作为银行资产的二级准备，在满足存款支付时，把证券迅速而无损地转让出去，兑换成现金，保持银行资产的流动性。转移理论是在第一次世界大战以后，西方国家金融市场不断发展和完善的历史背景下产生的。特别是20世纪30年代的经济大危机之后，西方各国政府为恢复经济发展开始大量发行短期国债，这就为银行提供了新的流动性资产，而短期证券市场的活跃又为银行提供了可选择又能变现的交易环境。同时经济危机又使企业的贷款需求减少，导致银行以短期证券代替商业性贷款。

转移理论沿袭了商业贷款理论应保持高度流动性的主张，但突破了商业贷款理论对银行资金运用的局限，扩大了银行资金组合的范围，增强了商业银行的盈利性。但转移理论也存在不足，该理论对银行短期资产的变现能力缺乏全面认识，从短期证券自身的变现能力方面考虑得多，而对短期证券变现的外部环境考虑得少。实际上，在经济危机时期或在证券市场疲软的情况下，商业银行无法顺利地通过出售证券而保证资产的流动性，进而影响盈利性目标的实现。

3. 预期收入理论

预期收入理论是一种关于资产选择的理论，该理论在商业贷款理论的基础上，进一步扩大了银行资产业务的选择范围。这一理论认为，贷款的偿还或证券的变现能力，取决于将来的收入即预期收入。如果将来收入没有保证，即使是短期贷款也可能发生坏账或到期不能收回的风险；如果将来的收入有保证，即便是长期放款，仍可以按期收回，保证其流动性。只要预期收入有保证，商业银行不仅可以发放短期商业性贷款，还可以发放中长期贷款和非生产性消费贷款。预期收入理论产生于第二次世界大战以后，当时西方国家的经济已逐渐从战争中恢复过来，开始高速发展。经济的发展带动了对资金需求的多样化，不仅需要短期资金，而且又产生了对固定资产投资和设备更新等中长期资金的需求。同时，货币金融领域竞争的加剧也使商业银行迫切地需要开拓新的业务领域。预期收入理论具有积极的意义。首先，这一理论深化了对贷款清偿的认识，指出贷款清偿的来源是借款人的预期收入，找到了银行资产流动的经济动因，要求银行的资产与预期收入直接挂钩，克服了商业贷款理论的缺陷。其次，这一理论促成了贷款形式的多样化，拓宽了银行的业务范围。银行的经营范围不再受自偿性和可转让性的限制，商业银行开始发放中长期设备贷款，银行由生产经营的局外人成为企业扩大再生产的参与者，从而加强了银行对经济活动的渗透和控制。

预期收入理论的不足之处在于，银行对借款人未来收入的预测建立在银行主观判断的基础之上，由于预期收入很难预测，客观经济条件经常发生变化，借款人未来收入的实际情况往往与银行预期存在一定的差距，所以以预期收入理论为依据发放贷款，常常会给银行带来更大的经营风险。

（二）负债管理理论

负债管理理论盛行于 20 世纪五六十年代的西方商业银行。当时，伴随着经济的稳定增长和金融体系的长足进步，商业银行间的竞争日趋激烈。同时，众多非银行金融机构和各种基金茁壮成长，商业银行不再具有利息优势。此外，通货膨胀的日益加剧和各国政府对商业银行存款利率的管制，也使商业银行吸收资金的能力日益下降。这使得银行一方面面临资金来源的不足，另一方面为了维持与客户的良好关系，又必须满足其对贷款的需求，保持商业银行的流动性，在这种情况下，银行不得不创新经营方式去获得新的资金来源。负债管理理论在很大程度上缓解了商业银行流动性与盈利性的矛盾。

负债管理理论认为，银行资金的流动性不仅可以通过强化资产管理获得，还可以通过灵活地调剂负债实现。商业银行保持资金的流动性无须经常保有大量的高流动性资产，通过发展主动型负债的形式，扩大筹集资金的渠道和途径，也能够满足多样化的资金需求，以向外借款的方式也能够保持银行资金的流动性。

负债管理理论意味着商业银行经营管理思想的创新，变被动的存款观念为主动的借款观念，为银行找到了保持流动性的新方法。根据这一理论，商业银行的流动性不仅可以通过调整资产来保证，还可以通过调整负债来保证，变单一的资产调整为资产负债双向调整，从而减少银行持有的高流动性资产，最大限度地将资产投入到高盈利的贷款中去。而且，商业银行根据资产的需要调整和组织负债，让负债适应和支持资产，也为银行扩大业务范围和规模提供了条件。

负债管理理论也存在缺陷，由于这一理论建立在对吸收资金抱有信心并能顺利实现的基础上，因而在一定程度上带有主观色彩。通过借款融资保持银行的流动性，不仅提高了银行的融资成本，而且不利于银行稳健经营。所以，负债管理理论的运用必须谨慎，应当经常注意一些基本指标，如存贷款比率、资本充足率、流动资产比率等，并随时注意防范经营风险。

（三）资产负债综合管理理论

20世纪70年代后期，伴随金融创新的不断涌现，各种新型金融工具和交易方式抬高了资金价格，市场利率大幅上升，使负债管理理论在提高负债成本和增加银行经营风险等方面的缺陷越来越明显，单纯的负债管理已经不能满足银行经营管理的需要。同时，随着西方各国对银行管制的放松和金融自由化浪潮的涌现，商业银行在金融市场上融资的主动权增大，吸收存款的压力减小，这一切使商业银行由单纯的负债管理转向资产负债综合管理。

资产管理理论过于注重流动性和安全性，而忽视了盈利性；负债管理理论虽然较好地解决了盈利性和流动性之间的矛盾，但过多的负债经营又会给银行带来更大的经营风险。资产负债综合管理理论总结了这两种理论的优缺点，通过资产与负债结构的全面调整，实现商业银行流动性、安全性和盈利性管理目标的均衡发展。

资产管理理论的产生是银行管理理论的一大突破，为银行业乃至整个金融业带来了稳定和发展，对完善和推动商业银行的现代化管理具有积极的意义。资产负债管理理论的主要内容包括以下几点。

1）流动性问题。流动性问题是该理论首要解决的核心问题，要求从资产和负债两个方面去预测流动性问题，同时又要从这两个方面去寻找满足流动性需要的途径。

2）风险控制问题。通过有效的资产和负债管理防范各种经营风险，银行只有在保证安全经营的基础上才能取得利润和发展。在控制经营风险方面，明确规定自有资本比例，根据不同的经营环境制定各类资产的风险度标准和控制风险的方法，以资产收益率和资本收益率作为考察银行收益性的主要评估标准。

3）资产与负债的对称。通过调整各类资产和负债的搭配，使资产规模与负债规模、资产结构与负债结构、资产与负债的偿还期限相互对称和动态平衡，保持一定的对称关系。这种对称是原则和方向上的对称，而不是要求银行资产与负债逐笔对应。

（四）资产管理方法

资产管理方法的理论依据是资产管理理论，主要包括资金总库法、资金分配法与线性规划法。

1. 资金总库法

资金总库法又称资金汇集法，或资金集中法。这一方法的基本操作程序是，由银行将来自各种渠道的资金集中起来，形成一个资金总库，将资金总库中的资金视为同质的单一来源，然后将其按照资产流动性的大小进行梯次分配。资金总库法按照流动性高低分配资产，具体步骤如下。

（1）一级储备

一级储备包括库存现金、在中央银行的存款、同业存款及托收中的现金等方面。一级储备主要用来满足法定存款准备金的需求、日常营业中的付款和支票清算需求以及意外提存和意外贷款的需求等，所以一级储备处于高度优先的地位。但是一级储备的盈利性很差，因此银行应尽量将一级储备数额压缩到最小限度之内。

（2）二级储备

二级储备由短期公开债券组成，主要包括短期国库券、地方政府债券、金融债券等安全性较高、流动性和市场性较强的证券。二级储备主要用来满足可兑现的现金需求和其他现金需求（如未预料到的存款提取和贷款需求）。虽然二级储备的流动性较一级储备弱，但具有较强的变现能力，而且二级储备具有一级储备所缺乏的盈利性，所以银行也比较愿意拥有。

（3）各类贷款

贷款在商业银行的资金运用中占据首要地位。在资金总库法中，一级储备和二级储备共同为商业银行提供了资金的流动性，银行在将部分资金用于一级储备和二级储备之后，资金总库中的剩余资金就可用于盈利性资产的分配了，对各类贷款资金的分配是银行的主要盈利活动。但资金总库法没有把贷款结构看作是影响资金流动性的因素，所以贷款结构不在其管理范围之内。

（4）其他有价证券

在满足了社会贷款需求以后，剩余的资金便可用于各种投资。如投资于高品质的各类长期证券，这不仅是出于商业银行追求盈利的需要，更是为了改善银行的资产组合状况，如分散地区、行业风险等。此外，即将到期的证券也是二级储备的一个重要来源。

资金总库法的特点是不管资金的不同特征,在资产分配时只服从于银行的经营重点和管理目标,即在保证资产流动性的前提下再考虑其盈利性。这种资金的分配没有一定的标准和计算方法,各种资金的比例主要由管理人员凭经验和判断能力决定,因而常会导致保留较多高流动性资产的倾向,由于流动性与盈利性是相互矛盾的,所以这种做法相应降低了银行的盈利水平。

资金总库法为商业银行在资产负债管理中提供了一个把资金配置到各项资产中去的一般规则和优先顺序,但是并没有提出解决流动性与盈利性矛盾的具体方法。

2. 资金分配法

资金总库法单方面强调资产的流动性,未能区分不同负债对流动性需求的差异。第二次世界大战以后,一些非银行金融机构参与了银行间的竞争,金融创新活动不断涌现,出现了大量的金融创新工具,银行的负债结构发生了变化。负债结构的变化和资金来源多变的性质使资金总库法将全部负债视作单一资金来源的做法已不再适用,资金分配法由此而生。

资金分配法又称资金配置法、资金转换法。这种方法认为,资产的流动性和分配的数量与获得的资金来源有关,即按照不同来源资金的流动性和法定准备金的要求,决定资产的分配方法和分配比例,建立资产项目与负债项目的对应关系,把各种资金按照周转速度和法定准备金的要求,分别按不同的比重分配到不同的资产形式中去。

由于活期存款的法定准备金要求最高、周转速度最快,因而主要分配于一级储备和二级储备,少量用于短期贷款。储蓄存款和定期存款稳定性较好,资金周转速度较慢,主要用于二级储备、贷款及长期证券投资。股本的流动性最小,资金周转速度为零,主要用于发放长期贷款及公开市场长期证券投资。

资金分配法的优点是减少了投资于高流动性资产的数量,相应增加了投资于长期资产的资金规模,从而提高了银行的盈利水平。这种方法通过流动性和资金周转速度两个尺度将资产和负债有机地联系起来,使两者在规模和结构上保持一致,相对于资金总库法有了很大改进。但这一方法也存在缺陷,由于把资金周转率而不是把存款变化的实际情况作为流动性的依据,造成了高流动性需求而影响了银行收益;此外,这种方法将资产和负债视为互不联系的独立个体,将流动性的取得完全局限于负债方面,将资金运用的项目全部作为完全不流动的资产,这在实践中也束缚了商业银行经营的主动性。

3. 线性规划法

线性规划法是在管理理论、数学方法和计算机技术在银行管理中广泛应用的基础上产生的,该方法是求得在一定约束条件下目标函数值最大（小）化的一种方法。

其主要内容是,首先建立目标函数,然后确定制约银行资产分配的限制因素作为约束条件,最后求出使目标函数达到最大的一组解,作为银行进行资金配置的最佳状态。线性规划法的具体步骤如下。

（1）建立目标函数

确定某一时期资产管理的目标,依据目标把不同的可选择资产汇集起来,建立一个目标函数。通常,银行选择利润最大化作为其经营管理目标。目标函数的表达式由两个方面的因素决定:一是选定目标变量;二是确定目标变量的系数,即该目标变量对函数值的边际贡献。目标变量包括两种:一种是可控变量,如超额准备金、贷款量、投资额等;另一种是不可控变量,如法定存款准备金。目标变量系数主要是利率、费用率、税率等指标,这种指标数值往往具有易变性,这种易变性与约束条件的变动共同导致了资产负债最优结构的变动。

（2）确定约束条件

约束条件是约束目标变量取值范围的一组线性不等式,代表了银行开展业务的内部和外部制约因素。这些制约因素主要包括以下几点:①可贷资金总量限制,即银行的资产规模要受到资金来源总量的限制;②风险性限制,如法定的资本充足率限制、法定准备金限制、银行制定的二级储备比率以及呆坏账准备金比率限制等;③贷款需求限制,银行为了维护与客户的良好关系,通常不能轻易拒绝客户的贷款要求,因此预计的贷款要求也就形成了对银行信贷资金的数量约束;④其他限制,这些限制包括金融监管当局规定的再贴现贷款限制、贷款集中程度限制、对股东贷款的限制、银行同业拆借资金的限制以及我国现阶段所特有的规模限制等。

（3）求解线性规划模型

在目标函数和约束条件确立后,就可以建立一个由目标函数和一组不等式组成的线性规划模型,借助于图解方法和计算机运用数学方法对该模型进行求解,便可以得到使目标函数最优的解，使银行对资金进行最优配置。

（五）负债管理方法

负债管理方法的核心内容是银行通过从市场借入资金，调整负债流动性需要来满足资产的需要，以此来扩大负债与资产的规模。负债管理方法主要包括储备头寸管理方法和全面负债管理方法两种。

1. 储备头寸管理方法

储备头寸管理方法是指银行借入资金补足一级储备，以满足存款提取和贷款需求，通过营运头寸调度来保持高收益、低流动性的资产。这种方法在提高资金使用效率的同时缓解了银行因储备减少而带来的流动性不足，从而缓解了对银行经营带来的震动。但是，这种方法也存在借不到资金和借入资金成本不能确定等风险。

2. 全面负债管理方法

全面负债管理方法又称纯负债管理方法，是指银行通过借入外来资金持续扩大资产负债规模的方法。这种管理方法的前提是借入资金具有较大的供给弹性，即市场上有足够的参与者和足够的资金。这种方法的风险是有时不能保证足够的资金来源，一旦中央银行采取紧缩的货币政策，就会导致一些小银行负债管理结构的崩溃。商业银行在负债管理中面临的主要问题是借入资金利率的不确定性，以及存款提取的可能性和不确定性，两者都会使商业银行面临难以预测的存款提取而导致流动性危机。因此，银行必须有在金融市场上取得借款来弥补存款外流的能力。大多数银行试图建立流动性缓冲机制，小银行一般通过改进服务以扩大核心存款和降低负债利率弹性，大银行则通过定期借入超过其实际需要的资金来保证其对流动性的需求。

（六）资产负债综合管理方法

资产负债综合管理方法是指商业银行通过对资产负债进行组合而获取相当收益并承担一定风险的管理方法。这种方法主要是应用经济模型来综合协调与管理银行的资产和负债，所用的经济模型主要是融资缺口模型和持续期缺口模型。融资缺口模型是指银行根据对利率波动趋势的预测，主动利用利率敏感资金的配置组合技术，在不同的阶段运用不同的缺口策略以获取更高的收益。持续期缺口模型是指银行通过对综合资产负债持续期缺口的调整，来控制和降低在利率波动的情况下由于总体资产负债配置不当而给银行带来的风险，以实现银行的绩效目标。

思考题

1. 商业银行与一般企业有哪些异同？
2. 商业银行的职能是什么？
3. 商业银行要开展哪些业务活动？

案例分析

贷款挪用

一、案例内容

2003 年，A 公司以采购原材料为由向本地某银行所属支行申请流动资金贷款 800 万元，由 B 公司担保，期限 6 个月。贷款资金到位后，A 公司将全部款项挪用，投入房地产项目中，由于房地产项目投资额大，资金缺口大，致使项目不能按期正常施工。半年后，贷款到期，A 公司不但无力归还本金，还欠部分利息。经银行多次催动，借款人 A 公司仅通过融资方式归还了利息，本金短期内无力归还。

二、案例分析

贷款是商业银行最主要的资产业务，是银行业务的重点。作为盈利资产，贷款可以为银行带来经营收入，同时也带来风险。

银行贷款必须坚持专款专用原则，按规定用途使用贷款，一旦发现企业挪用贷款，企业被认定为交叉违约，银行可以立即收回贷款。银行应按照贷款业务制度规定定期或不定期对资产质量进行检查监控贷款风险状况。这笔贷款就是由于信贷员失职，监督不力造成的。

第七章

中央银行

解析

中国人民银行的此次政策调整可谓是货币政策执行方式的剧烈变化，一是幅度不可谓不大，二是央行采用了除公开市场业务之外的常规货币政策工具（存款准备金率和利率）。联系中国政府最近出台的财政刺激政策和地方政府配合投资政策的动向，以及全球经济进入衰退的不利情况，因此宽松的货币政策完全是为了配合财政政策来拉动，至少是为了保证国内经济一定程度的增长速度而作出的。

就此次大幅度降低人民币存款准备金率来看，虽然都是下调了存款准备金率，但大、小银行（规模方面）的降低程度有所不同，这说明央行对于增加流动性还是有所保留的。因为商业银行的超额存款准备金（转下页）

本章导读

本章从一个揭示中央银行与金融市场关系的案例开始，介绍中央银行依托金融市场行使的各种职能。对于货币政策的传导途径，本书探索性地增加了"行为正向激励"等内容，并结合我国实践中对存款准备金等工具的使用进行重新阐释。

本章引例

央行宣布降息

2008 年 11 月 26 日，中国人民银行决定，从 2008 年 11 月 27 日起，下调金融机构一年期人民币存贷款基准利率各 1.08 个百分点，一年期人民币存款利率调整后为 2.25%，一年期贷款利率调整后为 5.58%，其他期限档次存贷款基准利率作相应调整，同时下调中央银行再贷款、再贴现等利率。

同日，中国人民银行宣布，从 2008 年 12 月 5 日起，下调中国工商银行、中国农业银行、中国银行、中国建设银行、交通银行、邮政储蓄银行等大型存款类金融机构人民币存款准备金率 1 个百分点，下调中小型存款类金融机构人民币存款准备金率 2 个百分点。同时，继续对汶川地震灾区和农村金融机构执行优惠的存款准备金率。

关键词

中央银行　货币政策　货币政策工具　金融监管　公开市场业务

第一节　中央银行概述

一、中央银行的产生与发展

中央银行是特殊的金融市场参与者,国家赋予的特定职能决定其以三重身份参与金融市场:一是调控者身份,即依托金融市场实施货币政策调控;二是监管者身份,即依据法律赋予的职责和权限对全部或者局部金融市场进行监管;三是发展者身份,即通过金融市场制度建设、硬件基础设施建设和其他金融服务措施,促进金融市场的长远发展和稳健运行。

(一)中央银行的形成和发展过程

中央银行的发展经历了一个曲折、渐进的过程,中央银行在实践中逐渐得以完善,最终发展成为目前这样机制健全、能够掌握和运用多种手段、对国民经济进行调节的机构。中央银行的发展大体经历了三次高潮。

第一次高潮是在 1800～1913 年。如果把 1694 年成立的英格兰银行看作是世界上第一家中央银行,那么第二家中央银行就是 1800 年成立的法兰西银行。在 1800 年以后的 100 多年时间里,资本主义国家纷纷效仿英法两国,成立自己的中央银行,形成了中央银行成立的第一次高潮。

第二次高潮是在两次世界大战之间。第一次世界大战结束后,面对世界性的金融恐慌和严重的通货膨胀,1920 年,在布鲁塞尔举行了国际金融会议。会议要求尚未设立中央银行的国家尽快建立中央银行,以共同维护国际货币体系和经济稳定。这股国际压力推动了又一次组建中央银行的高潮。这期间成立的中央银行主要有澳大利亚联邦银行(1924 年)、中国国民政府的中央银行(1928 年)、希腊银行(1928 年)、土耳其中央银行(1931 年)、墨西哥中央银行(1932 年)、新西兰储备银行(1934 年)、加拿大银行(1935 年)、印度储备银行(1935 年)、阿根廷中央银行(1935 年)等。这些中央银行或是新设立的,或是新改组的。

第三次高潮是在第二次世界大战之后。随着国家干预经济的加强,政府开始利用中央银行来推行财政金融政策,干预国民经

解 析

(接上页)率水平在 2008 年第三季度降至 1.95%的最低水平,其中国有四大银行为 1.59%,股份制银行为 1.83%,表明商业银行的流动性呈不足走势,但同时央行对大型银行与中小银行的存款准备金率下降得幅度不一致,单纯从数据来看,应该是大型银行的存款准备金率水平下降得更多一点才符合实际数据的需要。而且,根据统计,工行、农行、建行、中行、交行合计资产占全部银行业的比重超过 52%,因此如果管理层为了补充流动性完全可以利用大银行的主导地来迅速扩充流动性而不是缓慢降低存款准备金率。而且从货币乘数变化速度来看,近两年来货币乘数已经较历史平均水平下降了 20%左右,因此也为存款准备金率下调准备了足够的回升空间。

综合来看,下调存款准备金率是为了配合积极的财政政策而实施宽松货币政策来支持全社会的经济发展。

济，稳定货币。同时，各国纷纷加强了对中央银行的控制，许多国家的中央银行先后实行了国有化。1945 年 12 月，法国公布法令，将法兰西银行收归国有，原股东的股票换成政府债券。1946 年，英国政府宣布将英格兰银行收归国有，英国财政部将股份全部收购，并以法律明确其关系。1957 年，联邦德国建立德意志联邦银行，这是国家直接投资创建的中央银行。战后各国还纷纷制定新的银行法，明确中央银行的主要职责是贯彻执行货币金融政策，维持货币金融的稳定。1946 年，美国国会通过《充分就业法》，规定联邦储备银行的职责是促进经济增长、充分就业、稳定货币和平衡国际收支。日本的《新银行法》规定中央银行必须"以谋求发挥全国的经济力量，适应国家政策的需要，调节货币、调整金融及保持并扶植信用制度为目的"。这些都从立法上保障了国家对中央银行的控制，中央银行进入了一个新的发展阶段。

（二）我国中央银行的发展

（1）清政府时期的中央银行

户部银行是清末官商合办的银行，1905 年 8 月在北京开业，是模仿西方国家中央银行而建立的我国最早的中央银行。1908 年，户部银行改为大清银行。

（2）辛亥革命时期和北洋政府时期的中央银行

1911 年的辛亥革命推翻了清朝统治者的封建统治，大清银行改组为中国银行。

交通银行始建于 1908 年，成立之初，曾标榜为"纯属商业银行性质"。但事实上，交通银行后来成为北洋政府的中央银行。1913 年，交通银行取得了与中国银行同等地位的货币发行权。1914 年，交通银行改定章程，正式具备了中央银行的职能。

（3）孙中山创立的中央银行

1924 年 8 月，孙中山领导的广东革命政府（后改组为国民政府）在广州创立中央银行。1926 年 7 月，国民政府移迁武汉，同年 12 月在汉口设中央银行。原广州的中央银行改组为广东省银行。1928 年，汉口中央银行停业。

（4）国民党时期的中央银行

1928 年 11 月 1 日，南京国民政府成立中央银行，总行设在当时全国的经济金融中心——上海，在全国各地设有分支机构，中央银行为法定国家银行，行使中央银行职责。1949 年 12 月，中央银行随国民党政府撤往台湾。

（5）革命根据地的中央银行

1927 年大革命失败后，共产党在建立革命根据地以后，就成立了人民的银行，发行货币。如 1927 年冬，闽西上杭县蛟洋区农民协会创办了农民银行等。1932 年 2 月 1 日，中华苏维埃共和国国家银行（以下简称国家银行）正式成立，国家银行在各地设分支机构，以带动根据地银行走向集中和统一。1934 年 10 月，国家银行跟随中央红军长征转移，1935 年 11 月，改组为中华苏维埃共和国国家银行西北分行。同年 10 月，国家银行西北分行改组为陕甘宁边区银行，总行设在延安。随着解放战争的胜利，解放区迅速扩大并逐渐连成一片，整个金融事业趋于统一和稳定。1948 年 12 月，在当时的华北银行，北海银行和西北农民银行合并成立了中国人民银行。

（6）新中国的中央银行

1948 年 12 月 1 日，中国人民银行在石家庄正式宣告成立。1949 年 2 月，中国人民银行总行随军迁入北京，以后按行政区设立分行、中心支行和支行（办事处），支行以下设营业所，基本上形成了全国统一的金融体系。

这一时期的中国人民银行，一方面全部集中了全国农业、工业、商业短期信贷业务和城乡居民储蓄业务；同时，既发行全国唯一合法的人民币，又代理国家财政金库，并管理金融行政，这就是所谓的"大一统"的中央银行体制。

十一届三中全会后，各专业银行和其他金融机构相继恢复和建立，对过去"大一统"的银行体制有所改良。但从根本上说，在中央银行的独立性、宏观调控能力和政企不分等方面并无实质性进展。同时，随着各专业银行的相继恢复和建立，金融监管部门缺失的问题亟待解决。

1983 年 9 月，国务院决定中国人民银行专门行使中央银行的职能，不再兼办工商信贷和储蓄业务，专门负责领导和管理全国的金融事业。1984 年 1 月 1 日，中国工商银行从中国人民银行中分离出来，正式成立。中国人民银行自此专门行使中央银行的职能。

从 1998 年 10 月开始，中国人民银行及其分支机构在全国范围内进行改组，撤销中国人民银行省级分行，在全国设立 9 个跨省、自治区、直辖市的一级分行，重点加强对辖区内金融业的监督管理。一个以中央银行为领导，以商业银行为主体，多种金融机构并存、分工协作的具有中国特色的金融体系已经形成。

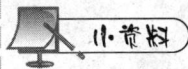

小资料

中国人民银行分支机构设置

两个营业部：①中国人民银行营业管理部：负责北京市的金融机构；②重庆营业管理部：负责重庆市的金融机构。

九大分行：①天津分行：负责监管天津市、河北省、山西省和内蒙古自治区的金融机构；②沈阳分行：负责监管辽宁省、吉林省、黑龙江省的金融机构；③上海分行：负责监管上海市、浙江省和福建省的金融机构；④南京分行：负责监管江苏省、安徽省的金融机构；⑤济南分行：负责监管山东省、河南省的金融机构；⑥武汉分行：负责监管江西省、湖北省、湖南省的金融机构；⑦广州分行：负责监管广东省、广西省、海南省的金融机构；⑧西安分行：负责监管陕西省、甘肃省、宁夏回族自治区、青海省、新疆维吾尔自治区的金融机构；⑨成都分行：负责监管四川省、贵州省、云南省、西藏自治区的金融机构。

二、中央银行的性质

中央银行的性质是指中央银行自身所具有的特有属性，是由其在国民经济中的地位所决定的，并随着中央银行制度的发展而不断变化。中央银行已由过去集中发行银行券、解决国家财政困难的政府银行，逐步发展成为代表国家调节宏观经济、管理金融的特殊机构，处于一国金融业务的首脑和领导地位。

1. 中央银行是特殊的金融机构

从业务活动的特点看，是特殊的金融机构。

（1）业务对象特殊

中央银行业务对象仅限于政府和金融机构，不是一般的工商企业和居民个人。这就决定了中央银行不经营一般的商业银行和非银行金融机构的业务，也不会成为商业银行和非银行金融机构的竞争对象。

（2）经营目的特殊

中央银行是国家机关，所需各项经费由国家财政拨付。同时，其所从事的各项金融业务活动，是根据国民经济宏观运行情况，从保持货币币值稳定的需要出发而开展的，不是为了追逐利润。因此，中央银行的业务活动不以营利为目的。

（3）中央银行拥有特有的权力

中央银行的权力包括发行货币、代理国库、保管存款准备金、制定金融政策等。

2. 中央银行是特殊的国家机关

从发挥的作用看，中央银行是保障金融稳健运行、调控宏观经济的国家行政机关，具有特殊的地位。

（1）中央银行履行其职责主要是通过特定金融业务进行的

中央银行对金融和经济管理调控主要采用经济手段，这与主要依靠行政手段进行社会经济管理的其他国家机关有明显的不同。

（2）中央银行对经济的宏观调控是分层次实现的

中央银行通过货币政策工具操作调节金融机构的行为和金融市场运行，然后再通过金融机构和金融市场影响到国民经济各部门，市场回旋空间较大，作用也较为平缓。

议一议

为什么说中央银行是特殊的金融机构？

（3）中央银行在政策制定上有一定的独立性

按照各国中央银行法的规定，中央银行可以根据一国的经济客观发展状况与需要独立制定和执行货币政策，政府不得干预。在西方发达国家，中央银行的最高领导人一般由国会或议会直接任命，并直接对国会或议会负责。

总而言之，从中央银行发挥的作用和业务活动的特点来看，如果要对中央银行性质进行基本概括，可以认为，中央银行既是为商业银行、非银行金融机构以及政府提供服务的特殊金融机构，又是制定和实施货币政策，监督管理金融业，规范与维护金融秩序，调控金融和宏观经济运行的管理部门。

三、中央银行的职能

中央银行的性质和宗旨决定了其有 3 项职能，即发行的银行、银行的银行和国家的银行。

（一）发行的银行

所谓发行的银行，是指中央银行垄断货币的发行权，成为国家唯一的货币发行机构。

在现代银行制度中，中央银行首先是货币发行的银行。垄断货币发行权是中央银行不同于商业银行及其他金融机构的独特之处。

中央银行独占货币发行权，是中央银行发挥其职能作用的基础。中央银行通过掌握货币发行，可以直接地影响整个社会的信贷规模和货币供应量，通过货币供给量的变动作用于经济过程，从而实现中央银行对经济的控制作用。一部中央银行史，就是一部从独占货币发行到控制货币供应量的发展史。目前，控制货币供应量成为各国中央银行的基本职能。货币有如经济中的"血液"，中央银行掌握货币发行权，控制着货币供应量，也就掌握着经济"血液"的输入和输出，从而成为经济体系运行的心脏。

（二）银行的银行

银行的银行是最能体现中央银行特殊金融机构性质的职能。主要体现在，中央银行也像其他银行一样，办理存款、贷款等业务，只不过其业务对象不是一般的企业和个人，而是商业银行和非银行金融机构；中央银行各项业务活动的目的不仅在于为商业

想一想

商业银行可以发行货币吗？

银行和非银行金融机构提供服务，以提高金融服务的效率，更在于对商业银行和非银行金融机构的活动施加有效的影响。具体说来，这一职能主要包括以下几个方面。

1. 集中存款准备

为了保证存款机构的清偿能力，有利于中央银行调节信用规模和控制货币供应量，各国法律一般都要求存款机构必须对其存款保留一定比率的准备金，即法定准备金。这些准备金除一小部分以库存现金的形式持有外，大部分要交由中央银行保管，即各存款机构在中央银行开立准备金账户，存入准备金。

这种做法的优点在于：①便于中央银行了解和掌握各存款机构的准备金状况，为货币政策的制定和实施提供参考依据；②可使中央银行组织全国的资金清算。在大多数国家，存款机构在中央银行的存款是没有利息收入的，但是在我国，中央银行对存款机构的存款支付利息。

工商企业可以在中央银行办理存贷款业务吗？

2. 组织全国范围的资金清算

19 世纪中期，随着银行业务的扩大，银行每天收受票据的数量日趋增加，各银行之间的债权债务关系日趋紧密。1854年，英格兰银行采取了各种银行之间每日清算差额进行结算的做法，后来其他国家也相继效仿。各金融机构可通过设在中央银行的活期存款账户办理划拨清算，以结清彼此债权债务关系。

3. 最终贷款人

当金融机构面临资金困难，而其他金融机构无力或不愿对其提供援助时，中央银行将扮演最终贷款人的角色。传统上，中央银行对商业银行的贷款主要以再贴现方式进行，所以这种贷款又被称为再贴现贷款，其利率也被称为再贴现利率。通过变更再贴现利率，中央银行可以对整个社会的资金供求状况和利率发生影响。当然，再贴现不是中央银行充当最终贷款人的唯一形式，除此之外，再抵押或直接取得贷款在某些情况下也是商业银行从中央银行融资的形式。

（三）政府的银行

所谓政府的银行，是指中央银行代表国家贯彻执行财政金融政策，代理国库收支以及为国家提供各种金融服务。政府的银行

中 央 银 行

职能主要是通过以下几个方面得到体现的。

1. 代理国库

国家财政收支一般不另设机构，而交由中央银行代理。政府的收入与支出均通过财政部在中央银行内开立的各种账户进行。具体包括按国家预算要求协助财政、税收部门收缴库款，根据财政支付命令向经费单位划拨资金，随时反映经办预算收支上缴下拨过程中掌握的预算执行情况，以及经办其他有关国库的事务。

2. 充当政府的金融代理人，代办各种金融事务。

中央银行负责代理国债的发行和还本付息，代理政府保管黄金、外汇储备或代理政府黄金、外汇的买卖业务；代表政府参加国际金融组织，出席国际会议，从事国际金融活动；充当政府的金融事务顾问，提供有关金融方面的信息和建议等。

3. 为政府提供资金融通，以弥补政府在特定时间的收支差额

中央银行为政府融资的方式有两种：一是直接向国家财政提供贷款或透支；二是在证券市场上购买国债。

一般来说，中央银行对财政的直接贷款或透支在期限和数额上都受法律的严格限制，以避免中央银行沦为弥补财政赤字的工具，导致货币发行失控。政府弥补赤字的主要手段是发行国债，中央银行可以在一级市场或二级市场上买入国债。若中央银行在一级市场上购买国债，资金直接形成财政收入，流入国库；若中央银行在二级市场上购买国债，资金则间接流向财政。在二级市场上买卖国债的行为即所谓的公开市场业务，是中央银行调控货币供给的重要方式。

4. 代国家实施金融监管

作为国家的最高金融管理当局，制定并执行金融法规和货币政策，监督、管理全国金融机构的运作主要包括制定有关的金融政策和法规，对商业银行及其他金融机构进行监督管理等。

四、中央银行的组织结构

就各国的中央银行组织结构来看，大致可归纳为 4 种类型，

想一想

代理国库职能主要有哪些？

如何理解中央银行与政府的关系?

中央银行向政府提供财政贷款弥补财政赤字的做法往往会造成货币供应量被动地增加,进而影响币值的稳定,因此许多国家将中央银行向政府提供融资规定了比较严格的条件。

关于中央银行与政府之间的关系如下。

1)独立。中央银行独立于政府的行政体系之外,独立地制定和实施货币政策,政府不能直接对其发布指令,如美国、德国。

2)相对独立。中央银行名义上隶属于中央政府,政府在法律意义上有权发布指令,但政府通常不干涉中央银行货币政策的执行,如英格兰、日本。日本中央银行隶属于大藏省,名义上大藏省可以对其发布指令,但是,基本不干涉央行运作。

3)受制约:接受政府指令,货币政策的制定执行都要经过政府的批准,如意大利。

即单一型、复合型、跨国型及准中央银行型。

1. 单一中央银行制度

单一中央银行制度是指国家建立单独的中央银行机构,使之全面行使中央银行职能的中央银行制度。单一中央银行制度又可分为两种具体的情况。

（1）一元式中央银行制度

一元式中央银行制度指一个国家只设立独家中央银行,其下设立众多的分支机构作为总行的派出机构,这种类型的中央银行是标准的中央银行。目前世界上绝大多数国家的中央银行都采取的是这种制度。如英国、法国、日本、意大利、瑞士等。在这种类型下的中央银行总行通常设在一国的首都（也有例外）,根据经济需要和法律规定在全国设立分支机构。

（2）二元式中央银行制度

二元式中央银行制度是指中央银行体系由中央和地方两级相对独立的中央银行机构共同组成,两者之间有一定的分工与协作。两者在货币政策方面是同一的,中央级机构是最高的金融决策机构,地方级机构要接受中央级机构的监督和指导。但是在货币政策的具体实施,中央银行的金融监管有关业务的具体操作方面,地方级机构在辖区范围内,拥有一定的独立性。采用二元式中央银行体制的国家主要是实行联邦制的国家,如德国、美国。

2. 复合中央银行制度

复合中央银行制度是指在一国之内,未单独设立专门的中央银行,而是由一家国有银行来集中行使中央银行职能并经营商业银行业务的银行体制。这种复合制度主要是存在于苏联和东欧社会主义国家。我国在 1983 年以前一直实行这种银行制度。

3. 跨国中央银行制度

跨国中央银行制度是指两个或两个以上的国家共同设立中央银行的体制。通常是由参加某一货币联盟的国家共同设立。

第二次世界大战以后,许多地域相邻的欠发达国家建立了货币联盟,并在联盟之内成立由各加盟国共同拥有的统一的中央银行。这种跨国的中央银行发行统一的货币和制定统一的金融政策,其宗旨在于推进各加盟国经济的发展及避免通货膨胀。

实行跨国中央银行制度的有西非货币联盟（由贝宁、毛里塔尼亚、尼日尔、塞内加尔、多哥和科特迪瓦等国组成），中非货币联盟（由喀麦隆、乍得、刚果、加蓬和中非共和国组成），以及东加勒比海货币区都属于这种类型。此外，在全球影响最为深远的跨国中央银行是 1998 年 6 月成立的欧洲中央银行，这是由欧洲经济与货币联盟的成员国共同设立的中央银行，框架结构采用德国中央银行的二元式模式，其主要职责是发行统一的货币（欧元），并制定和实施欧元区的货币政策。

4. 准中央银行制度

准中央银行制度是指某些国家或地区只设置类似中央银行的机构，或由政府授权某个或某几个商业银行，行使部分中央银行职能的体制，新加坡、中国香港均属于这种体制。

新加坡有两个类似于中央银行的机构，即金融管理局与货币发行局，由两者配合行使中央银行的职能。中国香港实行的也是准中央银行制度，1993 年 4 月 1 日，香港成立了金融管理局，集中了货币政策、金融监管及支付体系管理等中央银行的基本职能，但又不同于一般的中央银行。例如，发行货币的职能由渣打银行、汇丰银行和中国银行履行；票据结算所由汇丰银行负责管理；而政府的银行这项职能则由商业银行执行。此外，斐济、马尔代夫、利比里亚、莱索托、伯利兹等国也都实行各具特点的准中央银行体制。

第二节　中央银行业务

中央银行的性质，决定了其区别于商业银行和其他金融机构的业务，中央银行通过其自身的业务操作调节商业银行和其他金融机构的资产和负债，进而实现宏观金融的调控。中央银行的业务主要包括负债业务、资产业务、清算业务和其他业务。

一、负债业务

中央银行的负债业务是指其形成资金来源的业务。中央银行负债业务主要包括货币发行、代理国库、集中存款准备金等内容。

1. 货币发行业务

货币发行具有双重含义：一是指货币从中央银行的发行库通

想一想

二元式中央银行制度中，中央级机构与地方级机构是不是总分行的关系？

过各家银行的业务库流向社会;二是指货币从中央银行流出的数量大于流入的数量。

中央银行经营货币发行业务具有以下特殊意义:增加了货币供应量,满足了社会商品发展和商品流通扩大的需要。相应地筹集了社会资金,满足了中央银行履行其各项职能的需要。

中央银行发行货币遵循以下 3 条重要原则。

1)垄断发行原则,即货币发行权高度集中于中央银行。

2)信用保证原则,即通过建立一定的发行准备制度(要有一定的黄金或有价证券作为保证),保证中央银行的独立发行货币。

3)弹性发行原则,即货币发行要具有高度的伸缩性和灵活性,不断适应社会经济状况变化的需要。

2. 经理国库业务

国库是国家金库的简称,是专门负责办理国家预算资金的收纳和支出的机关。从世界范围来看,国家财政预算收支保管一般有国库制和银行制两种形式。世界上经济发达的国家多采用委托国库制。如同中国通过法律规定了由中国人民银行履行经理国库的职责一样,各国均以相应的法律确定了中央银行对国库的代理关系。中央银行的重要职能之一是作为政府的银行,经理国库业务便是中央银行履行该职能的具体体现。

中央银行经理国库业务具有的优越性在于:收缴库存方便;库款调拨灵活;资金安全,数字准确;有利于中央银行的宏观调控;有利于发挥中央银行对财政的监督作用。

3. 集中存款准备金业务

存款准备金是商业银行为应对客户提取存款和划拨清算的需要而设置的专项准备金。其由两部分组成:一是支付准备金,即库存现金;二是法定存款准备金。

集中存款准备金业务是指中央银行集中保管商业银行缴存的存款准备金,是中央银行履行"银行的银行"职能的客观要求和具体体现。

实行存款准备金制度的意义在于,保证商业银行等金融机构的总付能力,有利于中央银行约束商业银行贷款规模,控制信用规模和货币供应量。

想一想

发行货币业务,使中央银行的负债增加了还是减少了?

想一想

当中央银行提高存款准备金率时市场上的货币供应量是增加还是减少了?

4. 其他负债业务

其他负债业务包括机构负债、国内其他金融机构往来、外国中央银行或外国政府存款存款、发行中央银行债券以及一些应付未付款项等。

二、资产业务

中央银行的资产业务是指其资金运用的业务。中央银行资产业务包括贷款业务、再贴现业务、有价证券买卖业务和黄金外汇储备业务等内容。

1. 中央银行贷款业务

中央银行贷款业务充分体现了其作为"最后贷款人"的职能，其意义在于中央银行通过向商业银行、国家财政以及其他金融机构发放应急贷款，起到维护金融体系稳定与安全、抑制通货膨胀、执行货币政策，进而促进经济发展的作用。中央银行作为特殊的金融机构，其贷款也体现出独有的特征。

1）以短期贷款为主，一般不经营长期贷款业务。

2）不以营利为目的。

3）应控制对财政的放贷，以保持中央银行的相对独立性。

4）一般不直接对工商企业和个人发放贷款。

中央银行贷款按照贷款对象不同，可分为对商业银行的放贷，对财政部的放款和其他放款 3 种主要类型。中国人民银行贷款按融通资金的方式可分为信用放款、抵押放款和票据再贴现；按期限可分为 20 天以内、3 个月以内、6 个月以内和 1 年期 4 个档次。

申请中国人民银行贷款的金融机构必须具备以下 3 个条件：①属于中国人民银行的贷款对象；②信贷资金营运基本正常；③还款资金来源有保障。

中国人民银行贷款的管理主要有发放和收回两部分。具体程序如下：借款行提出贷款申请→借款审查→借款发放→贷款的收回。

2. 再贴现业务

再贴现政策是中央银行货币政策工具的"三大法宝"之一，是国家进行宏观经济调控的重要手段。中央银行通过调整再贴现率,提高或降低再贴现额度,通过对信用规模的间接调节,达到宏观金融调控的目的。

再贴现是指商业银行为弥补营运资金的不足,将其持有的通过贴现取得的商业票据提交中央银行,请求中央银行以一定的贴现率对商业票据进行二次买进的经济行为。

从广义上来讲,再贴现属于中央银行贷款的范畴。但两者之间存在一定的区别,具体体现在两个方面。

1)利息支付时间不同。再贴现是商业银行预先向中央银行支付利息,而贷款业务是在归还本金时支付利息。

2)本质和范围不同。再贴现本质上是中央银行向商业银行发放的抵押贷款,而中央银行贷款的范畴比再贴现广得多,不仅包括抵押贷款,还包括信用贷款。

3. 证券买卖业务

中央银行通过公开市场业务买卖证券,对于调节货币流通,维护金融市场稳定具有重要意义。

中央银行在公开市场上买卖的证券主要是政府债券、国库券以及其他市场流动性非常高的有价证券。

在美国,公开市场业务是美国联邦储备银行最有效、最灵活的货币政策工具。美国联邦储备银行的政府债券买卖是在与政府债券初级交易商之间进行的。其公开市场操作的工具主要有永久性储备调节和临时性储备调节。

中国人民银行为执行货币政策,可以在公司市场买卖国债,其他政府债券和金融债券及外汇。中国人民银行开展证券买卖业务,有利于增加国债的流动性,促进国债二级市场的发展,同时使中国人民银行宏观金融调控的手段更加丰富、更加灵活,有利于各金融机构改善自身资产结构,增强流动性,提高资产质量。

目前,中国人民银行是通过银行同业拆借市场实施公开市场业务的,操作工具包括国债、中央银行融资券、政策性金融债券,交易主体是国债一级交易商。

4. 黄金、外汇储备业务

中央银行保管黄金、外汇储备的意义主要表现在稳定币值、稳定汇率以及调节国际收支等方面。但是,黄金、外汇作为国际储备各有利弊。从安全性考虑,黄金无疑是实现保值的最好手段,但黄金的流动性不强,保管成本也很高,因此在各国的国际储备中黄金所占比例成逐年下降的趋势。外汇流动性较强、保管成本低廉，但汇率处于不断变动之中，使持有外汇面临的贬值风险较大。因此，各国中央银行在保管黄金、外汇储备过程中，必须从本国国际收支状况和经济政策出发，确定合理的黄金、外汇储备比例和数量。

中国外汇储备管理坚持"安全第一，流动第二，盈利第三"的经营管理原则。中国外汇储备经营管理的战略目标如下。

1) 采用科学的管理和经营手段，保证中国人民银行调整外汇供求、平衡外汇市场等宏观调控的顺利进行。

2) 加强风险防范，确保资金安全，保证资金的及时调拨和运用。

3) 建立科学的储备资产结构，提高储备经营水平，增加资产回报。

4) 合理安排投资，有重点地支持国内建设项目。

建立适合中国国情的外汇储备经营管理模式，实现中国外汇储备经营管理的战略目标，应从以下几个方面着手进行：①建立风险管理制度，规避面临的各种风险，防患于未然；②采用科学的风险控制手段，确保外汇资产的安全；③划分外汇储备为经常性储备和战略性储备，这样既可以保证对外支付，维护人民币汇率稳定，又可以提高外汇储备资产的收益性。

三、清算业务

中央银行在组织全国银行进行清算时，清算业务可分为同城或同地区的清算和异地清算两类。

1. 同城或同地区的清算

同城或同地区的清算主要是通过票据交换所进行的。票据交换所在一些国家是由商业银行联合举办的，在一些国家则是由中央银行主办的，无论是票据交换所是由谁举办的，票据最终必须通过中央银行集中清算交换的差额。

2. 异地清算

异地银行间资金划拨由中央银行集中办理，由于各国使用的票据和方式不同，异地银行间资金划拨的具体清算做法也不同，存在一定差异。归纳起来有以下两种形式。

1）在清算时，先由商业银行通过内部的联网系统来进行划转，最后由总行通过央行办理转账结算。

2）直接将异地票据统一送到中央银行总行来办理轧差转账。

3. 中央银行支付清算系统的作用

总体上来看，由中央银行组织的支付清算系统是各个国家金融体系中非常重要的基础设施，不仅可以安全高效地清偿商业银行之间债权债务关系，进而加速社会资金的周转，同时也有利于中央银行正确制定实施货币政策。具体来看，其作用可以表现在以下几个方面。

1）中央银行的支付清算业务可以支持跨行支付清算。

2）可以支持货币政策的制定和实施，由于中央银行具体操作支付清算系统，可以全面掌握支付信息，有助于分析金融形势，制定货币政策等。

3）有利于商业银行的流动性管理，商业银行总行和分行可以通过支付系统监控金融机构和下属各分支机构的清算账户的变动情况，灵活地进行头寸调度，提高资金使用效率。

4）有利于防范和控制支付风险，因为中央银行支付清算系统通常设置头寸预警功能，当金融机构清算账户达到余额警戒线的时候，系统会自动报警。中央银行可对账户实施必要的控制。

四、中央银行的业务活动原则

中央银行在具体的业务活动中将奉行以下 4 个原则，即非营利性原则、流动性原则、主动性原则以及公开性原则。

1. 非营利性原则

非营利性原则指中央银行的一切业务活动都不是以营利为目的。中央银行以其特殊的地位、政策和权力开展经营，往往也会有一定的利润，但是这些利润只是客观的经营结果，并不是中央银行主观追逐的目的。这是中央银行和商业银行在经营上本质的区别。

2. 流动性原则

流动性原则主要是指资产业务需要保持流动性。中央银行在业务活动中之所以要保持流动性原则，是因为其在充当金融机构

想一想

商业银行的业务活动也是具有非营利性吗？

"最后贷款人"进行货币政策操作和宏观经济调控时,必须拥有相当数量的可用资金,只有这样才能满足中央银行及时调节货币供求、稳定币值和汇率、调节经济运行的需要。因此,为了保证资金可以灵活调度,及时运用,中央银行必须使资产保持最大的流动性,不能形成不易变现的资产。

3. 主动性原则

主动性原则主要是指中央银行资产负债业务需要保持一定的主动性。只有中央银行对其资产负债业务保持主动性,才能根据其职责的需要通过具体的业务实施货币政策和金融监管,进而有效地控制货币供应量和信用总量。

4. 公开性原则

公开性原则是指中央银行的业务状况公开化,定期向社会公布业务与财务状况,并向社会提供有关金融统计资料。各国以法律形式规定中央银行必须定期公布财务数据和金融信息,中央银行必须保持一定的公开性,不能存在任何欺诈、隐瞒行为。

☆ 第三节　中央银行货币政策

如果说货币政策调控是一门专业艺术,那么这门艺术能否产生预期效果,就取决于构成货币政策调控体系的各个部分的匹配状况。货币政策体系由货币政策目标、货币政策工具和传导机制三部分构成,每个部分又可分为若干层次和类型,任何一个环节的匹配误差,都有可能减弱调控效率。

一、货币政策的概念及特征

1. 货币政策的概念

货币政策是指中央银行为实现一定的经济目标,运用各种货币政策工具调节和控制货币供应量,进而影响宏观经济的方针和措施的总和。货币政策作为宏观经济政策,是实现中央银行金融宏观调控目标的核心所在。

货币政策发挥作用的特点在于不仅影响国民经济的某一方

面，还作用于整个社会经济。通常由一国的中央银行来制定和实施货币政策，国家可以通过中央银行的特殊地位和金融机制来采取措施，影响市场信用量和货币供应量，以实现国家管理和干预经济的目标。例如，中央银行增加或减少货币供应量，提高或降低金融机构存贷款利率，放宽或限制贷款条件、建立货币制度的规定以及政府借款、国债管理、财政收支等可能影响货币数量的行为，都属于货币政策的范畴。

2. 货币政策的特征

1）货币政策是一项总量经济政策和宏观经济政策。在市场经济条件下，结构调整主要由产业政策等来完成，而货币政策则主要通过对货币的调控来实现对社会总需求的调控，从而对市场产生影响，实现国家对经济的干预及其方向的引导。

2）货币政策是调节社会总需求的政策。货币的供给形成对商品和劳务购买能力，货币对商品和劳务的追逐形成社会总需求；利率水平的变化将通过对进出口贸易、国际资本流动的影响，形成对社会总需求的调节。

3）货币政策调节机制的间接性。货币政策并不直接作用于市场主体，干预经济主体行为，而主要是通过货币供应量、信用总量、利率水平等对经济主体产生间接作用的。

4）货币政策目标的长期性。国家在一定时期内要实现的货币政策目标是固定的，以保证其经济、金融的稳定，若非重大因素影响，并不轻易改变目标。因此，货币政策是一种结合短期性与长期性、运用短期性的政策调节措施来达到长期性目标的工具。

二、货币政策目标

（一）币值稳定

币值稳定就是设法使一般物价水平在短期内不发生显著的或急剧的波动，呈现基本稳定的状态。从定义看，币值稳定的含义丰富。首先，物价指的是一般物价水平，而非个别商品或劳务价格的变动。其次，定义明确"在短期内不发生显著的或急剧的波动"，说明币值稳定不是绝对静止的，可以有一定的波动，但波动不能过大。所以，货币政策目标不是简单地抑制物价上升，而应该以保持物价水平在一定时期内相对稳定为目标，并非通货膨胀率越低越好，因为负通货膨胀率往往会带来通货紧缩，同样会制约经济增长。再次，币值稳定包含一定程度的物价变动，但变动幅度则需要根据宏观经济运行情况和居民收入水平具体判断。由于居民对物价上涨的承受能力不同，国家经济发展战略所追求的目标不一，中央银行货币政策的稳定币值目标，没有统一的标准。在实际的应用中，衡量物价的指标主要有以下 3 个。

1）GNP（国民生产总值）物价平减指数，以构成国民生产总值的最终产品和劳务为对象，反映最终产品和劳务价格的变化情况。

2）CPI（消费物价指数），以消费者的日常生产支出为对象，能较准确地反映消费物价水平的变化情况。

3）批发物价指数，以批发交易为对象，能较准确地反映大宗批发交易的物价变动情况。

这 3 个指标包含的商品范围不同，反映的物价变化也有一定的局限性，但在变化趋势上应当是一致的。

总之，币值稳定的实质就是要控制通货膨胀，防止物价普遍地、持续地、大幅度地上涨。所以中央银行在制定货币政策时，都力求抑制通货膨胀，保持物价的基本稳定。

（二）经济增长

一国经济增长既是提高人民生活水平的物质保障，也是衡量一国经济实力和国际市场竞争力的重要因素，有利于增强中央银行政策调节的经济承受能力，使货币增长调节拥有更广阔的回旋余地，因此各国都把经济增长作为货币政策的重要目标。

关于经济增长的定义通常有两种观点。一种观点认为，经济增长就是指国民生产总值的增加，即一国在一定时期内生产的商品和劳务总量的增加，或者是人均国民生产总值的增加。另一种观点认为，经济增长就是指一国生产商品和劳务能力的增长；或者说，经济增长代表一国生产可能性边界的扩展。经济增长的速度通常用国民生产总值（GNP）增长率和国内生产总值（GDP）增长率表示，但用这两种指标来衡量经济增长的程度也存在一些不足。一是价格上涨也会引起国民生产总值的增加，只有排除价格上涨因素的实际国民生产总值才能在一定程度上反映经济增长的速度；二是就目前的统计口径来看，两个指标的统计数据都没有将资源浪费和环境污染等引起的成本纳入计算之中，因此，绿色 GDP 才能在真正意义上反映经济增长速度。

（三）充分就业

充分就业从严格意义上来讲，是针对所有资源而言的，不仅包括劳动力资源的充分就业，还包括其他生产要素的"充分就业"，即充分利用。但由于测度各种经济资源的利用程度十分困难，因此通常选取测度较容易的劳动力就业水平来说明社会经济资源是否被充分利用。充分就业是指有劳动能力并且自愿参加工作的人，都能在比较合理的调节下随时找到合适工作的一种状态。这里所说的充分就业，并不是社会劳动力完全就业，而是把通常存在的摩擦性失业和自愿性失业排斥在外。非充分就业表明存在社会资源的闲置，特别是劳动力资源的浪费，失业者生活水平下降，并导致社会的不稳定。因此许多国家将充分就业作为最重要的宏观经济目标之一。

充分就业一般通过失业率衡量。所谓失业率，是指失业人数与愿意就业的劳动力之比。对充分就业来说，零失业率是最理想水平，但正常情况下并不能实现零失业率，有人认为，失业率为3%是充分就业；但也有人认为，失业率长期控制在 4%～5%为佳；美国经济学家认为，充分就业水平应该是失业率在 5%左右。因此，各国的社会经济状况不同，民族文化和历史传统迥异，其充分就业条件下允许的失业率高低也就不一样。总之，失业率越高，距离充分就业就越远；反之，则越接近充分就业。同时劳动力的就业状况还与土地、资本、自然资源等其他生产要素的"就业"状况保持着同向关系，即劳动力越接近充分就业，其他生产要素的利用程度就越高；反之，则越低。

导致失业的原因有很多，有结构上的、技术上的、季节性的等。中央银行能通过货币政策控制社会总需求，增加货币供给量，刺激投资规模扩张、拉动经济增长、努力创造就业机会。

（四）国际收支平衡

国际收支平衡是指一国在一定时期内对其他国家的全部货币收入和货币支出相抵后基本平衡，即略有顺差或略有逆差。一个国家国际收支失衡，无论是逆差还是顺差，都会给该国经济带来不利影响。巨额的国际收支逆差可能导致外汇市场对本币信心的急剧下降，资本大量外流，外汇储备急剧下降，本币的大幅贬值，并导致严重的货币和金融危机。长期巨额顺差，则会形成外汇闲置，造成国内通货膨胀压力。因此各国中央银行历年来十分重视国际收支平衡的研究，并将其纳入货币政策目标。

（五）金融稳定

金融稳定目前在我国的理论与实务界尚无严格的定义。西方国家的学者对此也无统一、准确的理解和概括，较多地是从"金融不稳定"、"金融脆弱"等方面来展开对金融稳定及其重要性的分析。

欧洲中央银行有关金融稳定的定义具有一定的代表性，其表述为：金融稳定是指金融机构、金融市场和市场基础设施运行良好，抵御各种冲击而不会降低储蓄向投资转化效率的一种状态。美国经济学家米什金认为，金融稳定缘于建立在稳固的基础上、能有效提供储蓄向投资转化的机会而不会产生大的动荡的金融体系。

国际清算银行前任总经理克罗克特认为，金融稳定可包括以下内容。

1）金融体系中关键性的金融机构保持稳定，因为公众有充分信心认为这些机构能履行合同义务而无须干预或外部支持。

2）关键性的市场保持稳定，因为经济主体能以反映市场基本因素的价格进行交易，并且该价格在基本面没有变化时短期内不会大幅波动。

金融稳定是一个具有丰富内涵、动态的概念，反映了金融运行的状态，体现了资源配置不断优化的要求，服务于金融发展的根本目标。20 世纪 90 年代以来金融全球化进程的加快，给各国金融体系带来了巨大的挑战，促使各国政府及国际机构高度重视维护金融体系的整体稳定。近些年来，部分发达国家出现了中央银行货币政策职能和金融监管职能分离的情形，公众越发关注中央银行在维护经济金融体系稳定中的重要地位和作用。因此，维护本国金融稳定和金融安全越来越受到各国中央银行的重视，成为其政策目标之一。

三、货币政策工具

（一）一般性货币政策工具

所谓一般性货币政策工具，是指对货币供应量和信贷规模进行调节和控制的政策工具，主要包括法定存款准备金政策、再贴现政策和公开市场政策。一般性货币政策工具的特点是对总量而不具体针对各种资金的特殊用途进行调节和控制。

想一想

什么是顺差和逆差？

存款准备金率上调1个百分点至14.5%"从紧"政策首枪打响

中国人民银行2007年12月8日宣布,从12月25日起,上调存款类金融机构人民币存款准备金率1个百分点。至此,准备金率达14.5%,创20多年来新高。这是央行今年以来第10次上调准备金率,上调幅度为4年来最大。

央行指出,此举旨在贯彻中央经济工作会议确定的从紧货币政策要求,加强银行体系流动性管理,抑制货币信贷过快增长。日前召开的中央经济工作会议提出,进一步发挥货币政策在宏观调控中的重要作用,严格控制货币信贷总量和投放节奏,更好地调节社会总需求和改善国际收支平衡状况,维护金融稳定和安全。

继2003年9月存款准备金率从6%上调至7%后,这是央行自2004年以来首次将上调幅度从0.5%升至1%,力度明显加大,预计可回收4000亿元左右的流动性。2008年以来,通过上调准备金率5.5个百分点,央行累计回收流动性超过2万亿元。

专家指出,央行此次加大上调力度,不仅是对"从紧货币政策"精神的

(转下页)

1. 法定存款准备金政策

(1)法定存款准备金政策的含义

法定存款准备金政策是指中央银行在法律所赋予的权力范围内,通过规定或调整商业银行等存款类金融机构缴存中央银行的存款准备金的比率,以改变货币乘数量,控制和改变商业银行等存款类金融机构的信用创造能力,间接控制社会货币供应量的政策措施。目前,大部分国家都在法律上规定存款准备金比率,并赋予中央银行调整法定存款准备金比率的权限,因此,把这种制度安排统称为法定存款准备金制度。

(2)法定存款准备金政策的作用

1)调控作用。作为货币政策工具,调控商业银行贷款量、派生存款量和货币供给量,进而调控宏观经济。

2)保证作用。确保商业银行的兑付能力,保持银行资产的流动性,防止金融恐慌。

3)告示作用。法定存款准备率的调升或调降告示、中央银行将紧缩银根或放松银根。

我国历次调整存款准备金的幅度如表7-1所示。

表7-1 我国历次调整存款准备金的幅度表

单位:%

存款准备金率历次调整				
次数	时间	调整前	调整后	调整幅度
23	2008年3月25日	15	15.5	0.5
22	2008年1月25日	14.5	15	0.5
21	2007年12月25日	13.5	14.5	1
20	2007年11月26日	13	13.5	0.5
19	2007年10月25日	12.5	13	0.5
18	2007年9月25日	12	12.5	0.5
17	2007年8月15日	11.5	12	0.5
16	2007年6月5日	11	11.5	0.5
15	2007年5月15日	10.5	11	0.5
14	2007年4月16日	10	10.5	0.5
13	2007年2月25日	9.5	10	0.5
12	2007年1月15日	9	9.5	0.5
11	2006年11月15日	8.5	9	0.5
10	2006年8月15日	8	8.5	0.5
9	2006年7月5日	7.5	8	0.5

续表

	存款准备金率历次调整			
次数	时间	调整前	调整后	调整幅度
8	2004 年 4 月 25 日	7	7.5	0.5
7	2003 年 9 月 21 日	6	7	1
6	1999 年 11 月 21 日	8	6	−2
5	1998 年 3 月 21 日	13	8	−5
4	1988 年 9 月	12	13	1
3	1987 年	10	12	2
2	1985 年	央行将法定存款准备金率统一调整为 10%		
1	1984 年	央行按存款种类规定法定存款准备金率，企业存款 20%，农村存款 25%，储蓄存款 40%		

2. 再贴现政策

（1）再贴现政策的含义

再贴现是指商业银行或其他金融机构将贴现所获得的未到期票据，向中央银行背书转让。对中央银行来说，再贴现是买进商业银行持有的票据，流出现实货币，扩大货币供应量；对商业银行来说，再贴现是出让已贴现的票据，解决临时资金短缺困难。整个再贴现过程，实际上就是商业银行等金融机构和中央银行之间的票据买卖和资金让渡的过程。

再贴现政策是中央银行最早拥有的一般性货币政策工具。所谓再贴现政策，是中央银行通过改变再贴现率的手段，影响商业银行等金融机构从中央银行获得的再贴现贷款和持有超额准备的成本，达到增加或减少货币供应量、实现货币政策目标的一种政策措施，包括对再贴现率和申请再贴现金融机构资格的调整。

（2）再贴现政策的作用

1）再贴现率的升降会影响商业银行等存款类金融机构的准备金和资金成本，从而影响其的放款量和货币供应量。再贴现率变化，即从中央银行获得的再贴现贷款的成本变化，引起准备金的增减，继而影响商业银行的放款和投资能力，最终导致货币供应量的变化。同时，随着货币供应量的变化，市场利率和货币需求也会相应变化。

2）再贴现政策对调整信贷结构有一定效果。中央银行通过再贴现政策不仅能够影响货币供给量的增减，而且还可以调整信贷结构，使之与产业政策相适应。其方法有两种：一是中央银行可以规定再贴现票据的种类，决定何种票据具有再贴现资格，从而

小贴士

（接上页）积极响应，更是基于贸易顺差、货币供应、超额储备率等数据继续高位运行的判断。

截至 10 月底，商业银行新增贷款总量超过去年全年的 1.1 倍。央行和中国银监会 11 月对商业银行进行窗口指导，严控放贷规模。专家认为，年末贸易顺差仍将维持高位运行格局。而且，由于受美国次贷危机、美联储降息和美国经济增速放缓影响，短期资本加速流入我国，央行被动投放的外汇占款也会随之增加。在贷款投放受限的背景下，商业银行超额储备率或有较大反弹，从而大大增强明年初投放信贷的能力。正是预见到这一点，央行提高准备金率，以预防明年初商业银行猛投贷款。

此外，中金公司首席经济学家哈继铭指出，2008 年年底财政支出规模较大，12 月或有8000 亿元的财政存款投放。央行选择（转下页）

（接上页）此时大幅提高存款准备金率，也是为了预防流动性反弹。下一步，央行可能会采取"组合拳"的形式，搭配使用市场化的数量型紧缩工具和贷款额度控制。法定存款准备金率还有进一步的上调空间，使用特别国债、央票进行对冲的力度也会比前期有所加大，货币供应增速会有一定的回落。由于此次数量型紧缩力度较大，2008年年底之前加息的可能性较小，明年加息空间会受到中美利差因素限制，紧缩政策可能会更多地依赖数量型工具和汇率。

影响商业银行等存款类金融机构的资金投向；二是对再贴现的票据实行差别再贴现率，如中央银行对再贴现的票据按国家政策进行分组，对各种票据制定不同的再贴现率，从而影响各种再贴现票据的再贴现数量，使货币供给结构符合中央银行的政策意图。

3）再贴现率的升降可产生货币政策变动方向和力度的宣示作用，从而影响商业银行等存款类金融机构和社会公众的预期。因为贴现率的变动会向全社会宣示中央银行的政策意图，它的提高表明中央银行采取紧缩的货币政策；反之，则表明中央银行将采用宽松的货币政策，从而通过人们的预期成本和利益的变化，调整对信用的需求，进而影响国民经济。

4）防止金融危机的发生和进一步蔓延。再贴现是中央银行作为最后贷款人发挥作用的主要形式。由于银行体系的固有特点，个别银行发生危机，很容易传递给其他经营正常的银行，造成金融恐慌和银行业危机。在发生银行危机时，再贴现是中央银行向银行系统提供准备金的一种特别有效的办法。通过该渠道，资金可以立即被送到急需资金的银行，从而发挥中央银行的最后贷款人的作用，防止金融危机的发生和蔓延。

（3）再贴现政策的优缺点

再贴现政策最大的优点是中央银行可利用其来履行最后贷款人的职责，并在一定程度上体现中央银行的政策意图，这样做既可以调节货币供给总量，又可以调节信贷结构。另外，再贴现政策通过改变再贴现率引导市场利率发生变化，符合市场经济的基本规律。因此，再贴现政策成为中央银行最早和最基本的调控手段，而且实践证明这项政策在大多数情况下是有效的。但它也存在一定的局限性，主要表现为以下几点。

1）从控制货币供给量来看，再贴现政策并不是一种理想的控制工具。首先，主动权并不完全在中央银行手里，中央银行难以控制经过贴现柜台所产生的货币数量；其次，因贴现率的变动而引起的贴现额的变动很难预测，由此而影响到货币数量的变动更难预测，从而影响了政策的效果。

2）再贴现政策缺乏弹性。一方面，再贴现率随时调整，通常会引起市场利率的经常性波动，这就会使企业或商业银行无所适从；另一方面，再贴现率不随时调整，又不利于中央银行灵活地调节货币供应量，因此，再贴现政策的弹性很小。

3）调整再贴现率的宣示效应是相对的，有时并不能准确反映中央银行货币政策的取向。如果市场利率相对于再贴现率上升，则再贴现贷款将增加，这时即使中央银行并无紧缩银根意图，但为了控制再贴现贷款规模和调节基础货币的结构,也会提高再贴现率以使其保持与市场利率联动,这可能被公众误认为是中央银行正在转向紧缩性货币政策的信号。这时,宣示效应传递的可能并非是中央银行的真实意图。

4)从对利率的影响看,调整再贴现率通常不能改变利率的结构,只能影响利率水平。即使影响利率水平,也必须具备两个假定条件:一是中央银行能随时准备按其规定的再贴现率自由提供贷款,以此来调整对商业银行的放款量;二是商业银行为了增加利润,愿意从中央银行借款,当市场利率高于再贴现率,而利差足以弥补承担风险和放款管理费用时,商业银行就向中央银行借款,然后再贷出去。当市场利率对于再贴现率的利差不足以弥补上述费用时,商业银行就从市场上收回放款,偿还其中对中央银行的借款。只有在这样的条件下,中央银行的再贴现率才能支配市场利率。

5)再贴现率政策受到银行对利率预期的影响。在银行对市场利率的预期与再贴现率出现反向变动时,再贴现率无论高低都无法限制或鼓励商业银行向中央银行再贴现或借款,如银行预期市场利率进一步提高,尽管再贴现率很低,银行也不会马上增加贷款。

由于再贴现政策存在上述不足,不少经济学家提出改革再贴现政策或甚至放弃再贴现政策。例如,货币学派的代表人物弗里德曼认为,再贴现率政策是一项在技术机制上无效的货币政策工具,而再贴现政策所拥有的一切效果,都可以通过公开市场业来取得,因此,可以放弃此项政策工具。进入 20 世纪 70 年代以来,随着再贴现率的变动对市场利率的影响变小,其货币政策工具的重要性已经退让给其他间接货币政策工具。在美国,目前的贴现业务已经演变成银行系统的安全阀门,而不是金融宏观调控的手段。因为,美国政府规定商业银行只有在没有其他资金来源的情况下,才能向中央银行贴现,而且再贴现资金不能用于营利的目的,从而再贴现政策的调控功能大为减弱,仅仅成为中央银行发挥最后贷款人角色的一项辅助性工具。

3. 公开市场业务

（1）公开市场业务的含义及模式

中央银行的公开市场业务起源很早,19 世纪初英格兰银行便把公开市场业务当作维持国库券价格的手段。以后,公开市场业务又被用来辅助"再贴现率政策"。而到了 20 世纪 30 年代以

想一想

1）在实行紧缩货币政策的时候,如何调节法定存款准备金率?

2）在实行扩张货币政策的时候,如何调节法定存款准备金率?

想一想

1）在实行紧缩货币政策的时候,如何调节中央银行的再贴现率?

2）在实行扩张货币政策的时候,如何调节中央银行的再贴现率?

后,才真正把公开市场业务当作控制和调整货币供应量的工具并开始广泛使用。1935 年,美国国会颁布银行条例,正式建立公开市场委员会,以协调和指导公开市场业务。目前,公开市场业务已经成为中央银行操纵金融市场、调节货币供应量、控制信用规模、干预本国经济活动的一种政策工具和执行货币政策的主要工具。

所谓公开市场业务,又称为公开市场政策或公开市场操作,是指中央银行在金融市场上买进或卖出有价证券,借以影响商业银行的准备金,调控信用规模和货币供应量,从而实现其货币政策目标的一种政策措施。是货币政策最有力的、最重要的工具。

根据中央银行在金融市场上买卖证券的差异,可分为广义的公开市场业务和狭义的公开市场业务。所谓广义的公开市场业务,是指在一些金融市场不发达的国家,政府公债和国库券的数量有限,中央银行除了买进或卖出政府公债之外,还买卖地方政府债券、政府担保的证券以及银行承兑汇票等,以达到调节信用和控制货币供应量的目的。所谓狭义的公开市场业务,是指在一些发达国家,政府公债和国库券的数量多,且流通的范围广泛,中央银行在公开市场上只需要买进或卖出政府公债和国库券,就可以达到调节信用、控制货币供给量的目的。

根据中央银行实施公开市场业务的目的,又可将公开市场业务分为主动性公开市场业务、防御性公开市场业务和混合性公开市场业务 3 种模式。主动性公开市场业务旨在改变准备金水平和基础货币;防御性公开市场业务则是为了抵消影响货币基数的其他因素的变动;混合性公开市场业务则是上述两个方面的目的都存在。公开市场业务无论是主动性、防御性还是混合性,都要达到影响货币供给的目的。若中央银行购入债券,基础货币供给增加,通过货币乘数放大作用,流通中的货币数倍增加;而当中央银行出售债券时,一部分货币就会退出流通领域,造成基础货币的减少,从而流通中的货币量数倍减少。

(2)公开市场业务的内容

公开市场业务主要包括以下 4 个方面。

1)确定买卖证券的品种和数量、制定操作的计划。通常,中央银行的公开市场业务以交易本国中央政府债券(俗称“金边债券”)为主。

2)决定操作方式的长期性和临时性。长期性的目的是保证存款类金融机构的流动性,临时性则是为了消除如季节性因素大量提现或存款突然增加,造成存款类金融机构流动性不足或过剩。

3）选取操作机构。中央银行公开市场业务操作往往是通过中介商进行的，选取中介商的标准是资金实力、业务规模和管理能力。

4）确定交易方式。交易方式主要有现券交易和回购交易两种。回购交易是指卖（买）方在卖出（买入）证券的同时，与买（卖）方约定在某个时间、按照某个价格、买入（卖出）相同数量的同品种证券的交易。卖出并约定将来买入的交易，称为正回购。买入并约定将来卖出的交易，称为逆回购。

（3）公开市场业务的作用

1）调控存款货币机构准备金和货币供给量。中央银行在金融市场上买入有价证券，实际上是向经济体系注入基础货币，增加存款货币机构的准备金，从而提高商业银行等存款货币机构创造信用的能力；相反，中央银行卖出各种证券，则是收回原已注入经济体系的基础货币，减少存款货币机构的准备金，从而削弱商业银行创造信用的能力。

2）影响利率水平和利率结构。中央银行在公开市场买卖证券使证券需求发生变化，首先引起证券价格和证券市场利率的变化；其次，引起存款类金融机构准备金数量的变化，通过乘数作用导致货币供应变化，也影响市场利率；再次，中央银行通过买卖不同期限的证券，也可以改变市场对不同期限证券的需求，使利率结构发生变化。

3）与再贴现政策配合使用，可以提高货币政策效果。当中央银行提高再贴现率时，如果商业银行持有较多超额准备金而不依赖中央银行贷款，使紧缩性货币政策难以奏效。此时，中央银行若以公开市场业务相配合，在金融市场卖出证券，商业银行的准备金必然减少，紧缩政策目标则得以实现。

4）降低货币流通量的波动幅度。假定其他条件不变，货币供应量决定货币流通量，但是，有时货币供应量的决定是被动的。第一，政府财政的收入和支出在季节上有高峰和低谷，在税收高峰期买入债券，增加市场资金；在财政支出高峰期，卖出债券，回笼资金，可以达到金融市场稳定的目的。第二，政府发行新债时，中央银行不能直接承购。但是，仍然可以通过买入旧债，向市场供应资金和压低市场利率，保证新债的顺利发行和降低政府发债的成本。第三，抵消因外汇流动引起的金融市场波动。在外汇流出多于流入时，应买入债券，增加货币供应；反之，则卖出债券，回笼货币。

想一想

政府在公开市场购入政府债券时，市场上的货币供应量是增加了还是减少了？

（4）公开市场业务发挥作用的条件

在西方国家，公开市场业务是中央银行管制信用、调节金融最有效的办法。但是，任何一种货币政策工具，要正常地发挥作用，都必须有适当的经济及金融环境。运用公开市场业务，并使其有效地发挥作用，至少应该具备以下条件。

1）中央银行必须具备强大的、足以干预和控制整个金融市场的资金实力，这是中央银行运用公开市场业务的重要前提。如果中央银行缺乏足以控制全国金融市场的资金实力，公开市场业务就不能正常发挥作用，相反会造成金融市场的紊乱。

2）中央银行对公开市场业务应具有弹性操纵权力。也就是说，政府对中央银行在金融市场上买卖证券的种类和数量，以及买卖的时间等，都不应有严格的限制，而应由中央银行根据客观经济需要和货币政策目标的要求来自行决定。

3）国内金融市场机制应完善。一方面，金融市场范围应具有全国性，这样才有利于信息的传递，全国金融市场的价格才趋于一致，中央银行在各金融中心所采取的金融措施才能迅速地影响到全国；另一方面，国内金融市场应具有完整的独立性，不受国际金融中心的制约，这样便于中央银行独立地执行货币政策，以免国际金融中心的行情波动抵消本国中央银行实行货币政策的效果。

4）金融市场上的证券种类和数量要适当。一方面，作为中央银行进行公开市场业务对象的证券种类，要长、中、短期各类齐备，以便中央银行根据所要实现的目标，作选择性的证券买卖；另一方面，市场上的主要证券，如国库券或政府公债，其数量应相当庞大，处于举足轻重的地位。这样中央银行就可以通过此类证券的买卖而控制和调节全国的信用状况。

5）信用制度要相当发达。第一，经济主体要有普遍使用支票等票据的习惯，这样中央银行的公开市场活动才能通过银行信用的方式奏效；第二，商业银行应重视存款准备金率，并根据存款准备金率的升降调整放款、贴现及投资的规模，这样中央银行的公开市场活动才能通过对商业银行存款准备金的影响而有效地发挥作用。

6）利率市场化程度要高。利率市场化程度高有利于增强公开市场业务传导的有效性。

综上所述，公开市场业务最大的不足是缺乏上述条件的国家不能有效地运用这一政策工具。此外，公开市场业务需要其他政策工具的配合。如果没有法定存款准备金制度，就不能通过改变商业银行的超额准备金来影响货币供应量。

（5）公开市场业务的优缺点

公开市场业务与法定存款准备金政策相比，具有弹性，可以随时进行操作；与再贴现政策相比，主动权完全掌握在中央银行手中，其效果比较确实可靠。由于具备这些优点，已经成为发达国家的主要政策工具。

1）公开市场业务的主要优点有以下几个方面：①公开市场业务的操作的时机、规模和方向以及实施的步骤相对灵活，可以比较准确地达到政策目标；②公开市场业务的主动权完全在于中央银行，操作规模的大小完全受中央银行控制；③中央银行可以通过公开市场业务，对货币供应量进行微调，而不像法定存款准备金政策那样，对货币供应量及经济产生震动性的影响；④因公开市场业务"宣示效应"较弱，不会引起社会公众对货币政策意向的误解，不存在经济主体的适应性调整问题，因而也不会造成经济运行的紊乱，即使中央银行出现政策失误，也可以及时进行修正；⑤中央银行可以运用公开市场业务，进行经常性、连续性的操作，具有较强的伸缩性，因而是中央银行进行日常调整的比较理想的工具；⑥公开市场业务具有很强的逆转性，一旦金融市场的情况发生变化，中央银行能够迅速地改变其操作方向，灵活地调节市场货币供应量。

2）公开市场业务存在的一定局限性，具体体现在以下几个方面：①公开市场业务较为细微，技术性较强，同时中央银行作为市场主体参与交易，因此，政策意图的宣示效应较弱；②公开市场业务要产生预期的效果，前提条件是必须有一个高度发达的金融市场，并且市场应具有相当的深度、广度和弹性。另外中央银行必须持有相当的库存证券才能开展业务；③国内外资本的流动、国际收支变化、金融机构与社会公众对经济前景的预期和行为以及货币流通速度的变化仍然可能抵消公开市场业务的作用；④中央银行在公开市场买卖债券时，商业银行的行动并不一定符合中央银行的意愿。例如，在经济萧条时期，尽管中央银行可以买进债券，扩张信用，促使利率下降，但信用需求并不会随利率下降而增长，因为经济萧条，借款风险增大，借款人一般不愿借款，这样，中央银行购进债券，不一定就能产生预期的信用扩张的效果；⑤公开市场操作受货币流通速度变化的影响。一般来说，在经济繁荣时期，货币流通速度加快，而在经济萧条时期，货币流通速度减慢。货币流通速度快慢的作用与货币供应量增减的作用可能是一致的，也可能是相悖的。因此，货币流通速度的变化，

美联储的公开市场业务

公开市场业务是指美国联邦储备银行（以下简称美联储）根据公开市场委员会的决定，通过设在纽约联邦储备银行的国内交易台，买卖美国政府债券，增加或减少货币供应量，维持一定的联邦基金利率。这里联邦基金利率是指包括商业银行在内的储蓄机构之间的隔夜拆借利率。实际操作中，联邦基金利率是采用各银行拆借利率的加权平均数。

美国联邦公开市场委员会根据宏观经济的运行情况，制定出一个目标性的联邦基准利率，作为美联储的基准利率，并随着宏观经济情况的变化而随时调整。一般情况下，提高联邦基准利率，意味着美联储将实施紧缩性的货币政策，减少货币供给，收紧银根，这样会使市场利率提高，贷款成本提高，投资利润减少，消费机会成本增加，从而有利于抑制通胀和经济过热。

公开市场委员会采取措施的主要依据是商业银行在（转下页）

也会影响到中央银行公开市场业务的效果。

（二）选择性货币政策工具

一般性货币政策工具侧重于从总量上对货币供应量和信贷规模进行调节，虽然总量操作能够影响银行体系的准备金数量和资金成本，但不能影响商业银行的资金投向和不同信用方式的资金成本。因此，中央银行在运用一般性货币政策工具进行总量调整的同时，还需要运用选择性货币政策工具进行结构调整，以弥补一般性政策工具的不足。

选择性货币政策工具主要包括消费者信用控制工具、证券市场信用控制工具、不动产信用控制工具和优惠利率等。

1. 消费者信用控制工具

消费者信用是由商业银行或企业提供给消费者的信用。商业银行提供给消费者的信用，采取的是消费贷款方式；企业提供给消费者的信用，一般则是采取提前支货、分期付款的方式。在西方国家，不论哪种形式的消费信用都是在消费者暂时没有足够的购买力购买商品时，对其提供信用以扩大商品销路的一种手段，这实际上是使消费者把未来的收入提前到当前来使用。这种消费者信用既可通过刺激消费者的需求，起到刺激生产的作用；又会加剧通货膨胀，造成虚假的社会需求。为了不使这种需求过大和通货膨胀加剧，中央银行对消费信用也要加以控制。

所谓消费者信用控制工具，是指中央银行对不动产以外的各种耐用消费品的销售融资予以控制的政策措施，其目的在于影响消费者对耐用消费品的需求。消费者信用控制工具的主要内容包括以下几个方面。

1）规定用分期付款等消费信贷购买耐用消费品时第一次付款的最低限额、如果提高首付限额，则会降低该类商品信贷的最高贷款额，同时也限制了那些缺乏现金支付首期付款的消费者。

2）规定用分期付款等消费信贷购买各种耐用消费品的借款的最长期限。如果缩短消费信贷的最长期限，则相应地提高了每期还款金额，限制了平均收入较低的消费者。

3）规定用分期付款等消费信贷方式购买的耐用消费品的种类。

4）在以分期付款等消费信贷方式购买耐用消费品时，对不同的耐用消费品规定不同的放款期限。

中央银行对消费者信用加以控制的最终目的是调控社会总

需求。而中央银行控制消费者信用的主要原因在于消费信用非常庞大，在一些特殊情况下，有可能成为影响宏观经济稳定的因素。耐用消费品需求具有随经济周期变动而变动的倾向，消费信贷的变动往往会加剧经济的周期性波动。在经济繁荣时期，消费信用大量增加，使消费需求上升，刺激经济过热；在经济衰退时期，消费信用大幅萎缩，消费者购买力下降，耐用消费品滞销，使经济更加萧条。一旦出现了这种情况，中央银行使用一般性货币政策工具就很难奏效，这时便可应用消费者信用控制工具。

一般来说，在需求过大和通货膨胀时，中央银行则要加强对消费信贷的控制，适当地消费者信用控制对于熨平由耐用消费品周期性需求所带来的经济波动具有重大作用，同时也有助于引导社会消费，改进资源配置效率。其办法是，提高首期付款的额度，缩短分期付款的期限。反之，在需求不足和经济衰退时，中央银行则要放宽对消费信贷的控制，以提高消费者对耐用消费品的购买力，促使经济回升。其办法是，降低首期付款的额度，适当延长分期付款的期限，以刺激消费量的增加，拉动经济增长。由于大部分消费信贷是直接或间接来自各金融机构，因而中央银行对消费者信用的控制，不但会影响企业的销售，而且直接对银行存款和货币数量的增减也有很大影响。

消费者信用控制工具实施的结果表明，消费者信用控制工具是中央银行控制货币供应量、控制信用规模、调节宏观经济的一个有效的辅助性工具，在消费信用过度使用和通货膨胀时期更是如此。总之，中央银行运用消费者信用控制工具，对于维护经济的稳定发展、平息经济的周期性波动等都有较大的作用。

2. 证券市场信用控制工具

有价证券是一种将资本投入企业或把资本贷给企业或国家，并能转让所有权或债权的证书。包括股票、公司债券、政府债券和不动产抵押证券等。

所谓证券市场信用控制工具，是指中央银行通过规定或调整法定保证金比率或证券抵押贷款保证金比率，对使用贷款进行有价证券交易的活动加以控制，以限制对证券市场的放款规模。

有效的证券市场信用控制工具对中央银行宏观调控是十分必要的。一方面，中央银行能控制证券市场的信贷资金的供求，平抑证券市场价格，防止过度投机，稳定金融市场；另一方面，中央银行通过这种限制增加其他资本市场的资金供给，调节信贷资金流向，使信贷资金得到最优化配置。除此之外，证券市场信

小常识

（接上页）
中央银行的存款情况。如果商业银行的存款总量接近或低于存款准备金限额，美联储就会适当放松银根。就具体操作来讲，美联储会经常使用回购协议进行短期货币投放，即在市场需要货币时，向证券经纪人购买证券，但在隔夜或经过特定时间后，按事先约定的价格把证券再卖回给卖主。为保证公开市场操作的顺利进行，美联储持有的政府证券一般都具有流动性较高的特点，短期国债所占的比重较大。公开市场业务是美联储最重要的、也是最经常使用的货币政策工具。

用控制工具直接、灵活的特点避免了对其他领域的负面影响。

最先实施证券市场信用控制工具的国家是美国。20世纪20年代,美国股票市场空前繁荣,美联储无力控制流入股票市场的信用数量,以股票担保的放款大量增加,促成股票价格的急剧上升。当时美国经济并未处于过度繁荣阶段,物价水平也比较稳定,如果贸然采取一般性信用控制措施收缩银根,则必然造成经济的萧条。果然,美联储于1929年9月,将再贴现率由1927年的3.5%提高到6%,结果使股票市场崩溃,陷入世界性经济大危机。在此之后,美联储检讨过去的得失,认识到如果没有其他的信用控制措施,只是运用一般性货币政策工具,在控制信用时,则有用力过猛的危险。于是,1934年美国制定了《证券交易法》,授权中央银行选择性地控制有价证券信用。根据这一法案,联邦储备当局设置了A、T、U、G等四条规则,实施法定保证金比率,加强对有价证券信用的控制,并且收到了缓和本国股价激烈变动和抑制证券投机的效果。

3. 不动产信用控制工具

不动产信用控制工具是指中央银行就金融机构对客户的新购买住房或商品用房贷款的限制措施。一般来讲,房地产及其他不动产的交易带有一定的投机性,并不完全是实际需求的反映。对不动产信用施以控制,实际上就是中央银行就商业银行对不动产的贷款额度和分期付款的期限等规定的限制性措施。

对不动产信用实施控制,由美联储最先采用,后来发展到其他国家。20世纪50年代,朝鲜战争开始后,根据所谓国防生产案,美国联邦储备当局制定了"x号规则"对不动产信用进行控制,并把这项措施作为朝鲜战争所需军费来源。美国之所以要对不动产信用加以控制,还有以下原因:①不动产,特别是房屋建筑业在美国的国民经济中,占有十分重要的地位,房屋支出约占民间总支出的三分之一;②不动产市场是一个很大的市场,如果控制了不动产市场,就可轻易控制其他市场;③不动产对货币政策相当敏感,只要信用情况稍加紧缩,房屋建设数据马上就会下降。反之,只要信用稍有放松,则房屋建设数据立即上升。

4. 优惠利率

优惠利率是指中央银行对国家拟重点发展的某些部门、行业和产品规定较低贷款利率,目的在于刺激这些部门及行业的生产,调动其生产积极性,以实现产业结构和产品结构的调整和优化。

优惠利率主要用于配合国民经济产业政策,对急需发展的基础产业,能源产业,新技术、新材料的生产实行贷款优惠利率,以提供资金方面的支持。

中央银行实行优惠利率政策有两种方式:一是中央银行对需要重点发展的部门、行业和产品制定较低的贷款利率,由商业银行具体执行;二是中央银行对这些行业和企业的票据规定较低的再贴现率,以引导商业银行的资金投向和规模。

(三)其他政策工具

1. 直接信用控制工具

直接信用控制工具是指中央银行以行政命令或其他方式对金融机构尤其是商业银行的信用活动进行直接控制,而不是通过市场供求关系或资产组合的调整进行调控。其手段包括利率上下限额、信用配额管理、流动性比率管理、直接干预、贷款的最高限额和特种存款等。

2. 间接信用控制工具

间接信用控制工具是指中央银行通过道义劝告或窗口指导的方式,对信用变动方向和重点实施间接指导。

（1）道义劝告

道义劝告是指中央银行利用其在金融体系中的特殊地位和声望,对商业银行及其他金融机构的业务活动提供指导、发表看法和提出某种劝告,以影响商业银行贷款数量和贷款方向,从而达到控制和调节信用的目的。如英格兰银行改变金融政策时,常侧重幕后劝告,邀请商业银行的负责人交换意见,取得各银行自愿合作。道义劝告之所以能够在现行的金融体制下得以实施,并使中央银行的政策、意图得以有效传达,关键在于中央银行的领导地位。中央银行的声望越高,地位越独立,道义劝告的作用也越明显。

道义劝告不具有强制性,不依靠法律赋予的特殊权力,而是根据货币政策的意向,对金融机构提出某种具体指导,使其领会意图,自愿合作。

（2）窗口指导

窗口指导是指中央银行根据产业情况、物价走势和金融市场动向,规定商业银行的贷款重点投向和贷款变动数量。

实行窗口指导的直接目的是调节银行信用总量,但并不对放款用途作质的限制。窗口指导曾一度是日本中央银行货币政策的主要工具,日本中央银行利用其在金融体系中的威望和日本金融机构对中央银行的较高依赖关系,与金融机构的频繁接触,指导其遵守中央银行提出的要求,从而达到控制信贷、调节货币供应量的目的。

第四节　中央银行金融监管

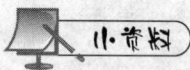

一、金融危机

(一) 金融危机概述

1. 金融危机的定义

金融危机是指与金融相关的危机,即金融资产、金融市场或金融机构的危机,如股灾、金融机构倒闭等。上述个案金融危机国内外时有发生。但在不同的国家或地区,如果个案危机处理不及时,很容易演变为系统性金融危机。2008 年美国次贷危机引发的全球性金融危机就是一个经典的例子。

2. 金融危机的分类

金融危机可以分为货币危机、债务危机、银行危机等类型。近年来的金融危机越来越呈现出某种混合形式的危机。

1) 货币危机又称国际收支危机,通常是指一国货币大幅度贬值或利率大幅上升的状况。典型的货币危机是,在国际游资攻击下,一国货币当局大量耗费外汇储备后放弃固定汇率,汇率在短期内急剧变化的情况,这种形式的货币危机又称货币崩溃。

2) 外国债务危机是指一国不能按期偿还对外债务(包括政府、公共部门和私人债务的利息和本金),被迫宣布暂缓偿债,并要求国际金融组织和国际性商业银行给予再融通的现象。

3) 银行危机是指实际或潜在的银行运行障碍或违约导致银行不能如期偿付债务,终止其负债的内部转换,或迫使政府提供大规模援助进行干预以阻止这种局势发生的情况。

无论是表现为货币危机还是表现为银行危机,金融危机通常都有共同的起因:经济失衡的积累或资产价格(包括汇率)定价的长期偏离均衡,其背景常常是在实体经济和金融部门中存在着扭曲和结构刚性。当市场参与者突然丧失对货币或银行体系的信心时,货币汇兑价格或资产价格就会突然发生矫正性的变化,进而引发外部融资和贷款的剧烈变动,原先隐藏起来的经济和金融弱点便暴露出来。然而,并非所有导致资产价格下降或特定经济部门财富发生损失的金融动荡都是"危机",真正的金融危机是那些对整个经济的支付机制和经济活动产生了破坏性影响的金融动荡。

(二)金融危机的形成原因

1. 自身恶化

以美国麻省理工学院教授克鲁格曼为代表的一些经济学家从分析东南亚金融危机入手,认为金融危机实质是危机发生国的经济结构不合理以及政府因采取了不适当的、甚至是错误的经济政策和金融制度而导致的宏观经济基础恶化的结果造成的。

克鲁格曼认为,东南亚金融危机的根本原因在于东南亚各国的宏观经济基础存在严重问题。主要表现在这些国家的经常项目逆差巨大、短期外债严重、信用膨胀过度、金融体系脆弱和金融监管软弱等方面。他提出了一个新的分析概念,叫作"经常项目逆差的可承受性",并由此出发,分析了东南亚各国宏观经济基础出现的问题,进而导致了经常项目逆差可承受性的动摇以致丧失,并最终导致金融危机。

克鲁格曼的分析无疑是有启示性的,他所指出的宏观经济基础问题,在发展中国家也普遍存在。这些问题的严重程度,在某些发展中国家(如印度、巴基斯坦),可能比在东南亚危机发生国还要严重得多,但危机却偏偏在事前被经济学家普遍看好的东南亚五国发生了。因此,从某种意义上说,克鲁格曼的自身恶化(国内根源)论,只能表明一个国家存在着爆发危机或者受危机波及的可能性,而不能说明其必然性,否则就无法解释其他发展中国家为什么没有发生这种危机或者没有在这个时候发生危机。所以,为了说明危机如何从可能性变成现实性,显然还需要考虑其他因素,而不能仅仅满足于克鲁格曼的自身恶化论。

2. 外部冲击

对东南亚金融危机爆发原因解释影响最大、传播最广的，还有美国经济学家萨克斯的外部冲击说，或称"金融恐慌论"。萨克斯分析了东南亚危机发生国的国内经济状况，但他没有发现克鲁格曼所说的现象，即东南亚各国在危机之前，其经常项目逆差的可承受性已经丧失。萨克斯还分析了东南亚危机发生前的国际经济和金融状况以及对东南亚五国的影响，但同样没有发现国际货币和实际经济的长期指标在危机发生之前有特别的恶化并引发了东南亚危机。在这样的情况下，萨克斯进一步分析了国际短期资本的流动，发现某些偶然的、尤其是心理的因素，会引发国际投资者突然的危机恐惧，造成其所说的"金融恐慌"。

金融恐慌的具体表现就是投资者突然从某一国家撤资。大量撤资所产生的对撤出国外汇储备的需求，导致了撤出国外汇市场的崩溃，造成了这个国家的货币和经济危机。毫无疑问，萨克斯所指出的金融恐慌在东南亚危机中，尤其是在危机的传播中，起着极其恶劣的作用。对于国际投资者心理突然发生变化，国际金融界突然恐慌起来，萨克斯的分析显然不够深刻。如果不把像东南亚金融危机这样规模的经济事件，视为偶然事件，就应当寻找事件的必然性基础，而不能仅仅停留在"金融恐慌"的层面土。

3. 金融创新工具的投机操作

金融创新使大量资金滞留于金融市场，这些金融资产表现为增值资本。金融资产价格变动会成倍放大实物经济的变动幅度，其中有相当的泡沫成分，大量资金进入金融市场，吹大泡沫并从中获利。由于具有高杠杆效应的金融衍生工具可以以小博大，逐步由套期保值手段异化为投机工具，促进了泡沫经济的形成。

金融创新通过加速推动国际资金投机活动而加大了国际金融市场的动荡和风险，造成国际金融市场的脆弱性。金融创新原本是为了规避市场风险和迎合市场需求而出现的，但是对一种风险的规避，往往造成另一种风险的暴露。同时，作为金融创新的重要组成部分的金融衍生产品，本身具有放大利润和风险的功能及特点，从而使金融市场上的风险大为增加。金融衍生产品过去作为对冲和套期保值的手段，在目前日益被当作投机和牟利的工具，成为通过对金融市场的预测赚取利润的投机手段，越来越多的投资者进入金融衍生产品市场进行投机，甚至一向保守经营的商业银行，由于其传统业务的利润率随着日益激烈的竞争而不断下降，也利用金融衍生工具进行自营买卖，以此作为其维持利润高增长的主要途径。

4. 虚拟资本膨胀

虚拟资本是指同实际资本相分离的、本身无价值却能够带来一定收益的各种资本凭证。"虚拟"一词恰当地揭示了证券的本质特征，证券可以作为商品来买卖，也可以作为资本来增值，但本身却没有价值。其所代表的实际资本已经投入生产领域或消费过程，而其自身却作为可以买卖的"金融资产"滞留在证券市场上。

有国外学者把世界经济财富的分布形态比作一个倒置的金字塔，塔尖是以实物存在的物质产品，其上面是真实的服务、商业和贸易，再在其上是债券、股票、商品期货等虚拟资本，最后在顶层是金融衍生产品，它们被看作是虚拟资本的虚拟资本。由于实物经济的增长相对缓慢，可以将经济中的虚拟部分称为虚拟经济，将虚拟经济的膨胀速度超过实际经济增长速度的现象称为经济的虚拟化。

5. 国际游资的投机

20 世纪 90 年代以来，随着金融工具日新月异、金融资产迅速膨胀、国际资本私人化以及大量的资金在国际间流通，国际资本日益显示出"游资"特征。据国际货币基金组织统计，1997 年，在国际金融市场上流动的短期银行贷款和其他短期证券至少有 7.2 万亿美元，相当于当年全球产出的 20%。另据美国联邦储备委员会估计，1997 年，仅在纽约、东京和伦敦的金融市场上，每天约有 6 500 亿美元的外汇交易，其中仅有 18%用来支付国际贸易和投资，另外 82%则用于国际金融投机。

顾名思义，游资是指尚未投入或约定投入确定的经济领域，处于游动状态的资本。说得更明白一点，国际游资就是为追求高额投机利润而在全球金融市场中频繁流动、积聚和炒作的短期资金。

20 世纪 90 年代以来，游资便成为国际金融市场上的一种常见的现象，并且随着金融全球化的飞速发展，表现出一些新的特征。首先，国际游资高速流动。在现代通信技术和电子计算机条件下，调动巨额资金只需打个电话或单击一下鼠标，资金即以每秒钟 30 万千米的速度移转，天文数字的交易瞬间就可完成。游资的这一特性，使其能够随时对任何瞬间出现的暴利空间或机会发动闪电式袭击。当管理当局发现时，游资早已撤离，留下的只是饱受重创的资本市场。其次，国际游资日益显示出"集体化"倾向。由于机构投资者迅速发展，今日的"游资"已不再是"散兵游勇"，而是名副其实的"强力集团"。最后，金融交易的杠杆化。利用金融衍生工具，运用"杠杆原理"，以较少的资金买卖数十倍乃至几十倍于其资金合约金额的金融商品，是游资惯常的投机做法。正是金融交易的杠杆化，使得一家金融机构的少量交易就可牵动整个国际金融市场。简言之，过去长期以"无政府"状态存在的游资现正被机构投资者"组织"起来，从而发挥了越来越大的威力。

虽然，游资在弥补短期资金不足、增强市场流动性等方面，一直发挥着不可替代的作用，但是，随着金融全球化的加深，特别是由于金融监管的国际合作未能跟上全球化的步伐，游资的危害性日趋显著。经济泡沫化、汇率无规则波动、货币政策失灵以及危机的传播扩散效应，是游资引发的主要不利后果。在股票、期货、房地产等极富投机性的市场上，巨额游资可以轻易地在较短时间内吹起金融泡沫，引发市场的暴涨暴跌。而且，这种狂热的投机活动还会很快由一地波及他地，或由一种投机对象（如股票）波及多种投机对象（如债券、期货、房地产等），引起市场连锁反应。国际游资的这种金钱游戏，可能将一国经济和金融形势的不稳定，迅速传递给所有有关国家。

（三）金融危机的防范与治理

金融危机作为灾难性事件，其产生的直接后果和间接后果是严重的，并且随着经济全球化进程，越来越具备金融危机滋生的条件，将成为今后世界经济生活中主要的危险。因此，各国包括国际经济组织都十分重视金融危机的研究，都采取了一系列措施以防患于未然。

1. 提高本国金融素质

（1）创造最优的制度环境，减少补贴和扭曲

创造最优的制度环境，首先要废除对从国外借款的税收优惠

和管理优惠,以取消对举借外债的明补。如果一国实行固定汇率制,就应尽量拉平利率的国内外差异,因为,在这种情况下,如果外币利率低于本币利率,国内投资者就得到明显的刺激去举借外币债务。相反,如果实行浮动汇率制,债务人在举借外债时将面临汇率风险从而减少举借额度。

(2) 降低安全保证

通常,世界各国的监管当局对本国金融机构提供诸如"最终贷款人"之类的"安全网"保证。在这种制度下,道德风险是不可避免的。如果不取消这些安全保证,就只能通过审慎的监管来消除(或限制)道德风险。传统的监管事实上体现的是与保险相类似的精神。最低资本充足率如同保险合同中的可取消条款,因为,即使银行存款是有保证的,也可能会损失资本,而最低资本充足率则保证银行有一定自有资本来履行其对客户的义务。准备金要求则如同保费,提高了银行提供贷款的私人成本。但是,即使审慎的金融监管当局具有相关信息并且能够完整、顺利地执行规定,提高资本充足标准以及存款准备金要求也仅仅能起到限制道德风险的作用。

(3) 外部性的内在化

以上所论的两项措施的主旨,均在于尽可能减少借取外币的利益。事实上,要创造良好的制度环境,还需要采取一些措施,鼓励债权人对海外贷款的风险进行监督。从经济学上分析,这些措施发挥作用的主要机制,在于将外部性内在化。外部性内在化的做法之一,是设法鼓励所有的债权人积极参加债务人的债务重组活动。东南亚金融危机后,有人主张在短期国际借贷合同中加入某种条款,要求所有的债权人均参加债务人的债务重组。这有助于防止债权人超额贷款,并会鼓励债权人努力去寻求信息,以了解单个债务人或其所在国的信用状况。当然,债权国会对跨国界的贷款提高信息披露要求,并实施严密的审慎监管。这种做法,可能会降低风险,但并不能消除这种风险。因此,相对于其他形式的风险来说,有必要提高导致短期货币风险积累的成本。

(4) 提高透明度

无论采取何种措施,其发挥作用的基本条件之一就是要掌握充分的信息。因此,东南亚金融危机之后,一个获得共识的看法是:在一切金融活动中,提供更多、更及时、更准确、更有效的资料和数据,以引导经济主体正确决策,使得监管者进行有效决策至关重要。但是,研究者们也普遍认识到,这种信息的收集、传播和使用，都要耗费大量成本，因此，在这方面，各国政府以及国际金融组织也只能是尽量做到。

2. 研究合理的汇率制度，维持合适的外汇储备

固定汇率制和浮动汇率制各有利弊，因此在实际运作中，世界各国总是根据自身条件选择合适的外汇体制。如果一国具有良好的经济环境和较强的宏观调控能力，则采取固定汇率制更有利于维持经济稳定。但是，对于那些经济实力较弱、政府调控手段有限的新兴市场国家来说，在开放资本市场的情况下要维持固定汇率制，汇率就经常会失去调节本国经济的功能。汇率的变动受货币对应国宏观经济的制约，与本国经济状况脱节。在这种情况下，当本币贬值时，实行货币对应汇率制的国家为保卫汇率，被迫入市干预，抛出外汇储备。而外汇储备总是有限的（即使一些外汇储备充足的国家，其外汇储备与国际投机资本总量相比也微乎其微），且任何一国都不可能因干预汇率而将其外汇储备全部耗尽。这样，投机者在有限的外汇储备的环境中必然冲击固定汇率制，最终迫使政府为拯救本国货币而放弃固定汇率制。这时，货币危机就开始了。

但是，如果允许汇率完全自由浮动，又会使得汇率风险增大，这不利于吸引长期投资。此种情况下，维持一定幅度的浮动汇率体制也许更可取，而且基准汇率宜选取一篮子实际有效汇率。如果能确保经常项目的基本平衡，这样的汇率体制将保证汇率的相对稳定，同时，政府干预外汇市场的压力要小得多。一国外汇储备规模的大小不仅仅要考虑到对外贸易量、资本流动状况（特别是资本流入的期限结构），还要考虑到本国居民国内资产可转换成外币资产的可能情况。发展中国家在遇到金融冲击时，国内资产外逃通常是加剧其金融动荡的一个重要因素。1994 年的墨西哥、1997 年的东南亚国家都发生了这种情况，因此，外汇储备量的确立需要考虑资产潜在外逃量的因素。

3. 加强金融监控与引导

如前所述，国际资本流动具有很大的盲目性，任其自由地流出、流入可能会给发展中国家带来严重的负面影响。因此，对于国际资本流动予以适当监控和政策引导十分必要。

4. 突出对衍生业务的监督

衍生市场发展对金融监管提出了新的挑战。传统的金融

监管是按照金融机构形式类别进行的，衍生市场的发展使得金融机构的业务综合化，因此，未来的监管机构的设置及有效监管的实施应由机构监管转向功能监管。由于银行对金融衍生产品市场的广泛介入，而这一市场的风险几乎每时每刻都在变化，监管者不可能及时跟踪银行的资产负债表，所以传统的通过察看资产负债表来实施监管的方法过时了。监管当局需要密切注视金融创新的影响，熟悉金融工程、金融衍生工具以及先进的金融概念和技术，以利用金融创新工具，提高宏观调控绩效。

5. 加强国际间的安全协作

随着经济全球化和金融一体化的进一步推进，金融危机和经济危机很容易从一国传递到他国，危机的扩散效应成为公众越来越关注的问题。所以，将传统的金融监管从国家监管推展到国际监管，加强国际监管合作，也逐渐被提上议事日程。

在现代开放的国际金融体系下，国际资本能以极快的速度和极大的规模在世界各地流动，金融衍生工具的广泛应用，倍增了国际投机资本的冲击力量。所有这些，都使得单个国家的政府和货币当局很难抵御国际投机资本的冲击，使得金融风险和金融危机成为一个国际性问题。因此，为对付金融冲击，各国需要在监管体制和措施上加强协作，如在资本流动的信息披露、会计制度等方面加强沟通，在财政政策和货币政策的实施方面加强协调，对投机性资本流动征税等。

目前，随着金融业的国际合作与交流日益密切，出现了许多国际性和区域性的金融监管组织，如巴塞尔银行监管委员会、西方七国首脑会议、国际证券委员会、国际保险监督委员会等。而且，世界各国金融监管当局和监管人员之间的国际合作范围在不断扩大，信息交流日趋频繁，加速了全球金融体系朝着平稳、健康的方向发展。同时，这些国际组织的一些监管意见和建议，对国际金融业的影响也越来越大。

从长远看，国家监管政策应该以各国中央银行有效协作为基础，而各国中央银行的协调又应以统一的国际监管框架为基础。即使目前不能对资本流动实施全球监管，国家监管也应逐步向区域内央行协调一致的、尊重国家经济主权的资本流动监管框架发展，这样才能使独立的国家监管政策成为区域监管政策的有机组成部分，并最大限度地降低爆发区域性金融危机的可能性。

二、金融监管的含义、范围和目的

20 世纪 30 年代初的经济大萧条引起严重的金融危机，使各国商业银行大量倒闭、经济生活动荡不安，给国民经济造成了巨大损失。这使各国中央银行认识到：商业银行不同于一般的经济实体，具有极其广泛深刻的渗透性和扩散性，其经营活动对国民经济影响极大，中央银行要实现经济增长、稳定物价等货币政策目标，就必须将商业银行的活动置于中央银行的监督管理之下。

（1）金融监管的含义

金融监管是指一国政府为实现宏观经济目标，依据法律、条例对全国各商业银行及其他金融机构的金融活动进行决策、计划、协调、监督的约束过程。

（2）金融监管的范围

金融监管的范围包括对金融机构市场准入、业务范围、市场退出等方面的强制性规定，对金融机构内部组织机构、风险管理和控制等方面的合规性要求。从各国现行金融法规的界定来看，金融监管的对象是依法设立的在境内或境外从事金融业活动，包括银行业、信托业、保险业、证券业等的金融机构。

（3）金融监管的目的

在现阶段，各国金融监管的目的是为了执行国家的金融法规和政策，维护金融体系安全、稳定地运行，调整金融业内部和各类金融机构之间的关系，保护货币所有者的利益。从而促进经济与社会的稳定发展。

三、金融监管的基本原则

世界各国中央银行在进行金融监管时遵守以下原则。

（1）依法监管原则

世界各国中央银行金融监管体制虽不尽相同，但在依法监管上却是相同的。依法监管体现在：一是所有金融机构都必须接受金融监管当局的监管，不能有例外；二是金融监管必须依法进行，以确保金融监管的权威性、严肃性、强制性和一贯性，以达到监管的有效性。

（2）适度竞争原则

适度竞争原则要求金融监管当局努力创造适度的竞争环境，形成和保持适度竞争的格局，避免造成金融高度垄断；同时要防止出现过度竞争、破坏性竞争从而危及金融业的安全和稳定。

（3）不干涉金融业内部管理原则

这一原则要求，只要金融业的活动符合金融法律、法规，并依法经营，中央银行就不应过多干涉。

（4）综合性管理原则

各国金融监管当局都比较注重综合使用行政的、经济的和法律的管理手段，以及运用各种不同管理方式和管理技术手段进行监管。

（5）安全稳健与经济效益相结合的原则

安全稳健虽然是监管的重要内容，但并不是金融业存在与发展的最终目的，也不是金融监管的最终目的。金融业发展和金融监管的最终目的是促进社会经济持续稳定的发展。要达到这一目标，金融业必须具有较好的经济效益。因此效益原则具有重要意义。

（6）金融监管机构一元化原则

金融监管的各级机构只有实行一元化、避免多元化，才能做到金融监管的原则、目的、体制、技术手段、管理口径和管理程度的统一，才能有效地实施监管。

四、金融监管的内容与方法

（一）金融监管的内容

世界各国金融监管的目的是为了维护金融业的安全和稳定，调整金融业内部和各类金融机构之间的关系，维护公众的利益，从而促进经济与社会的稳定发展。本着这样的目的，中央银行或货币管理当局对金融业普遍实施监管，其内容包括市场准入的监管、市场运作过程的监管和市场退出的监管3个方面。

1. 市场准入的监管

所有国家对银行等金融机构的监管都是从市场准入为起点的，都毫无例外地从开业前的审查、登记和注册开始。这项工作由各国的中央银行或金融管理当局进行，各国金融制度对此都有明确的规定。

2. 市场运作过程的监管

金融机构经批准开业后,中央银行还要对金融机构的运行过程进行有效监管,以便更好地实现监控目标的要求。监管一般从以下几个方面进行。

（1）资本充足率监管

对于商业银行的资本金,除注册时要求的最低标准外,一般还要求银行自有资本与资产总额、存款总额、负债总额以及风险投资之间保持适当的比例。银行在开展业务时要受自有资本的制约,不能脱离自有资本而任意扩大业务。在这方面,1988 年"巴塞尔协议"关于核心资本和附属资本与风险资产的 4% 和 8% 的比率规定,已经被世界各国普通接受,作为对银行监管中资本充足率的最重要和最基本的标准。2001 年 1 月的《新资本协议》草案第二稿,对资本充足率的计算进一步从风险防范的角度作了补充,并作为新协议的第一支柱。

（2）资产流动性监管

各国金融监管当局对银行的流动性同资本充足率一样重视,流动性监管既包括本币流动性,也包括外币流动性。有的国家对这两个指标分开管理,有的国家合在一起管理,统一规定一个标准。以考核银行资产负债期限和利率结构搭配是否合理为基础,对流动性进行系统的评价是流动性监管的趋势。

（3）业务范围的监管

金融机构的业务范围一般是有限制的。一些国家把商业银行业务与投资银行业务分开,并禁止商业银行认购股票;一些国家则限制银行对工商企业的直接投资:有的国家禁止在商业银行内把银行业务与非银行业务混在一起,但允许通过银行控股公司、附属机构等参与某些风险较大的非银行活动;有的国家允许银行经营非银行业务,但限制投资规模;有的国家允许受特殊管理的银行进行大范围的经营活动;有的国家对银行经营的业务种类很少施加限制。虽然我国采取的是分业经营分业监管的模式,但在加入世界贸易组织的条件下,采取何种标准来规范金融机构的业务范围,是今后一个很有必要进一步讨论的问题。

（4）货款风险的控制

追求最大限度的利润是商业银行经营的直接目的,商业银行把吸收的资金尽可能地用于贷款和投资,尽可能地集中投向盈

想一想

金融机构的流动性资产有哪些？

利高的方面。由于获利越多的投资，风险相对就越大，因而大多数国家的中央银行尽可能限制贷款投向的过度集中，通常限制一家银行对单个借款者提供过多的贷款，以分散风险。分散风险既是银行的经营战略，也是金融监管的重要内容。经验表明，在经济、金融环境不断变化的情况下，任何形式的风险集中都有可能使一家营运正常的银行步入险境。因此，如何对风险集中进行准确的估价和有效的控制，成为近年来备受关注的一个问题。我国银行业贷款风险较大，其中既有管理的因素，也有体制的因素，千方百计降低贷款风险，是金融监管讨论的核心问题之一。

（5）外汇风险管理

在外汇风险领域里，大多数国家对银行的国际收支的趋向很重视，并制定适当的国内管理制度，但管理制度有着显著的差别。美国、法国、加拿大等国对外汇的管制较松；而英国、日本、荷兰、瑞士等国对外汇的管制较严，如英格兰银行对所有在英国营业的银行的外汇头寸进行监护，要求任何币种的交易头寸净缺口数均不得超过资本基础的 10%，各币种的净空头数之和不得超过资本基础的 15%。对于外国银行分支机构，英格兰银行要求其总部及母国监管当局要对其外汇交易活动进行有效的控制；日本要求外币银行在每个营业日结束时，其外汇净头寸（包括即期和远期外汇）不得突破核准的限额；荷兰、瑞士对银行持有未保险的外币款项，要求增加相应的资本金等。我国的外汇管制偏严，应认真研究在经济全球化的条件下，既要控制外汇风险，又要与进一步开放相结合。

（6）准备金管理

金融监管必须考虑存款准备金因素。监管当局的主要任务是确保银行的存款准备金是在充分考虑谨慎经营和真实评价业务质量的基础上提取的。各国金融监管当局已经普遍认识到存款准备金政策和方法的统一是增强国际金融体系稳健性的一个重要因素，也有助于银行业在国际范围内的公平竞争。我国商业银行准备金率现在已经大幅度调低，但实际上商业银行缴存中央银行的准备金大多高于规定的标准，看上去有利于控制风险，实则有更深刻的原因。

（7）存款保险管理

为了维护存款者利益和金融业的稳健经营与安全，有些国家建立了存款保险制度。在金融体制中设立负责存款保险的机构，规定本国金融机构按吸收存款的一定比率向专门保险机构交纳保险金。当金融机构出现信用危机时，由存款保险机构向金融机构提供财务支援，或由存款保险机构直接向存款者支付部分或全部存款，以维护正常的金融秩序。有关存款保险制度，我国尚处于研讨阶段，但可以预见，在不久的将来中国在这方面必将有所突破。

3. 市场退出的监管

金融机构市场退出的原因和方式可以分为主动退出与被动退出两类。主动退出是指金融机构因分立、合并或者出现公司章程规定的事由需要解散，因此退出市场，其主要特点是"主动地自行要求解散"。被动退出则是指由于法定的理由，如由法院宣布破产或出现严重违规、资不抵债等原因，中央银行将金融机构依法关闭，取消其经营金融业务的资格，金融机构因此而退出市场。

各国对金融机构市场退出的监管都通过法律予以明确，并且有很细致的技术性规定。

（二）金融监管的方法

从操作的角度看，金融监管的一般方法通常有以下几种。

（1）事先检查筛选法

事先检查筛选法，主要是指金融机构建立之前的严格审查和注册登记。在各类金融机构建立之前，金融管理当局一般都要对拟建机构的地址、规模、股东人数、资本金、经营管理水平、竞争力和未来收益等，进行严格的审查。这样做的目的是从总体上减少金融风险，消除金融业经营管理中的潜在隐患。

（2）定期报告和信息披露制度

世界各国金融管理当局通常都依法规定金融机构实行定期报告制度。这些报告提供金融管理当局所需的各种资料，通常用趋势分析和比较分析两种方法，查找出金融机构经营管理工作中存在的问题。

（3）现场检查法

现场检查法是由中央银行派出检查小组到各金融机构实地检查。主要检查资本充足状况、资产质量、管理质量、收入和盈利状况、清偿能力等，以此作出全面评价。在检查过程中，检查小组要判断银行活动是否安全、合法；检查银行每项活动的政策、做法和程序；判断银行内部管理的情况；评价贷款、投资以及其他资产的质量；检查存款与其他负债构成，判断银行资本是否充足；评估管理机构的能力和胜任程度等。

（4）自我监督管理法

自我监督管理法强调金融机构根据法律自我约束、自我管理，在自觉的基础上实现自我监管。这种方法是外部监管的补充。两种办法相互配合，可以减少中央银行直接管理的工作量，并提高外部监管的效果。当然，这种方法不能单独使用，否则会使金融监管流于形式。

（5）内、外部稽核结合法

稽核是一种监督检查的系统方法。世界上很多国家的公司法要求公司或企业定期接受国家注册会计师对其账目报表进行审查。内部稽核是企业或银行自己进行的审查与核对。稽查师是企业或银行聘请的，向股东大会负责，审计重点是银行的盈利状况，而不是银行监管当局关注的风险与安全。建立外部正式或非正式的稽核制度以及内部与外部稽核制度的协调关系是十分必要的。目前，各国一般采取外部稽核和内部稽核相结合，以及国家金融监管当局稽核部门，对各类金融机构实行的强制性稽核与社会独立稽核机构实行的非强制性稽核相结合的办法。

（6）发现问题及时处理法

当银行或其他金融机构的业务经营活动违反金融法律时，中央银行通过采取相应的措施，督促金融机构纠正偏差。如果银行或其他金融机构行为迟缓，或拒绝改正，中央银行可采取措施，限期解决，甚至采取果断措施，迫使金融机构解决问题。中央银行这样做，既树立了其权威形象，又保证了金融监管的实际作用。

（7）紧急援助和制裁手段

紧急援助和制裁手段又称为抢救行为。当金融机构出现安全问题时，金融监管当局通常采取一些紧急措施，实施紧急援助。

1）紧急援助措施包括：①直接贷款，中央银行以最后贷款人的身份给商业银行提供贷款以缓解其支付危机；②组织大银行援救小银行，小银行往往容易出现安全问题，中央银行出面或联合几家大银行集资援助，或者安排大银行向小银行提供贷款，或者按一定条件让大银行兼并小银行；③存款保险机构出面提供资金，以帮助有问题的银行渡过难关；④政府出面援助，政府把陷入危机的银行收归国有，全部债务由政府清偿。

2）金融机构违背国家有关政策、法律或在经营活动中存在重大问题，监管当局应提出改进意见，甚至发出命令，明确指出金融机构必须做什么或立即停止做什么。对不遵从命令或拒绝改正的，中央银行要采取一定的制裁措施。制裁措施包括：①给予经济惩罚，如实行惩罚性利息或直接罚款等；②停止对其贷款和贴现；③建议撤销某些高级管理人员；④撤销该行存款保险公司的保险权，降低其社会信誉；⑤提出诉讼，交法院审理，迫使其倒闭等。

第五节　金融监管体制

想一想

我国为何要设立中国银行业监督管理委员会？

1）中央银行监管存在损害货币政策的"道德风险"：为掩盖问题可能会不恰当地运用"再贴现"等政策手段。

2）中央银行监管使货币政策和金融监管同步震荡（往往是"双紧或双松"），从而不利于金融稳定。

3）中央银行监管使其宏观性的货币政策决策难免受制于微观的金融监管操作。

一、金融监管体制概述

金融监管体制是指金融监管体系和基本制度的总称。金融监管体制实质上就是由谁来监管，由什么机构来监管和按照什么样的组织结构进行监管。从目前的发展趋势来看，金融机构的混业经营将成为大势所趋。

二、金融监管当局

金融监管当局是指依法对金融业实施监督与管理的政府机构，即监管主体。金融当局目前呈现以下趋势及特点：

1）监管主体的演变趋势力中央银行→中央银行、专业监管机构→统一监管机构。

2）包括中央银行在内的"专业"机构实施分业监管，仍是主流。

3）中央银行的监管由机构性监管自功能性监管、微观监管向宏观监管转变。

三、金融监管体制的划分

1. 按监管机构的设立原则划分

（1）机构型监管体制

按照被金融机构的类型设立监管机构，不同的监管机构负责者监管各自领域的金融机构，互不交叉（见图7-1）。

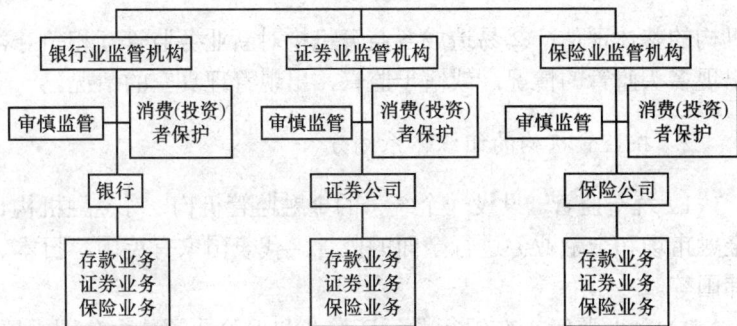

图 7-1　机构型监管体制

1）机构型监管体制特点有以下几点，①监管高度专业化；②体现了专业监管思想，易全面了解被监管者的整体状况；③避免多头监管。

2）需要各金融机构界限清晰，运用于分业经营。否则，在金融机构混业经营条件下，监管会造成以下可能的不良后果：①有损于公平竞争原则，对同一业务，不同机构监管力度不一；②金融机构可进行监管"套利"，倾向于将某一类业务转向受管制最小的领域；③金融资源浪费，每个监管机构均要制定面向同一行业的规则条例。

（2）功能监管体制

基于金融机构的基本功能而设立监管机构，凡是同一业务活动，不管由哪一金融机构来做，均归一个监管机构监管（见图 7-2）。

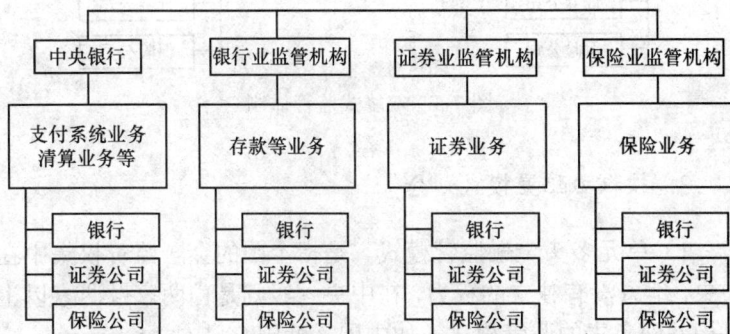

图 7-2　功能型临管体制

1）功能型监管体制特点有以下几点：①分散于不同金融机构的同一业务由同一机构监管；②节约监管资源；③某一金融机构面临多头监管。

2）功能型监管体制适用于混业经营条件下。在这种监管体制下，可能有以下不良后果：①监管当局不能形成对某一个金融机构的整体评估；②易造成各监管机构对新业务监管互相争夺，出现多头监管的情况，或懈于监管，出现管理真空的情况。

2. 按监管机构的组织体系划分

1）统一监管。只设一个统一的金融监管机构，对金融机构、金融市场和金融业务进行全面的监管。代表国家有英国、日本、韩国等。

2）分业监管。在银行业、证券业和保险业领域内分别设置独立的监管机构，专门负责本领域的监管。代表国家有中国。

3）不完全集中监管，介于前两种之间。①牵头式监管体制，在分业监管机构之上设置牵头监管机构，负责不同监管机构之间的协调工作，典型国家是巴西；②双峰式监管体制，依据金融监管目标设置两类监管机构，一类机构专门对金融机构和金融市场进行审慎监管，以控制金融业的系统风险，另一类机构专门对金融机构进行合规性管理和保护消费者利益的管理。双峰式监管体制如图 7-3 所示。

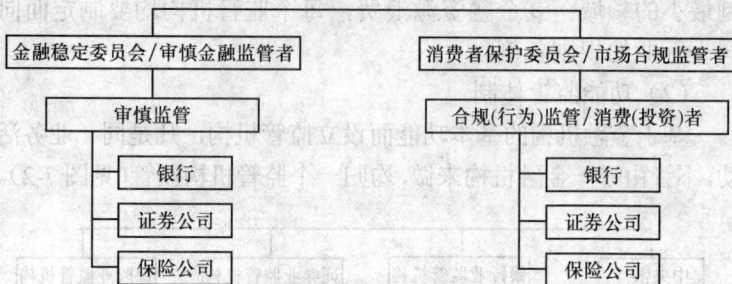

图 7-3　双峰式监管体制

3. 按权力配置模式划分

1）单元多头金融监管模式。是指全国的金融监管权集中在中央，地方没有独立的权力，在中央一级则是由两家及两家以上机构共同负责的监管模式。如中国、韩国、日本。

2）双元多头金融监管模式。是指中央和地方都对金融机构有监管权，同时每一级又有若干机构共同行使监管职能。联邦制国家一般多采用此模式。如美国、加拿大。

3）集中单一监管模式。是指一家机构对金融机构进行集中监管，通常是中央银行或其他专门机构。如英国、埃及、印度、巴西等。

4）跨国金融监管模式。是指在经济合作区域内，对区域内的金融机构实行统一的监管，监管机构是跨国的中央银行。如西非货币联盟、中非货币联盟、欧洲中央银行。

四、金融监管体制的变迁

1. 基于金融经营体制的监管体制变迁

（1）经营体制

经营体制经历了"混业—分业—混业"的过程。

（2）经营体制对监管体制的影响

1）经营体制决定于当局的意愿选择。金融机构是混业经营还是分业经营，是由政府决定的。若无政府管制，就金融机构本身而言，多元化的混业经营会是其主要的选择。

2）为了实现当局所认定的经营体制，金融监管体制构建时遵循"分业（混业）经营：分业（混业）管理"的原则，当然并非严格对应。

3）基于经营体制的变迁，金融监管体制经历了"集中统一—分业监管—集中统一"的变化过程。

2. 基于全球化的金融监管体制变迁

国内的集中监管—国际间的联合监管（如《巴塞尔协议》监管框架）。

五、西方国家的金融监管体制

1. 美国的监管体制

（1）银行业的监管体制

1）监管当局：中央和地方均有专门监管机构。

2）监管权力的分配：①商业银行的监管：联邦与州均有审批设立权及后续的监管权。如果是联邦审批的，同时必然是美联储的会员行，也必须加入联邦存款保险制度；州批设的，可自愿选择加入美联储，但必须加入联邦存款保险制度。因此，美联储、货币监理局、联邦存款保险公司对联邦批设的银行行使多头监管；州监管机构、联邦存款保险公司对州银行进行监管。若会员银行，美联储也有监管权；②储蓄机构的管理：联邦与州分享权力，如联邦批设的，由联邦储蓄管理机构及联邦存款保险公司管；如州批的，还另加州立监管机构的管理；③金融控股公司的管理：实行以美联储牵头的"伞形管理"，美联储负责对控股公司的总体监管，但控股公司下属的子公司，由不同的专业机构进行监管。

（2）证券期货的监管体制

联邦级专业监管机构与银行监管机构（如美联储、货币监理局等——混业经营后介入）进行交叉监管，州无监管权。

两个专业监管机构分别是证券交易委员会和商品期货交易委员会。

（3）保险业的监管

由州的监管机构负责，联邦不介入。

（4）美国监管体制的特点

1）双线多头的监管体制。

2）注重量化的监管方法，如"骆驼评级制度"（即 Camles）。

3）对金融控股（集团）公司的伞形监管。

2. 英国的监管体制

（1）旧的监管体制

英国在 1997 年之前，金融监管权由包括英格兰银行在内的 9 家机构分享，实行分业管理的体制。

（2）集中统一的金融监管体制

所有金融监管事宜均由金融服务局这一中央级机构执行，地方无监管权。

（3）英国监管体制的特点

1）高度集中统一模式，全国只有一家中央层次上的监管机构——金融服务局。

2）金融监管的技术和理念向美国靠拢，即开始注重强制性及数量化管理。

3）大小金融机构区别监管。

3. 英美监管体制的比较

美国的监管体制属于不完全集中监管体制，英国的监管体制则是高度集中统一的监管体制。

（1）英国体制的优缺点

1）优势在于：①有利于对金融机构（集团）行为及经营风险的综合审视与把握；②增强市场敏感度，避免金融监管真空；③有规模和范围经济，降低监管成本；④有利于国际间的监管协调。

2）英国的监管体制的不足主要在于：权力垄断，易形成官僚主义，降低监管效率。

（2）美国监管体制的优缺点

1）美国的监管体制的优点在于，对金融控股公司的"伞形监管"模式，将分业监管和统一监管有机融合，避免了走极端；双元多头监管，带来多角度、竞争性的监管机制。

2）美国的监管体制的缺点主要是重复监管不可避免，容易扯皮。

六、我国金融监管体制的发展演变

1. 我国金融经营模式的变迁

1）1980～1993 年，我国的金融经营模式为混业经营，银行、证券、保险、信托交叉经营。国有银行信贷资金通过下属公司流向证券业、房地产业、期货业等领域。最后以国家对 20 世纪 90 年代初的金融混乱秩序清理整顿而告终。

2）1994 年后，现行分业经营体制的形成。在总结经验教训的基础上，国家通过立法途径确立了分业经营的框架，要求银行与所办公司脱钩，如《商业银行法》对银行业务作出了明确规定。

3）1999 年后分业经营体制开始松动。

2. 金融监管体制的变迁

1）1992 年之前，由中国人民银行集中监管。这是因为在 1992 年之前，我国非银行金融机构的规模非常小。

2）1992 年之后，国家率先对证券业实行分业监管。一方面，专业性强的公开发行上市、交易制度需要专门的监管机构；另一方面，是金融分业经营体制逐步形成的必然要求。

3. 关于我国监管体制的进一步探讨

在金融经营体制上，与世界接轨是必然。因此放松金融机构的经营范围管制，逐步实现混业经营，将是未来的趋势。

适应混业经营趋势，建立牵头监管机制，或是基于金融控股公司（我国已有）基础上的"伞形监管"是一种较好的选择。

小资料

中国金融监管体制的形成与发展

1983 年，国务院决定中国人民银行专门行使中央银行职能，由此，在我国初步建立了中央银行制度。

1993 年《国务院关于金融体制改革的决定》明确了将中国人民银行办成真正的中央银行，以及国有专业银行向国有商业银行转变的改革方向。

1992 年，中国证券监督管理委员会（简称为中国证监会）成立，专门负责对证券业的监管。1995 年 5 月《中华人民共和国商业银行法》和《中华人民共和国保险法》的颁布实施，从法律上明确了分业经营、分业监管的体制。1988 年，中国保险监督管理委员会（简称为中国保监会）成立，专门负责对保险业的监管；同时中国人民银行将对证券业和对保险业的监管职责分别移交给了证监会和保监会。2003 年中国银行监督管理委员会正式组建（简称中国银监会），接管了中国人民银行的银行监管职能，由此我国正式确立了分业经营、（转下页）

（接上页）分业监管、三会分工的金融监管体制。中国保险监督管理证委员会根据国务院授权履行行政管理职能，依照法律、法规统一监督管理保险市场。其主要任务是：拟定有关商业保险的政策法规和行业规则；依法对保险业的经营活动进行监督管理和业务指导；依法查处保险企业违法违规行为，保护被保险人的利益；维护保险市场秩序，培育和发展保险市场；完善保险市场体系，推进保险改革，促进保险业公平竞争；建立保险业的风险估价和预警系统，防范和化解保险业风险，促进保险的稳健经营和业务的健康发展。

中国证监会的职能为拟定证券市场政策法规，制定规章制度，监管证券、期货交易所、上市公司及各类中介机构；查处违法违规案件；负责证券期货行业的涉外活动。中国银监会的法定任务是负责对全国银行业金融机构及其业务活动实施监督管理。范围包括银行、金融资产管理公司、信托投资公司及其他存款类金融机构。但是，随着金融全球化、自由化和金融创新的迅猛发展，现行金融监管体制面临混业经营、外资金（转下页）

思考题

1. 简述中央银行发展的 3 个阶段。
2. 中央银行的特点有哪些？
3. 简述中央银行的职能。
4. 简述中央银行的监管范围。

案例分析

英国巴林银行事件的启示

一、案例内容

1995 年 2 月 27 日，英国中央银行突然宣布：巴林银行不得继续从事交易活动并将申请资产清理。这个消息举世震惊，因为这意味着具有 233 年历史、在全球范围内掌管 270 多亿英镑的英国巴林银行宣告破产。具有悠久历史的巴林银行曾创造了无数骄人的业绩，其雄厚的资产实力使其在世界证券史上具有特殊的地位。可以这样说，巴林银行是金融市场上的一座辉煌的"金字塔"。

那么，这座金字塔为何顷刻倒塌了呢？究其原因还得从 1995 年说起，当时担任巴林银行新加坡期货公司执行经理的里森，同时一人身兼首席交易员和清算主管两职。有一次，他手下的一个交易员，因操作失误亏损了 6 万英镑，里森知道后，害怕事情暴露影响他的前程，便决定动用 88888 "错误账户"。所谓的"错误账户"，是指银行对代理客户交易过程中可能发生的经纪业务错误进行核算的账户（作备用）。以后，他为了私利一再动用"错误账户"，创造银行账户上显示的均是盈利交易。随着时间的推移，备用账户使用后的恶性循环使公司的损失越来越大。此时的里森为了挽回损失，竟不惜最后一搏。在日本阪神大地震之后，多头建仓，最后造成损失超过 10 亿美元。这笔数字，相当于巴林银行全部资本及储备金的 1.2 倍。233 年历史的老店就这样顷刻瓦解了，最后只得被荷兰某集团以一英镑的价格象征性地收购了。

年仅 28 岁的交易员尼克·里森将已有 233 年历史的英国巴林银行弄得破产倒闭，可谓巨石激起滔天浪，一时间各方争相报道巴林事件。尼克·里森也由此成为了举世皆知的人物，跻身于各大报纸杂志的头版。当然，无数的假设与理性分析判断也纷至沓来，大量的猜测与结论令人眼花缭乱。

二、案例评析

经过分析，巴林银行事件发生的直接原因是内部管理制度和体系存在问题。巴林银行事件发生后不久，新加坡财政部发出了英国普华会计师事务所起草的一份巴林银行事件的调查报告，基本结论为，巴林银行事件的主要原因是银行内部管理存在严重的缺陷，而其内含的推理是，如果加强了内部的监督管理，巴林银行事件是完全可以避免的。

从已掌握的资料来看，巴林银行倒闭确实应归罪于内部管理制度和体系不严格。尼克·里森集市场交易与资金安排权力于一身，如果尼克·里森只是交易员，而没有资金安排权，即使他有着交易的兴趣和动力，但没有足够的资金作保证，而且就是尼克·里森赔光了一个交易员权限内的所有资金，也不至于葬送一家实力雄厚的大投资银行。

巴林银行事件出现的另一个原因是金融监管系统存在着明显的漏洞。一个银行分行的交易员可以毫无阻碍地葬送一家银行，足以说明中央银行的监管作用十分软弱无力。

巴林银行事件的产生的根本原因是"金融衍生产品"的性质。"金融衍生产品"是以"虚拟资本"为衍生基础的，如股票指数的期货和期权，其依赖的基础是股票运行的轨迹。这种衍生产品源于基础金融投资工具，如股票、外汇、利率等。巴林银行事件涉及的投资对象就是金融衍生产品，与基础金融工具相比，金融衍生产品具有更加远离现实社会生产与流通的特征，也就是具有更大的投机的特征。本来，股票等基础金融投资工具，尽管与现实的社会生产和流通相关，代表着现实的资本，但是不是真实资本。在货币投资以股票等为投资对象时，就已经有了巨大的投机可能性。历史上已经有过的股票市场的危机与动荡，无不与股票等金融投资工具的巨大投机性有关。在这种金融工具基础上衍生而来的"金融衍生产品"，与现实的社会生产和流通没有了任何关系，其作为投资或投机的对象完全是人为创造出来的。在这里，金融衍生产品的投资，便是完全无疑的赌博。既然是赌博，就可能赢得痛快，也可能输得惨痛。而任何一家现代的投资银行，真实地进行投资业务得到的收益，总是不如巧妙、运气地得到投机的收益来得迅速和巨大，强烈的短期巨大盈利目标，使得铤而走险的投机意识渗透于投资银行的管理层与操作层，形成了具有理性的投资银行的内在规定。

（接上页）融机构的涌入等方面对我国现行的金融监管体制的挑战。

"金融衍生产品"满足了投资银行的"本能性"需要。金融衍生产品可能给投资者带来丰厚的收益,但也同时更可能给投资者带来巨大的投资风险或损失。金融风险是指经济活动中由资金筹措和运用所产生的风险,即由不确定性引起的在资金筹措中形成损失的可能性。任何一种投资都会有风险,金融衍生产品的风险尤其大。金融衍生产品的风险可以由其收益的不可预测的波动性来定义,而不管收益波动采取什么样的形式,导致什么样的后果。资本理论中说较高"期望值"的资本一般有较大的"方差"。这其实是对直觉或长期观察结果的一种理论概括和数学表达,因为其所说明的不过就是"收益较高的资产风险也较大"这样一个常识性的道理。

美国著名的经济分析家拉鲁什和 EIR 认为,当今世界金融体系是一种"金字塔"结构,他们对世界金融体系这种"金字塔"结构及其命运进行了剖析。他们认为,当今世界经济巨大的金融财富价值,其形式上是一个倒置的"金字塔"。在"金字塔"的底层是实际的物质产品;在其上是商品和真实的服务商业贸易;再在其上,有复杂的和名义的债务、股票、通货、商品期货等的结构;最后在其顶层是衍生期货以及其他纯粹的虚拟资本。20世纪 70 年代以来,以金融衍生工具形式出现的虚拟资本的增长与实际资本的增长之间的差距日益拉大,这种金融体系是十分危险的,也是产生世界金融危机的根源。

风险意识是靠市场经济发展、市场竞争的展开和市场交易的活跃本身来培育和发展。在长期的计划经济体制下,市场经济不发达,与此相适应风险意识比较淡薄,防范金融风险的意识和经验都很不足。巴林事件应给我国金融机构敲响警钟。

三、案例思考

1)巴林银行事件对我国的启示是什么?

2)你对巴林银行倒闭这一事件有什么不同的看法?

第 八 章

货币供求与经济

本章导读

人们在日常经济生活中都离不开货币资金的运动，货币在现代经济中发挥着越来越重要的作用。本章具体介绍货币的供给、需求，通货膨胀与通货紧缩等知识。

本章引例

1993～1994 年，我国出现了新中国成立以来罕见的经济"过热"，两年零售物价指数上涨分别高达 13.2%和 21.7%。此后，国家采取了多项措施治理物价上涨，1997 年，我国经济"过热"现象得到有效的缓解。但是从 1997 年第四季度起，物价开始持续负增长，到 1999 年 8 月我国商品零售价格指数持续 23 个月负增长，与此同时，经济增长持续下降，有效需求严重不足，失业率明显上升。

试问:1)1993～1994 年的物价上涨是什么经济现象？从货币供求角度来看，这种经济现象的表现是什么？

2）1997 年之后，我国商品零售价格指数持续负增长是什么经济现象？

关 键 词

货币供给 货币需求 基础货币 通货膨胀 通货紧缩

解析

1993～1994 年的物价上涨是通货膨胀现象，从货币供求角度来看，通货膨胀现象表现为货币供给大于货币需求，即流通中的货币量大于实际的货币需要量。1997 年之后，我国商品零售价格指数持续负增长是通货紧缩现象。

第一节 货币供给

货币供应又称货币供给，是指某一国家或货币区的银行系统向社会经济体中投放、创造、扩张（收缩）货币的金融过程。在市场经济条件下，金融机构的宏观调控作用日益明显，那么中央银行在行使货币政策时首先考虑的是货币供应量的增长必须与经济的增长相适应，以促进国民经济持续、快速、健康发展。其中的货币供应量是指一个经济实体在某一时点流通中的货币总量。货币供给的主要内容包括货币层次的划分、基础货币与基础货币乘数、货币供应量的创造过程等。

一、货币层次

人们都知道，手中的现金、银行存款、各种有价证券都属于货币的范畴，都能转化成现实的购买力，但它们的流动性和货币性是不同的。例如，现金和活期存款随时可以转化成现实的购买力，是直接的支付手段和购买手段，是货币性和流动性最强的货币。而储蓄存款一般需要转化成现金才能用于购买，定期存款到期才能用于支付，他们的流动性较差。票据、债券和股票等有价证券必须在金融市场上出售之后，还原成现金或活期存款后才能转化成现实的购买力。由此可见，各种货币转化为现实购买力的能力是不同的，从而对商品流通和经济活动的影响也就不同。所以，有必要将这些货币的形式做出科学的分类，以便更好地认识货币，更有助于中央银行实施货币的宏观管理职能。

通常情况下，各国按货币的流动性将货币划分为不同的层次，货币层次在货币的度量和管理等方面起到重要的作用。由于各国国情不同，对货币层次的划分范围也就不一致。

1. 国际货币基金组织对货币供给层次的定义

国际货币基金组织（IMF）划分货币层次的口径有 3 个，即 M_0、M_1 和 M_2，分别代表通货、货币和准货币。

M_0＝通货（指流通于银行体系以外的现钞和铸币，不包括商业银行的业务库存现钞和铸币）

$$M_1 = M_0 + 私人部门的活期存款$$
$$M_2 = M_1 + 储蓄存款 + 定期存款 + 政府债券（国库券）$$

2. 美国现行货币供给各层次的定义

$$M_1 = 通货 + 活期存款 + 旅行支票 + 其他支票的存款$$
$$M_2 = M_1 + 小额定期存款 + 储蓄存款和货币市场存款账户 +$$
$$货币市场互助基金份额（非机构所有） +$$
$$隔日回购协议 + 欧洲美元 + 货币市场相互基金$$
$$M_3 = M_2 + 大额定期存款 + 中期回购协议$$
$$L = M_3 + 其他短期流动资产$$

美国中央银行调控货币供给量主要是调控 M_3。

3. 英国英格兰银行公布的货币供给层次

英国英格兰银行公布的货币供给口径以频繁调整为特点。下面是 1991 年所采取的口径，其中没有 M_1 和 M_3。

$$M_0 = 英格兰银行发出钞票和硬币 + 储备存款$$
$$M_2 = 私人部门通货 + 无息存款 + 小额英镑存款$$
$$M_4 = M_2 前两项 + 私人部门有息存款 + 定期存款 +$$
$$持有建房协会的股份和存款$$
$$M_{4c} = M_4 + 在银行和建房互助协会外币存款$$
$$M_5 = M_4 + 金融债券 + 国库券 + 地方当局存款 +$$
$$纳税存单 + 国民储蓄$$

4. 我国对货币供给层次的划分

我国基本按照国际货币基金组织的一般格式,将货币层次划分如下,其中 M_1 指狭义货币, M_2 指广义货币

$$M_0 = 流通中现金$$
$$M_1 = M_0 + 活期存款$$
$$M_2 = M_1 + 定期存款 + 储蓄存款 + 其他存款 +$$
$$证券公司客户保证金$$

其中, $M_2 - M_1 = $ 准货币。 M_1 具有很强的流动性，随时可以用来进行支付； M_2 由于是定期存款和储蓄存款，不能随时支付，所以其流动性稍差。表 8-1 是 2007 年 1 月至 2008 年 4 月，我国货币供给情况。

表 8-1 2007 年 1 月~2008 年 4 月我国货币供给

项　　目	2007 年 1 月	2007 年 2 月	2007 年 3 月	2007 年 4 月
货币和准货币（M_2）	351 498.77	358 659.25	364 104.66	367 326.45
货币（M_1）	128 484.06	126 258.08	127 881.31	127 678.33
流通中现金（M_0）	27 949.13	30 627.93	27 387.95	27 813.88
项　　目	2007 年 5 月	2007 年 6 月	2007 年 7 月	2007 年 8 月
货币和准货币（M_2）	369 718.15	377 832.15	383 884.88	387 200.00
货币（M_1）	130 275.8	135 847.4	136 237.43	141 000
流通中现金（M_0）	26 727.97	26 881.09	27 326.26	27 800
项　　目	2007 年 9 月	2007 年 10 月	2007 年 11 月	2007 年 12 月
货币和准货币（M_2）	393 100.00	394 200.00	399 800.00	403 000
货币（M_1）	142 600	144 600	148 000	153 000
流通中现金（M_0）	29 000	28 300	29 000	30 334
项　　目	2008 年 1 月	2008 年 2 月	2008 年 3 月	2008 年 4 月
货币和准货币（M_2）	417 800	421 000	423 100	429 200
货币（M_1）	154 900	150 200	150 900	151 700
流通中现金（M_0）	36 700	32 500	30 400	30 800

数据来源：中国人民银行网站。

二、基础货币和基础货币乘数

（一）基础货币

基础货币也称货币基数，因其具有使货币供应量成倍放大或收缩的能力，故又称高能货币。它通常是指商业银行在中央银行的存款准备金和流通于银行体系以外的通货之和。

基础货币的概念可以从基础货币的来源和运用两个方面加以理解。从基础货币的来源看，它是货币当局的负债，是由货币当局投放并直接控制的那部分货币，它只是整个货币供给量的一部分；从基础货币的运用看，它由两部分构成，一是商业银行的存款准备金（包括商业银行的库存现金和商业银行在中央银行的存款准备金），二是流通于银行体系外的为社会大众所持有的现金，即通常所谓的"通货"。

由于基础货币具有流通性强、能产生数倍于其自身的货币、易被中央银行所控制等特征，各国的中央银行都高度重视基础货币的投放量。假设在货币乘数不变的情况下，当基础货币投放过多时，市场商品价格上涨，生产扩大，经济繁荣；反之，市场商品价格下跌，生产减少，经济紧缩。当然，上述所言的过多或过少，都是有限度的，如果超出了一定的限度，那么基础货币投放量极易成为通货膨胀和通货紧缩的源泉。

（二）基础货币乘数

所谓基础货币乘数，简称货币乘数，它是货币供给量与基础货币的比值。基础货币乘数与货币供应量是相联系的，即

$$M=m \cdot B$$

式中，M 为狭义的货币供应量，m 为货币乘数，B 为基础货币。

例如，某国在一定时期内的货币供给量为 5 000 亿元，基础货币为 2 000 亿元，则基础货币乘数为

$$m=\frac{5000}{2000}=2.5$$

在一般情况下，货币乘数是相对稳定的，因此，中央银行主要是通过调控基础货币来调控货币供应量。但随着金融结构和管理体制的变化，货币乘数也会相应地发生一些变化。货币乘数对货币供应量的影响方式主要表现在两个方面：第一，在基础货币供应增长时期，货币乘数以一定倍数放大基础货币的扩张效果；第二，在基础货币不变时，货币乘数自身的变动，也可以起到调节货币供应量的作用。当然，由于货币乘数的变动所带来的影响面较大，对经济有较大震动效应，这就要求在必要的时期应该变动基础货币的总量，以缓冲货币乘数变动的影响。

一般来说，影响货币乘数的因素主要有法定存款准备金率、支付准备金比率、现金漏损率（现金与活期存款之比）及中央银行存款结构比率等。通常情况下，上述比率越大，货币乘数越小；反之，货币乘数越大。

三、货币供应量的创造过程

货币供应量也叫货币流通量、流通中货币量、货币存量。是指包括存款在内的广义货币的投放发生额减去回笼后的结存额，它是个存量概念。货币供应量的创造过程是指银行主体通过其货币经营活动而创造出货币的过程，它包括商业银行通过派生存款机制向流通领域供给货币的过程和中央银行通过调节基础货币量而影响货币供应的过程。也就是说，货币供应量的创造环节主要有两个方面，一是中央银行供给基础货币；二是商业银行创造存款货币。其中，中央银行供给基础货币主要有 3 种途径：①变动对商业银

行的债权，对商业银行办理再贴现业务或发放再贷款；②变动对政府的债权，进行公开市场操作，购买政府债券；③变动其资产储备，在外汇市场购买外汇或黄金。虽然中央银行是决定货币供应量的主体，但大多数经济学家认为，货币供应量并不仅仅取决于中央银行的意愿和决策，也取决于大量金融机构和社会公众的行为决策。下面具体介绍商业银行创造货币供应量的过程。

商业银行是以盈利为目的的企业，之所以吸收存款是要把存款以高于存款利率的价格贷出，赚的是存贷利差。商业银行的活期存款占货币供给的绝大多数，它包括原始存款和派生存款。原始存款是居民个人和企业单位在商业银行的现金存款，它只是将现金变为活期存款，不能引起货币供应总量的变化。而派生存款能增加货币的供给总量。银行创造货币过程的实质是在不断的存贷款过程中，通过乘数效应放大货币供应量的过程。举例如下：

假设甲存入 A 银行 1 000 元，法定准备金率是 20%，则银行 A 留下 200 元做准备金，将 800 元贷出给乙。乙将这 800 元存入 B 银行，银行 B 将 160 元留做准备金，将 640 元贷出给丙。如此循环下去，银行中的存款就多倍地被创造，共是 1 000×1/20%（即求等比数列和）。当然各银行的信誉程度不同，面临的提款压力也就不同，所以部分银行还要多放手里一些钱，即超额准备金。留下的超额准备金不会影响本质结果。

除中央银行和商业银行影响货币供应量外，社会公众也是影响货币供应量的因素之一。这种影响突出地表现在对现金的需求上。一般来说，居民消费倾向越高，银行利率水平越低，信用制度越不发达，居民对现金的需求度越大，货币供应量也就越大。

第二节 货币需求

货币需求理论是货币理论的重要组成部分。准确地揭示一定时期的货币需求量有利于制定正确的货币政策，更好地进行货币供给，为经济增长创造良好的宏观环境。

一、货币需求的含义

货币需求是指社会各经济主体（包括企业单位、事业单位、政府部门、个人）在其财富中能够而且愿意以货币形式持有而形成的对货币的需求。理解货币需求的概念应注意以下两个方面：①有欲望无能力不能构成需求；②有能力无欲望也不能构成需求。经济学意义上的货币需求是欲望与能力的统一，它不同于社会学或心理学意义上的那种主观的、一相情愿的占有欲。常见的消费需求、投资需求等就是指有货币支付能力的欲望。

在现实生活中，货币需求既包括对现金的需求，也包括对存款货币的需求。人们需要货币不仅是因为货币能执行流通手段和支付手段的职能，而且注重货币的价值贮藏职能。

二、货币需求的动机

心理学家认为，人们做出任何事情之前都有一定的动机，动机是人们行动的驱动力。如饿了就会想到去买（做）吃的是一种生理需求，买的各种保险是一种安全需求。同理，人们持有货币也有一定的动机。现代经济理论认为，人们持有货币是出于不同的动机，包括交易性动机、预防性动机和投资性动机。

1. 交易性动机

在市场经济条件下，无论是个人还是企事业单位购买商品或劳务时都需要支付货币，如个人买面包需要货币，理发需要货币，企业购买原材料等都需要货币，并且人们的货币收入和支出之间是有一定的时间间隔的，在这期间，货币是不可缺少的交易媒介，因而人们为了顺利进行交易活动就必须保持一定的货币量。此项动机保留的货币量是国民收入的增函数。即交易性动机的货币需要量是随着收入水平的提高而增加的。

2. 预防性动机

人们为什么要有一定的储蓄呢？大家都会想到是为了备用，即人们为了预防意外事件的发生（如生老病死、失业等），就应该持有一定数量的货币。预防性动机所持有的货币量也是国民收入的增函数，也就是说，当一个人的个人收入增多时，他所储存起来的货币量就会随之而增多，反之就会减少。

3. 投资性动机

投资性动机也就是凯恩斯提出来的投机性动机，所谓投机性动机，凯恩斯是这样解释的，人们所持有的金融资产（非物质资产）可以分为货币和长期债券两类，而债券的市场价格与市场利率成反比，如果利率上升，则债券价格下跌；如果利率下跌，则债券价格上涨。由于未来利息率是不确定的，人们为了避免资本损失或增加资本利息，及时调整资产结构而形成的对货币的需求。若预期利率下跌，则人们愿意少存货币多买债券；若预期利率上升，则人们愿意卖出债券，多存货币。

讨论

2008 年北京奥运会的召开给很多投资者带来了机会，他们购买了奥运福娃，这既是一种有价值的珍藏，也是一种投资方式。试问：从货币需求的动机来看，购买奥运福娃属于货币需求的哪种动机？为什么？

三、货币需求的分类

从现代科学观点出发，学者从 3 个不同侧面对货币需求进行划分，有利于提高货币政策的实施效果。

1. 主观货币需求与客观货币需求

主观货币需求是指经济主体在主观上希望拥有多少货币，是一种对货币占有的欲望。这里的经济主体可以是个人，也可以是企业、政府等，他们为了自身的发展而占有一定货币。货币作为一般等价物具有与一切商品交换的能力，主观货币需求在数量上是无限的，这种需求因不同的人而不同，因此说主观货币需求是一种无效的货币需求。某人梦想有 1 亿元人民币的资产，但是他真的有吗？没有，这只是一种欲望，是无效的。而客观货币需求是有支付能力的有效需求。

在实际工作中，客观货币需求是研究的主要对象，但是不能忽略对主观货币需求的研究，它有助于货币当局制定和实施货币政策。

2. 名义货币需求和实际货币需求

名义货币需求是指社会各个部门在不考虑币值变动所引起价格变动时的货币需求。即用货币单位来表示的货币数量，如元、马克、英镑等。在实际的经济运行过程中，名义货币需求是由中央银行的货币供给来决定的。而实际货币需求就是扣除价格变动因素的影响后的货币需求，是由商品流通本身所引起的货币需求。实际货币需求等于名义货币需求除以物价水平。

在现实经济中，经济的发展有时会超出人们的预料，通货膨胀或通货紧缩并没有销声匿迹，因此，这里不仅要重视名义的货币需求，也要研究实际的货币需求，有时对实际货币需求的研究会更有意义。

3. 微观货币需求和宏观货币需求

微观货币需求是从微观角度考察的货币需求,是指一个社会经济单位(家庭或个人)在既定的经济条件下所持有的货币量。研究微观货币需求,有助于进一步认识货币的职能,对短期货币需求的分析起到重要作用。

宏观货币需求是从宏观角度考察的货币需求,它是以宏观经济发展目标为出发点,分析国民经济运行总体对货币的需求,即考虑一个国家在一定时期内所需的货币总量。研究宏观货币需求,有利于货币政策当局制定货币政策,为一国政府在特定时期内经济发展做出贡献,同时能在一定程度上平衡社会的总需求与总供给。

四、货币需求的影响因素

货币需求受多方面因素的影响,有宏观的也有微观的,宏观的影响因素强调货币需求的变量对总体货币需求的影响;微观因素则注重解释货币领域中的种种矛盾和变异现象。两者要协调运用,不能偏废。以下从 5 个方面介绍影响因素。

1. 社会商品和劳务的可供量

货币的首要职能是价值尺度职能,该职能为商品交换提供了价值计量的依据。在合理的经济运行中,社会商品的总供应量与货币供应量应呈正比例关系。即社会商品和劳务的可供量越大,则流通中所需要的货币量就越多;社会商品和劳务的可供量越少,则流通中需要的货币量也就越少。

2. 一般物价水平

在经济运行过程中,在社会商品和劳务可供量一定的前提下,并假设货币的流通速度不变时,一般物价水平就决定了流通中货币的需要量。一般情况下,一般物价水平越高,流通中所需的货币量就越多;反之,则越少。即在其他经济条件不变的情况下,一般物价水平与货币需求呈正比例关系。

3. 收入水平

收入状况是制约货币需求的重要因素。在其他条件一定情况下,货币需求与收入的数量呈正相关变动。主要表现在两个方面,一是收入的数量决定着财富的规模；二是收入的数量决定着消费或储蓄的数量。

4. 信用状况

在信用制度下，一般而言，一国信用的发达状况与货币需求呈负相关变动。即信用制度和信用工具越发达，货币需求就越少；反之，货币需求就越多。主要是因为：①信用越发达，在结算中转账结算所占比重就越大，货币需求就越少；②信用制度越发达，债务债权相互抵消的概率就越大，货币需求量就会减少。

5. 货币流通速度

经济学家普遍关注货币流通速度对货币需求的影响。其中，马克思的货币需求理论揭示了货币流通规律。马克思指出，决定流通中的货币需要量的因素有 3 个：待实现商品的数量（Q）、商品价格水平（P）、货币流通速度（V），用公式表示为

$$M = P \cdot Q$$

由公式可以看出，在商品数量和商品价格水平一定的情况下，货币需要量与货币的流通速度呈反比例关系。

当然，影响货币需求的因素还有很多，如市场利率和金融资产收益率、消费倾向、人口数量和人口的密集程度等。

想一想

结合所学知识，根据自身的特点，想一想持有货币的动机有哪些？其中最主要的动机是什么？

议一议

市场利率是怎样影响货币供给与需求的？

☆ 第三节 通货膨胀

在现代经济社会中，通货膨胀是人们司空见惯的经济学术语。通货膨胀理论是一个最接近现实生活的重要理论，无论是经济学家、政治家还是居民都在关注这一问题。以中国为例，2007 年以猪肉价格上涨为导火索，居民消费价格出现较大幅度上涨。2007 年年初以来，居民消费价格持续走高。至 8 月底居民的消费价格指数已经累计上升 3.9%，8 月当月同比上升 6.5%，大大超过年初 3% 的预期。2007 年全年 CPI 上涨 4.8%，2008 年前两个月消费价格指数又分别上涨了 7.1% 和 8.7%，其中，食品价格分别上涨了 16.7% 和 18.2%。从消费价格指数的变化可以看出，我国生活资料价格开始出现全面上涨趋势，同时也带动了生产资料价格的上涨，自 2007 年下半年开始我国农业生产资料价格指数、工业品出厂价格指数和原材料、燃料、动力购进价格指

数连续上涨。2008 年 1 月份这三项指数又分别上涨 14.3%、6.1% 和 8.9%。我国生产资料价格自 2007 年 10 月份开始出现全面上涨趋势。

一、通货膨胀的概念及衡量标志

（一）通货膨胀的概念

通货膨胀是一个被广泛使用和关注的经济学术语，尽管它如此常见，但经济学界对通货膨胀的定义却不尽相同。有的学者认为通货膨胀是货币供给量的过度增长；马克思主义货币理论对通货膨胀做出这样的解释：通货膨胀是同纸币的流通及其规律联系在一起的，是指在纸币流通条件下，由于纸币的发行量超过商品流通中实际需要的货币必要量，从而引起的货币贬值、一般物价水平上涨的经济现象；有的学者认为通货膨胀是商品或劳务价格的普遍上涨过程，如新古典综合学派代表人物保罗·萨缪尔森认为通货膨胀是指"物品和生产要素的价格普遍上涨的时期——面包、汽车、理发的价格上涨，工资、租金等也都上涨"；还有学者认为通货膨胀是货币币值不断贬值的过程等。

尽管关于通货膨胀的说法多种多样，但理论界普遍接受的定义是：通货膨胀是指在一定时期内（通常是 1 年）一般物价水平持续和显著上涨的经济现象。理解通货膨胀的定义应注意以下两点。

1. 通货膨胀是"一般物价水平"的上涨

"一般物价水平"是指整个社会所有商品（或劳务）的平均价格水平。某一种或某一类商品的物价上涨不能被视为通货膨胀；某一地区或某一时点的物价上涨也不能被视为通货膨胀。例如，当你发现某品牌某型号的电视机价格由 2 050 元上涨到 2 350 元时，你能说这是通货膨胀吗？回答是否定的。因为仅是电视机这种商品价格上涨了，并不意味着所有商品和劳务的总体价格水平上涨了。再如，A 种商品价格上涨了，但 B 种商品价格下降了，且两种商品价格的变动幅度基本相同，这时一般物价水平保持不变，此时也没有发生通货膨胀。

2. 通货膨胀是物价的"持续和显著"上涨

在市场经济条件下，市场上商品价格时刻都在发生变化。例如，黄瓜今天是 1 元/斤，明天就变成 1.2 元/斤；夏季购买羽绒服和冬季购买羽绒服其价格一定是不同的。能说这是通货膨胀吗？不能。因为暂时性、季节性的物价上涨并不能被视为通货膨胀，只有物价的持续上涨过程才是通货膨胀。因此，一般以年度为单位来考察通货膨胀，至于"物价上涨水平是多少"才算是通货膨胀？至今没有标准答案。

从以上表述中，大家可能认为通货膨胀等同于价格水平的上涨。其实不然，在实行物价管制的国家里，通货膨胀不一定表现为物价上涨，它还可能表现为供给短缺、黑市活跃或计划供应等。我国在计划经济时期，粮食是统购统销的，蔬菜是由国营蔬菜局到公社收购来再凭票供应的，就连火柴、肥皂、香烟、布匹等都要凭票购买，特别是在灾荒时期，粮票就更加值钱了，有时还需要有门路才能弄到粮票，随之就出现了倒卖粮票的"黑市"交易现象。

（二）通货膨胀的衡量标志

大多数情况下，通货膨胀是要通过物价总水平的上涨表现出来的，即物价上涨的幅度成为度量通货膨胀水平的重要指标。因而衡量通货膨胀的指标通常包括消费物价指数、货币购买力指数、实际工资指数等。

1. 消费物价指数

消费物价指数也称生活费用指数，是指一定阶层居民所消费的食品、衣物、居住、交通等消费品价格和服务项目价格变动的相对数。消费物价指数可按城乡分别编制城市居民消费物价指数和农村居民消费物价指数，也可按全社会编制全国居民消费物价指数。消费物价指数有效地反映商品或劳务价格变动对居民生活费用的影响，是人们最关心的经济指标。如果消费物价指数升幅过大，表明经济运行中已经出现通货膨胀现象，消费者面临物价上涨的压力。但是由于该指标的计算仅以消费品为考察对象，范围较窄，不能反映全社会中总产品的价格变动趋势，所以只用消费物价指数来衡量通货膨胀具有一定的局限性，应结合其他指标并用。

2. 货币购买力指数

货币购买力指数是反映货币购买力变动情况的相对数。它的大小直接受商品或服务价格的影响，如果商品或服务价格上

小资料

国家统计局公布，中国 2008 年 5 月份消费者物价指数（CPI）同比上涨 7.7%。其中，城市上涨 7.3%，农村上涨 8.5%；食品价格上涨 19.9%，非食品价格上涨 1.7%；消费品价格上涨 9.8%，服务项目价格上涨 1.3%。从月环比看，居民消费价格总水平比 4 月份下降 0.4%；食品价格下降 1.3%，其中鲜菜价格下降 15.7%，鲜蛋价格上涨 4.1%。

涨，单位货币购买力就下降，单位货币所能购买的商品或劳务的数量就会减少，也就意味着货币贬值；反之，则意味着货币升值。

3. 实际工资指数

实际工资指数是反映职工在不同时期用同样数量的货币所换得的商品或劳务的数量变动指数。它是通货膨胀直接导致的严重后果。工资可以分为名义工资和实际工资两种。名义工资就是以货币数量表示的工资，也叫货币工资。例如，甲每月的工资数是 3 000 元就是名义工资。实际工资是指用货币工资所能购买到的生活资料和取得的劳务的数量。如果名义工资不变，物价上涨，或者是名义工资的提高赶不上物价上涨的速度，都会导致实际工资的下降。考察实际工资指数的变化，能较好地反映居民生活水平的变化趋势，分析通货膨胀的程度。

在其他条件不变的情况下，实际工资下降说明通货膨胀率在上升。

二、通货膨胀的类型

（一）按通货膨胀期间物价上涨的速度分类

根据通货膨胀期间物价上涨的速度分类，可将其分为温和的通货膨胀、奔驰的通货膨胀和恶性的通货膨胀。

1. 温和的通货膨胀

温和的通货膨胀又称爬行的通货膨胀，是指通货膨胀率基本上保持在可容忍的范围内，一般在 10%以内，并且始终比较稳定的一种通货膨胀。2007 年，俄罗斯、南非、阿根廷、越南、印度尼西亚、印度的消费品价格指数涨幅都超过了 5%；美国、德国、英国、法国、意大利等国的消费品价格指数涨幅均在 2%～4%之间。温和的通货膨胀对经济的影响很小，不会造成经济的恶化发展。需要指出的是，适度的物价上涨，特别是上涨幅度在 3%以下的轻微通货膨胀不仅不会严重影响人民生活水平，反而还会拉动经济快速增长。因为经济发展的一般规律是，随着经济的持续快速发展，居民收入不断增加，消费水平不断提高，物价总水平也会平稳适度上涨。改革开放以来，我国国民经济持续快

讨论

在春节前夕，年货的价格有明显的上升趋势，试问这是通货膨胀吗？为什么？

速增长，1979～2007 年我国国内生产总值年均增长 9.8%，我国经济总量跃升至世界第 4 位。国家财政收入快速增长，2007 年财政收入达到 51 304 亿元，是 1978 年的 45 倍。城乡居民收入快速增长，生活水平大幅提高。我国城镇居民人均可支配收入由 1978 年的 343.4 元提高到 2007 年的 13 786 元，扣除价格因素，实际增长 6.5 倍；农村居民人均纯收入由 1978 年的 133.6 元提高到 2007 年的 4 140 元，扣除价格因素，实际增长 6.3 倍。收入增长带动居民储蓄存款大幅度增加，2007 年城乡居民人民币储蓄存款余额达 17.3 万亿元，比 1978 年的 211 亿元增加 819 倍，人均储蓄存款由 1978 年的 21.9 元增加到 2007 年的 13 058 元，增长 595 倍。

2. 奔驰的通货膨胀

奔驰的通货膨胀又称急剧的通货膨胀，是指年通货膨胀率在 10%～100% 之间的一种通货膨胀，这种通货膨胀具有不稳定性、迅速恶化性的特点。当发生这种通货膨胀时，人心动摇，社会动荡，是一种危险的通货膨胀。1980 年代，拉美国家是通货膨胀的重灾区，平均年通货膨胀率超过 80%，2007 年委内瑞拉的通货膨胀率高达 22.5%，是整个南美地区物价上涨最快的国家。玻利维亚紧随其后达 11.7%，这说明奔驰的通货膨胀仍然存在，仍是一个不可轻视的话题。

3. 恶性通货膨胀

恶性通货膨胀又称脱缰的通货膨胀，是指通货膨胀率在 100% 以上，而且完全失去控制的通货膨胀。它能导致整个社会物价的持续飞速上涨，货币大幅贬值，甚至使整个金融体系处于一片混乱之中。这种通货膨胀发生的物质条件是商品和劳务的极度短缺，这种通货膨胀在历史上是罕见的，一般发生在战争或社会大乱之后，如第一次世界大战刚刚结束，德国的物价在一个月内上涨了 2500%。

（二）按通货膨胀的表现形式分类

根据通货膨胀的表现形式分类，可将其分为公开型通货膨胀和隐蔽型通货膨胀。

1. 公开型通货膨胀

公开型通货膨胀又称显性通货膨胀，是指在市场经济充分运行的情况下，物价总水平呈明显的、直接的上升趋势。这种情况下，从物价上涨的幅度能观察出通货膨胀的严重性，即通货膨胀呈显现表露。

2. 隐蔽型通货膨胀

在支付干预或控制物价水平的国家里，通货膨胀没有表现为物价的上涨，而是表现为黑市、短缺供应等经济现象，这叫做隐蔽型通货膨胀，也称抑制型通货膨胀。乍一看，这种经济现象没有什么不良影响，但是，当政府解除或放松价格管制措施时，物价就会上涨，此时隐蔽型通货膨胀就会转化为公开的通货膨胀。

（三）根据通货膨胀的成因分类

根据通货膨胀的成因分类，可将其划分为需求拉上型通货膨胀、成本推动型通货膨胀、供求混合型通货膨胀和结构型通货膨胀4种。

1. 需求拉上型通货膨胀

需求膨胀是最早的通货膨胀成因说，也是一种最常见的通货膨胀，是指社会总需求超过总供给时导致的物价上涨现象，这里的总需求是由消费需求、投资需求、政府需求和国外需求构成的。比如，消费需求膨胀、信用膨胀、财政赤字等都能引起需求拉上型通货膨胀。其本质是货币供给量增加导致的需求过剩。对于需求拉上型通货膨胀关键还是要充分利用汇率、利率等手段调节总需求水平，加速人民币升值应该是当前调节总需求、降低通货膨胀压力的最佳手段。

2. 成本推动型通货膨胀

由于生产要素价格上涨（如工资、利息等提高）导致生产成本上升，而成本上升直接推动物价的上涨。近两年，我国粮食、猪肉、能源等商品的价格上涨过快，这些商品既与人们的生活联系密切，又是工业生产的上游产品，当其价格上涨到一定程度时，必然会影响下游产品的价格，这样，会导致诸多商品价格的上涨，从而产生成本推动型通货膨胀。

3. 供求混合型通货膨胀

需求拉上型的通货膨胀是抛开供给因素来分析通货膨胀的成因，而成本推动型通货膨胀的前提条件是总需求不变，两者都有一定的片面性，在现实生活中，它们常常是混合在一起的，即所谓的供求混合型通货膨胀。它是将供求两个方面结合起来而形成的，是由需求拉上和成本推动共同作用而引发的，也就是说，经济生活中通货膨胀既有来自需求方面的因素，也有来自供给方面的因素，即所谓的"拉中有推，推中有拉"。例如，通货膨胀可能从过度需求开始，但是由于需求过度所引起的物价上涨促使工会提高工资，就转化成成本推动型通货膨胀；通货膨胀也可以从成本开始（迫于工会的压力提高工资等），工资提高了，人们的消费需求就会提高，即从成本推动型转向需求拉上型。

4. 结构型通货膨胀

结构型通货膨胀是指在总需求与总供给大体平衡的条件下，由于经济结构和部门结构的因素所引起的通货膨胀。例如，某市房地产行业的房价基本持平，如果一家房地产将其房价提高，那么其他房地产部门也会提高房价，部门之内相互看齐。而房价的上涨也会带动其他商品价格的提高，这样各部门之间互相带动，最后导致社会商品和劳务价格的整体上涨，引发通货膨胀。

三、通货膨胀的危害

（一）通货膨胀对生产的影响

通货膨胀期间，物价上涨的幅度是不同的，有的商品价格上涨较快，从事生产或经营该种商品的部门就会获得较高的利润，大量的资本就会流向这些部门，而放弃对价格上涨较慢的商品的投资，使社会生产的正常比例遭到破坏。通货膨胀期间，由于货币的破坏力导致价格系统紊乱，打乱了市场机制的有效秩序，造成资源配置失调。通货膨胀较严重的时候，投机活动猖獗、价格信号扭曲，在生产领域，投资少、周期短、产品投放市场快的加工业受到很大刺激。由于货币流通速度加快，市场商品供应相对短缺，企业生产单纯追求周期短、见效快，产品质量明显下降，最终结果是质次价高的加工业产品生产过剩，而使基础产业受到冷落。另外，通货膨胀使货币的价值尺度功能受到破坏，成本、收入、利润等指数均无法准确估计与核算，企业的财务管理容易陷入困境，这样就会严重影响社会再生产活动的正常进行。

（二）通货膨胀对分配的影响

通货膨胀具有收入再分配的效应，所谓收入再分配效应，是指由于通货膨胀形成的物价上涨造成的收入再分配。

市场经济中的通货膨胀对不同的群体影响是不同的，它改变了社会成员原有的收入和财富占有比例。

1. 通货膨胀引起收入的再分配

在任何国家任何时段中，不同群体的货币收入是截然不同的，通货膨胀的出现扭曲了分配结构，加剧社会各阶层矛盾。一般来讲，以工资、薪金为主要收入的社会成员成为通货膨胀的受害者，这是因为工资的增长总是滞后于通货膨胀；或者是工资提高率远远低于通货膨胀上涨率。而在通货膨胀中的主要受益者是那些从事商业活动的单位和个人，特别是在流通领域中，哄抬物价，变相涨价的单位和个人。

2. 通货膨胀改变社会成员原有财富的占有比例

通货膨胀不仅能引起收入的再分配，也会引起人们持有的财富的再分配。社会成员的财富不仅表现为房屋、珠宝等实物资产，还表现为诸如拥有存款、现金、债券、股票等金融资产。当然，他们还可能有借款、债务。一般情况下，实物资产的价格是随着通货膨胀率的提高而上涨的，所以持有实物资产的社会成员在通货膨胀中不易受损；而持有存款和货币资产的人则要遭受通货膨胀带来的损失。从债权债务的角度看，有利于债务人而不利于债权人。

如果把社会成员分为个人、企业和政府 3 个部门，由于居民个人总体上是处于净债权地位，企业和政府是货币的不足者，处于净债务的地位，因而在通货膨胀下，居民个人是受损者，企业和政府是受益者。

（三）通货膨胀对消费的影响

消费是生产的目的，消费水平是衡量一国社会成员生活质量的重要标准，消费的表现形式就是对商品使用价值或效用的直接占有和支配。在通货膨胀条件下，物价上涨，币值下降，实际上减少了居民的实际收入，同样数量的货币所能购买商品或劳务的数量减少，使居民消费水平下降，进而也限制了下一阶段生产的发展。另一方面，通货膨胀中高收入阶层和低收入阶层的损失不同，对那些存款的城乡居民、领取固定收入的社会成员，尤其是对那些失业者所带来的影响就更大，使社会的两级分化加重，加剧社会成员间的矛盾。

然而，通货膨胀不是罪恶的，它有着深刻的哲学意义：激励人们不断地奋斗，去争取新财富，客观上推动经济发展和社会进步，但这种进步是短暂的，从长远来看，通货膨胀对经济的危害性极大。

四、通货膨胀的治理

根据通货膨胀对经济的影响分析，可以发现通货膨胀对经济的发展是弊多利少。世界各国政府和经济学家都关注通货膨胀的治理问题，以预防和避免通货膨胀的发生。由于通货膨胀的产生原因繁杂多样，经济学界采用了不同的治理对策，总体看来有以下几种措施。

（一）货币政策

通货膨胀的直接原因是流通中的货币量过多，针对这一特点，中央银行往往实施限制性的货币政策。即适当地减少货币的供给量，使货币供给量的增长率与货币需求量的增长率相适应，以此来影响价格，降低通货膨胀率。一般情况下，中央银行可利用的货币政策包括以下几方面：①中央银行提高法定存款准备金率；②中央银行提高再贴现率；③中央银行利用公开市场业务在市场上出售有价证券；④中央银行规定基础货币指标。

（二）财政政策

在通货膨胀期间应该采取紧缩的财政政策，即增加政府收入，减少政府支出，从而抑制总支出，达到减少流通中的货币量的目的。主要方法有以下几种：①削减政府预算，压缩政府投资；②增加税收；③减少政府的转移性支出。

（三）收入政策

通货膨胀的另外一个原因就是成本的推动，针对成本推动型的通货膨胀，政府应该采取以管制物价和工资水平为内容的收入政策。例如，用税收手段调节工资收入，使工资收入控制在合理的范围内；明确禁止工资和物价水平的上涨；利用合理有效的政

小贴士

在货币创造过程中，商业银行等金融机构为保证客户提取存款和资金清算需要而预先留存在中央银行的存款，叫做存款准备金。而存款准备金占金融机构存款总额的比例则叫做存款准备金率。存款准备金分为法定存款准备金和超额存款准备金两种。法定存款准备金是金融机构按照其存款的一定比例向中央银行缴存的存款，这个比例通常是由中央银行决定的，被称为法定存款准备金率。超额存款准备金是金融机构自愿存放在中央银行，用于满足支付清算、头寸调拨需要或作为资产运用的备用资金，超额存款准备金占存款的比例称为超额存款准备金率。

策对工资和物价的上涨进行指导等。

（四）供应政策

对于隐蔽型的通货膨胀往往表现为商品供给的短缺，因而控制通货膨胀还可以从促进供给入手，即增加商品的有效供给。主要手段有：调整产业和产品的结构，支持短缺商品的生产；减少消耗，提高投入产出比例等。

上述每种政策在不同情况下奏效的程度不同，所以，要使通货膨胀有效合理地得到控制，各国政府往往搭配使用这些政策，同时，可以根据具体情况使用指数化、道义劝告等其他治理方法。尤其是在目前国内外经济日益复杂的情况下，仅仅依靠一种手段（或是一个部门）是一木难支的，必须多部门、多手段协同、协调并举才能取得好的效果。

第四节 通货紧缩

一、通货紧缩的概念

通货紧缩是与通货膨胀相对应的经济过程，迄今为止，经济学界对通货紧缩的定义有不同的看法。美国经济学家斯蒂格利茨教授认为，通货紧缩是价格水平的稳定下降过程。托宾的解释是，通货紧缩也是一种货币现象，它是每单位货币的商品价值和商品成本的上升。尽管学术界关于通货紧缩的解释很多，但综合起来可以将通货紧缩概括为是商品或劳务的货币价格总水平持续下降的过程。它是在通货膨胀得到抑制之后表现出来的经济现象。

理解通货紧缩的概念应注意以下两点。

1 通货紧缩是以商品和劳务的价格作为考察对象，其研究范围是实体经济，不包括股市价格的变动，因为股市还不是实体经济的晴雨表。

2）通货紧缩是一般物价水平持续下降的过程，而不是局部的某些个别商品或劳务价格的下跌；更不是商品或劳务价格的偶然或短暂的下跌。但是对于持续时间的长短没有具体说法，一般认为至少持续半年以上。典型的例子就是发生在 1929 年至 1933 年美国的经济危机期间，严重的通货紧缩与经济的大萧条相伴而

想一想

2007 年 5 月份以来，我国居民消费价格上涨幅度较大，8 月同比涨幅突破 6%后，连续 5 个月价格涨幅高于 6%，全年上涨 4.8%，为 1997 年以来的最高涨幅。其中，食品价格上涨 12.3%，影响居民消费价格总水平上升 4.1 个百分点，占全部涨价因素的 85.4%。扣除食品价格上涨因素，居民消费价格仅上涨 0.7 个百分点。食品价格上涨，又主要集中在猪肉和食用植物油。可以说，这一轮价格上涨主要是由部分食品因周期性、突发性因素造成的供给不足带动的，而不是总供给和总需求失衡引发的全面通货膨胀。对此，党中央、国务院高度重视。中央经济工作会议明确把"双防"作为 2008 年宏观调控的首要任务，提出实施稳健的财政政策和从紧的货币政策。在货币政策上，2007 年 1 月 15 日至 2008 年 1 月 25 日一年期间中央银行 11 次上调存款准备金率，将普通存款类金融机构存款准备金率标准从2007 年年初的9%提高到 15%；2007 年 6 次加息，一年期存款基准利率提高到 4.14%，贷款基准利率提高到（转下页）

想一想

(接上页) 7.47%；在保持日常公开市场操作的同时，还多次面向部分商业银行发行定向票据和吸收特种存款。与此同时，央行还陆续以特别国债为质押进行正回购操作，有效抑制总需求的过度扩张；采取措施控制信贷规模，加强对新开工项目的管理，抑制固定资产投资过快增长。2008 年央行继续实施从紧的货币政策，同时中央还采取了一系列相应的财政政策、外贸政策等配套政策。例如，2008 年年初，中央财政赤字预算拟安排 1 800 亿元，比 2007 年预算赤字减少 650 亿元。拟安排国债投资 300 亿元，比 2007 年减少 200 亿元，增加中央预算内经常性建设投资，中央建设投资总计为 1 521 亿元。并继续调整财政支出和政府投资结构，较大幅度地增加"三农"、社会保障、医疗卫生、教育、文化、节能减排和廉租住房建设等方面支出。只要我们坚持中央确定的方针和政策，就能保持宏观经济环境稳定，从而为抑制严重的通货膨胀创造有利的条件。

党中央、国务院高度重视价格总水平过快上涨问题，已经采取了一系列发展生产、保障供应、稳定价格和保障(转下页)

生：美国的消费价格指数下降近 25%，农副产品批发价格指数下降 45%，企业投资下降 85%，工业生产下降 47%，国民生产总值下降约 30%，货币供应量年均递减 10%。大批工厂、银行倒闭，失业人数剧增，居民收入锐减。严重的通货紧缩使美国经济遭受了沉重打击。

二、通货紧缩对社会经济的影响

在当今世界经济发展中，通货紧缩的发生已开始日益频繁，它对经济的破坏力是不容忽视的，甚至超过了通货膨胀对经济的影响。据统计，在 1980~1997 年间，美国、英国、日本、欧盟 15 国的经济增长率分别从 2.5%、2.4%、4.0% 和 2.2% 下降到 2.1%、1.5%、2.3% 和 1.9%。尤其是 1997 年以来，世界各国经济增长速度下降的趋势日益明显。如欧盟国家的经济增长开始放慢，日本经济前途暗淡，俄罗斯经济持续低迷，不少发展中国家经济增长趋缓。再如，2001 年，阿根廷发生了严重的经济危机，2001 年 10 月至 2002 年 3 月，大约 150 万阿根廷人加入到贫困大军，贫困人口占总人口的比重猛增到 42.6%。2002 年下半年，尽管阿根廷的政局动荡稍有缓和，社会贫困人口仍继续迅速攀升，截至 2002 年 10 月，社会贫困人口比重已上升至 57%，2003 年社会贫困率可能突破 60%。阿根廷人均工资水平曾在拉美名列前位，现在却下降到拉丁美洲的倒数几位，社会保障医疗体系也陷入瘫痪。阿根廷众多私营企业陷入经营困境，难以维持经营，纷纷倒闭、破产。智利等邻国在出口贸易和投资领域遭受巨大打击。

1. 通货紧缩会加剧经济的衰退

在通货紧缩的条件下，由于物价的持续下跌使生产者所生产的产品价格不断下降，导致其利润的减少，严重的会出现亏损现象。必然会导致人们对经济前景的悲观预测，从而减产或者停产，抑制了社会经济的增长速度，即对经济具有促退作用。

2. 通货紧缩会提高社会的失业率

通货紧缩打击了社会生产的积极性，使投资进一步萎缩。这样，就业岗位和机会明显减少；同时，企业减产或是停产，下岗人员自然增多了，失业率显著上升。

3. 通货紧缩会影响本国出口，造成国际收支逆差

在通货紧缩的条件下，由于物价持续下降，总需求不断减少，从而使进口萎缩、出口扩张。出口扩张会引起全球性的总供给增加，而总需求相对减少，即有效需求严重不足。这种情况下，很可能引起全球性的通货紧缩。反过来又会影响到本国的出口，造成国际收支逆差。

三、通货紧缩的治理对策

（一）实行扩张性的货币政策和财政政策

通货紧缩使经济的增长率下降，失业率增加，破坏信用关系，加重银行的不良资产，社会资金闲置，影响社会的消费和投资。在社会有效需求严重不足的情况下，积极地扩大内需是缓解通货紧缩的有效途径。

1. 宽松的货币政策

实行宽松的货币政策包括以下具体措施：中央银行增加货币的供给量；降低法定存款准备金率、再贷款率、再贴现率和利率；操作公开市场业务；完善外汇管理，加强外汇政策与货币政策的协调配合。我国从 1996 年起，连续 8 次下调了金融机构的存、贷款利率。下调居民存款利率，使储蓄的增长额降了下来，对增加通货数量、活跃货币市场、激发社会消费起到了一定的作用。

2. 宽松的财政政策

实行宽松的财政政策包括以下具体措施：扩大财政支出，刺激需求；调整财政支出方向的结构，注重加大对技术改造、教育、科研等非基础设施领域的投资；减少税收等。其中，减税涉及税法和税收制度的改变，不是一种经常性的调控手段，但在对付较严重的通货紧缩时也会被采用。而增加财政支出可以直接增加总需求，又能鼓励和带动地方和民间投资，即能有效地扩大内需，又有利于扩大外需。如增发国家机关和企事业单位职工及退休人员的工资、加大对抚恤事业和社会福利救济事业的财政支出等。1998 年下半年，我国政府决定实行宽松的财政政策，向国有商业银行发行 1 000 亿元长期国债，国有商业银行增加 1 000 亿元配套贷款，集中用于基础建设。这是我

（接上页）低收入群众生活的措施。2007 年下半年以来，国务院制定了一系列扶持粮食、生猪、奶牛、油料生产的政策措施，提高农民生产积极性。增加储备粮投放数量，国有粮食企业加大了储备粮拍卖力度。加大了对粮食、食用植物油、猪肉、成品油等重要商品的市场监管力度。这些措施对于发展生产、保障供应、稳定价格和保障低收入群众的生活已经起到了积极作用。

1）根据以上资料，分析我国通货膨胀的类型。

2）面对我国的通货膨胀，中央银行及政府采取了哪些措施进行综合治理？

国 20 世纪 90 年代以来第一次实行"宽松"的财政政策，对治理通货紧缩起到了积极的作用。

当然，增加财政支出只是弥补总需求缺口的临时性应急措施，由于政府的举债能力有限，再加上宽松的财政政策对经济的带动作用也是有限的，要适度运用该策略，否则会出现经济衰退与通货膨胀并存现象。

（二）调整产业结构，促进经济的增长

产业结构的调整，主要是利用新科技、新技术推动产业结构的升级，以新的供给结构来适应新的需求结构，从而形成新的消费热点。首先，必须消减过剩的生产能力，关闭那些质量低劣、资源浪费、技术落后的生产企业；其次，加快技术改造、技术创新的步伐，推动产业升级，优化供给结构，从而启动新的消费需求，扩大内需，拉动经济持续、快速、健康发展。

（三）加大供给的宏观调控力度，完善供给的管理政策

其包括以下具体措施：①适度地加快供给的调整步伐，让无效供给退出市场；②改变供给的存量和增量结构，鼓励技术创新；③打破行业垄断，收缩国有经济规模，为非国有性经济的发展提供更广阔的空间。

此外，还要适当地启动消费需求。例如，提高城乡居民的整体收入水平；解决收入不公现象，缩小贫富差距；发展劳动密集型企业，提高就业率；还可以在通货紧缩期间制定工资增长计划或限制价格下降等。

在综合运用各种措施治理通货紧缩的同时，还要密切关注国际形式的变化，注意国际经济形式对我国经济的影响，以便及时有效地调整相关政策。另外，注重提高本国产品的科技含量，增强国际竞争力；从税收、贷款、信息服务等方面大力支持产品出口，为企业产品出口营造良好的环境。

讨论

人们购买商品时，总是希望一定数量的货币购买的商品数量越多越好，这就要求商品的单位价格要越来越低，从这个角度出发，应该提倡通货紧缩，不应该治理这种现象。你同意这种观点吗？为什么？

思考题

一、填空题

1. 基础货币具有使货币供应量成倍放大或收缩的能力，所以又称为（　　）货币。

2.（　　）是指货币供给量与基础货币的比值。

3. 货币供应量是指包括存款在内的广义货币的投放发生额

减去回笼后的结存额，它是个（ ）概念。

4．现代经济理论认为，人们持有货币通常出于3种动机，分别是（ ）、（ ）和（ ）。

5．衡量通货膨胀的指标通常包括（ ）、（ ）和（ ）。

6．根据物价上涨的速度不同，可以将通货膨胀分为（ ）、（ ）和（ ）3种类型。

7．（ ）是指商品或劳务的货币价格总水平持续下降的经济过程。

8．货币供应量的第一个层次通常是指（ ）。

9．货币需求与信用状况呈（ ）变动，与收入的数量呈（ ）变动。

10．名义货币需求扣除价格变动的影响因素后的货币需求就是（ ）。

二、单项选择题

1．某国在一定时期内的货币供给量是8 000亿元，基础货币是4 000亿元，则基础货币乘数是（ ）。

A．2　　　　B．3　　　　C．4　　　　D．1.5

2．经济学意义上的货币需求是一种（ ）。

A．主观意愿上的需求

B．社会学意义上的资金需求

C．有支付能力的需求

D．单方面的占有欲

3．影响货币总需求的最关键因素是（ ）。

A．货币流通速度　　　　B．社会总供给

C．货币总供给　　　　D．利率水平

4．学者对货币层次的划分主要依据是货币的（ ）。

A．可兑换性　　　　B．流动性

C．价值性　　　　D．收益性

5．在商品数量和商品价格水平一定的情况下，货币需要量与货币的流通速度呈（ ）关系。

A．正比例　　　　B．反比例

C．不一定

6．通货膨胀引起的物价上涨是（ ）。

A．季节性物价上涨

B．个别商品的物价上涨

C．一般物价水平的持续上涨

D. 物价的短期性上涨

7. （   ）是一种最常见的通货膨胀。

A. 恶性的通货膨胀

B. 需求拉上型的通货膨胀

C. 成本推动型的通货膨胀

D. 结构型的通货膨胀

8. 在通货膨胀期间中央银行一般会在市场上（   ）。

A. 购入有价证券　　　　　　B. 卖出有价证券

C. 投放货币　　　　　　　　D. 降低利率

9. 在通货紧缩的情况下，整个社会呈现出（   ）的现象。

A. 财富增加　　　　　　　　B. 财富缩水

C. 收入增加　　　　　　　　D. 就业率上升

10. 通常情况下，狭义的货币供应指的是（   ）。

A. M_0　　　　　　　　　　B. M_1

C. M_2　　　　　　　　　　D. M_3

三、多项选择题

1. 隐蔽型通货膨胀通常表现为（   ）。

A. 物价涨幅大　　　　　　　B. 物价降幅大

C. 物价变动不明显　　　　　D. 商品短缺

2. 通货紧缩的危害主要表现在（   ）。

A. 导致社会财富缩水　　　　B. 加速经济衰退

C. 加剧国际收支不平衡　　　D. 扩大财政赤字

3. 下列哪种物价上涨的现象不属于通货膨胀（   ）。

A. 物价的一次性上涨

B. 物价的暂时性上涨

C. 一般商品价格的持续上涨

D. 一般劳务价格的持续上涨

4. 狭义的货币供应包括（   ）。

A. 流通中的现金

B. 企事业单位的活期存款

C. 企事业单位的定期存款

D. 居民储蓄存款

5. 影响货币需求的因素有（   ）。

A. 社会商品和劳务的可供量

B. 消费倾向

C. 信用状况

D. 货币的流通速度

四、简答题

1. 我国现行货币统计制度将货币供给划分为哪 4 个层次？

2. 影响货币需求的因素有哪些？

3. 通货膨胀的危害有哪些？如何治理通货膨胀？

4. 通货紧缩给社会经济带来怎样的影响？

五、案例分析题

我国央行即中国人民银行于 2006 年 11 月 3 日宣布，自 11 月 25 日起，存款类金融机构存款准备金率再次上调 0.5 个百分点。至此，从 2006 年 7 月到 2007 年 5 月，我国存款准备金率已累计上调 7 次，共计上调 3.5 个百分点，达到 11%的水平。这也是自 1998 年 3 月以来，我国法定存款准备金率达到的最高水平。

问题：

1. 按照一般的经济原理，中央银行上调存款准备金率是在实施（　　）的货币政策。（单项选择题）

　　A．紧缩　　　　　　　　B．宽松

　　C．防御型　　　　　　　D．进攻型

2. 存款准备金率上调后，货币乘数会（　　）。（单项选择题）

　　A．上升　　　　　　　　B．下降

　　C．不变　　　　　　　　D．波动加大

3. 中央银行上调存款准备金率会使商业银行的（　　）。（多项选择题）

　　A．超额准备金增多　　　B．超额准备金减少

　　C．信贷数额增多　　　　D．信贷数额减少

4. 我国最近两年频繁使用该种货币政策工具，其主要原因是近两年来我国（　　）。（多项选择题）

　　A．出现了温和的通货膨胀

　　B．物价上涨过快已有较严重的通货膨胀

　　C．国际收支顺差矛盾日益突出

　　D．银行使用该政策工具能较快地实现银行的宏观调控目的

第九章

国际金融

解析

一国出现贸易逆差的原因主要有两个：一是一国产品的竞争力不够，在国际市场上不受欢迎；二是对方市场不够开放。如果一国的贸易逆差比例上升则会导致该国的对外债务增多。即一般情况下，一国的贸易逆差与该国的对外债务额度呈正比例关系。

本章导读

在科技日新月异、国际交往日趋频繁的今天，任何一个国家或地区都不能闭关锁国，加强国际间的交流已达成共识。本章具体介绍国际收支、外汇与汇率、外汇市场和国际信用知识。通过学习，对这些内容有所认识并进一步掌握它们。

本章引例

1994年后泰国贸易逆差的迅速扩大对1997年金融危机的爆发起到了一定的推动作用，其逆差扩大的主要原因是：①由于资本持续流入，泰国实际汇率不断上升政策；②1995年后美元对日元升值；③1996年世界性电子产品需求下降，使主要出口该种产品的泰国遭受沉重打击。这几方面因素结合在一起，导致泰国进口增幅由1993年的14.2%上升至1995年的23.4%，出口增幅则由1994年的18.5%陡降至1996年的3%，贸易逆差占GDP的比率在1996年达到了8.1%。贸易逆差的迅速增加和经常账户赤字的相应提高，推动了泰国外债尤其是短期外债的大规模增长，形成了对外偿付危机的潜在可能性。

试问：1）什么原因会导致一国出现贸易逆差？

2）一国的贸易逆差与其对外债务之间存在什么样的关系？

关键词

国际收支　经常项目　外汇　汇率　外汇管制
出口信贷　补偿贸易　国际债券

第一节　国际收支平衡表

一、国际收支的概念

国际收支是国际经济领域中的一个重要研究课题,国际收支情况的好坏,直接影响到一国的国际经济地位,它也是经济决策者正确制定对外经济贸易政策和货币政策的主要参照指标,正确理解国际收支概念具有十分重要的意义。

国际收支的概念是随着国际经济交易的发展变化而变化的,不同时期不同条件下,对国际收支的定义和诠释不同,早期的国际收支概念仅指一国在一定时期内的对外贸易差额。随着国际间经济交往内容的不断扩大,国际收支的概念也发生了深层次的变化。

1993 年,国际货币基金组织在《国际收支手册》中对国际收支下了定义和说明:"国际收支是一种统计报表,它系统地记载了在特定时期内一经济实体与世界其他经济实体的各项经济交易。"这个定义已被世界普遍接收并采用。对于国际收支概念的理解应注意以下 5 点。

第一,这里的"特定时期"也就是报告期,一般是一年,有时可以是一个经济周期、一个季度或者是一个月。且国际收支是一个事后的概念,这里的一年是指过去的一个会计年度。

第二,这里的"经济实体"是指一个具有单独财政结算能力的国家或者地区,经济实体可以是一个国家,也可以不是一个独立的国家,如中国的香港、澳门、台湾就是这样的经济实体。

第三,这里的"各项经济交易"包括以下内容:①金融资产与商品和劳务的交换,如商品、服务的进出口贸易等;②商品、劳务与商品、劳务间的交换,如补偿贸易等;③金融资产与金融资产的交换,如有价证券投资、无形资产的转让等;④无偿的、单方面的商品和劳务的转移,如无偿的物资捐赠等;⑤无偿的、单方面的金融资产的转移,如发达国家对发展中国家的无偿的赠款、侨汇等。其中,前 3 种经济交易本质上是交换;后两种经济交易本质上是无偿转移。

第四,国际收支所记载的各项经济交易绝大部分是在居

讨论

根据中国人民银行 1995 年 9 月公布的《国际收支统计申报办法》,要求参与国际收支活动的企业单位办理外汇业务时同步填写一些表格,如要求填写国际收支的申报号码等,从而便于了解和统计。这里提到了国际收支的概念,那么什么是国际收支呢?

民和非居民之间进行的。国际货币基金组织认为，当一个人或组织与某一经济实体有着"比其他经济实体更为密切的关系，或者该经济实体是其利益中心的所在地"，那么，上述个人和组织则视为该经济实体的居民。反之，当不符合上述条件时则视为该经济实体的非居民。即划分居民和非居民的主要依据是居住地的不同，而不是以法律或国籍为标准。但要注意特例情况，一切国际性机构（如国际货币基金组织、世界银行、联合国等）属于任何国家的非居民；外国的外交人员和驻军仍是本国的非居民；跨国公司的母公司与子公司的贸易属于国际贸易。

第五，国际收支是一个流量概念，是动态概念。国际收支一般是对一年内的交易进行的总结，它是个流量概念，而不是存量概念。

二、国际收支平衡表

国际收支平衡表是按照复式记账的原理，系统地记录一个经济实体（独立国家或地区）在一定的时期内（通常是一年）所从事的全部对外经济交易的统计报表。它能直接反映一国或地区的国际收支的基本情况。

国际收支平衡表是按照复式记账原理编制的。借方交易是对外国居民支付的项目，贷方交易是接受外国居民支付的项目。一切支出项目或资产增加、负债减少的项目都列为借方，记在负号（一）项目。反之，一切收入项目或资产减少、负债增加的项目都列为贷方，记在正号（＋）项目。按照"有借必有贷，借贷必相等"的记账原则，每笔经济交易必须以相等数额同时记入借方和贷方，单方面转移不发生支付问题，但也要列入平衡表的借贷两方。原则上，国际收支平衡表的借方总额和贷方总额应该是相等的，但实际操作中，由于种种原因，国际收支平衡表中每个具体项目的借贷两方经常是不平衡的，这种不平衡的差额称为局部差额，各项局部差额的合计就是国际收支总差额。当自主性交易的贷方金额大于其借方金额时称作国际收支顺差；反之，当自主性交易的贷方金额小于其借方金额时称作国际收支逆差。

根据经济分析的需要，国际收支平衡表中的经济交易项目是分类设立的。因世界各国的具体情况不同，国际收支平衡表的格式和项目设置有所不同。但一般情况下，国际收支平衡表的内容包括以下 3 项。

（一）经常项目

经常项目也称往来项目，它是反映一国与外国经济交往中经常发生的国际收支项目，也是国际收支中最基本、最重要的项目，经常项目包括贸易收支、劳务收支和单方面转移收支 3 部分内容。

1. 贸易收支

贸易收支又称有形贸易收支，是指由商品进出口而引起的收支，它包括商品进口和商品出口两项内容。根据国际货币基金组织的规定，商品进出口以本国海关统计为准，并且都按离岸价格（FOB）计算。离岸价格又称"船上交货价格"，是指从起运港至目的地的运输费和保险费等由买方承担，不计入结算价格之中的销货价格。

2. 劳务收支

劳务收支也称无形贸易收支，它反映一国因对外提供劳务或接受劳务所发生的收入或是支出。包括运输、保险、邮电、港口服务等货币收支；因文化交流而发生的货币收支，如国际旅游费等；因投资需要（国际投资的利息和股息）而发生的货币收支等。

3. 单方面转移收支

这是指与国外进行的无需偿还的、不对等价值的单方面转移所引起的收支。包括私人转移和政府转移。私人单方面转移包括侨民汇款、赠与、援助等，政府单方面转移有政府间的捐赠款项、军事援助、战争赔款等。

（二）资本项目

资本项目是反映一国资产或负债的增减状况，从期限上看，资本项目包括长期资本项目和短期资本项目。

1. 长期资本项目

长期资本是指期限在 1 年以上或未规定期限（如股票）的各种资本的交易情况。该项资本运行的特点是周期较长，风险较小。长期资本可以分为政府长期资本和私人长期资本，前者包括政府间的借贷、政府间的投资及国际金融机构贷款等；后者包括直接投资、私企直接投资在国外办企业等。

2. 短期资本项目

短期资本是指期限在1年或1年以下的资本及即期偿还的资本交易情况。该项资本运行的特点是形式多样，富有流动性和风险性。短期资本的形式主要有银行头寸调拨、国际贸易的短期融通和购买短期证券等。短期资本也可分为政府短期资本和私人短期资本两个项目。

（三）平衡项目

平衡项目也称结算项目，它是人为设立的用来平衡经常项目和资本项目的收支差额的一个项目。包括官方储备、错误与遗漏两部分内容。

1. 官方储备

这是指一国的货币金融管理当局（中央银行或是其他官方机构）持有的国际储备资产和对外债权，如黄金储备、外汇储备、基金组织分配给该国而尚未动用的特别提款权的余额。特别提款权是20世纪60年代后国际货币基金组织创建的一种新的国际储备资产，是一种记账单位。在某个基本期里，经国际货币基金组织讨论同意，可增加一国资金（资产），这就是特别提款权的分配。特别提款权可以用来调节一个国家的国际收支，一国国际收支逆差时，可动用特别提款权偿付逆差，并且可以直接用特别提款权偿还基金组织的贷款。例如，中国 2005 年上半年的外汇储备增加 1 010 亿美元，高于 2004 年同期增加的 674 亿美元的水平。2005 年 6 月末，我国外汇储备余额达到 7 110 亿美元。而特别提款权减少 0.22 亿美元，说明中国的储备资产有较大幅度的增加。需要注意的是官方储备过高会引起一国资产膨胀或出现经济的通货膨胀现象。

2. 错误和遗漏

由于编制国际收支平衡表的资料来源不同，资料的不全或统计的口径不一等其他原因，平衡表经常会出现偏差，所以人为地设立此项目来加以平衡。例如，国外亲友随身携带现金转赠给国内居民，国内只能记录到存款变化，而无法反映其国际收支交易的居民收入来源，会造成信息丢失。再如，商品走私等是管理当局难以统计的，难免产生信息遗漏。一般的国际收支平衡表格式如表 9-1 所示。

表 9-1　一般的国际收支平衡表格式

借方（−）	贷方（+）
一、经常项目	
1. 商品出口离岸价格（FOB）	1. 商品进口离岸价（FOB）
2. 劳务进口	2. 劳务出口
① 运费支出	① 运费收入
② 保险费支出	② 保险费收入
③ 银行佣金支出	③ 银行佣金收入
④ 旅游费支出	④ 旅游费收入
⑤ 外交费用支出	⑤ 外交费用收入
⑥ 其他支出	⑥ 其他收入
3. 利息、利润和佣金支出	3. 利息、利润和佣金收入
4. 外国援助支出	4. 外国援助收入
5. 侨民汇款支出	5. 侨民汇款收入
经常项目差额（+或−）	
二、资本项目	
1. 长期信贷支出	1. 长期信贷收入
2. 短期信贷支出	2. 短期信贷收入
3. 直接投资支出	3. 直接投资收入
4. 购进有价证券支出	4. 出售有价证券收入
资本输出入差额（+或−）	
三、官方储备项目	
1. 国家银行在国外存款增加	1. 国家银行在国外存款减少
2. 黄金库存增加	2. 黄金库存减少
3. 分配特别提款权的增加	3. 分配特别提款权的减少
四、错误与遗漏	
借方差额（−）	贷方差额（+）

三、国际收支不平衡的调节

一般而言，国际收支不平衡是一种普遍现象，国际收支平衡则是一种偶然的暂时的现象。造成国际收支不平的原因很多，如经济的周期性因素、结构性因素、收入性因素、突发性因素等。国际收支不平衡在一定情况下对经济具有积极意义，但长期、大量的顺差或逆差对经济的发展会带来严重的影响，因此，应该采取一定的措施来调节国际收支，使之有利于经济的发展和社会的进步。

（一）外汇缓冲政策

外汇缓冲政策是指一国政府为了调节国际收支不平衡，通过变动外汇的储备量或向国外借款的方法来消除外汇供求缺口的一种政策，从而调节国际收支的短期性不平衡。其调节手段包括两个方面：一是当国际收支出现顺差时，货币管理当局在外汇市场上买进外汇，增加外汇储备量。二是当国际收支出现逆差时，货币管理当局在外汇市场上出售外汇或是临时对国外借款，以减少外汇的储备量。

外汇缓冲政策是一种简单易行、效果明显的调节方法，它不仅可以调节国际收支平衡，还可以稳定汇率。但是由于一国的外汇储备量是有限的，所以不宜长期使用这种策略。

（二）财政和货币政策

1. 财政政策

财政政策主要是通过税收杠杆和政府支出来调节总需求。在国际收支出现逆差时，政府可以采取紧缩性的财政政策，例如，可以减少财政支出、增加税收，以抑制社会总需求和物价上涨，进而减少进口，缓解国际收支逆差现象。反之，在国际收支出现顺差时，政府可以采取相反的政策，扩大总需求以消除贸易收支和国际收支的盈余。

2. 货币政策

货币政策又称金融政策，主要是通过贴现政策和改变存款准备金率来调节国际收支的不平衡。当国际收支出现逆差时，政府可以采取紧缩性的货币政策，即在公开市场上卖出政府债券，或是提高再贴现率和法定存款准备金率等；反之，政府可以采用相反的政策，即扩张性的货币政策。

（三）国际经济金融合作

在全球经济一体化的今天，调节国际收支的不平衡不仅要强调本国自己的利益，同时也要兼顾他国的利益。所以在调节国际收支不平衡时，各国要注重加强国际经济金融合作，加强国际间的信用合作，加强与贸易伙伴国的磋商与对话，充分发挥国际金融机构在平衡一国国际收支中的作用等。

此外，还可以利用经济杠杆效应和直接管制等方法来调节国际收支的不平衡。直接管制的主要措施有：①货物输入或输出管制，如采取进口许可证制、出口许可证制、进口配额制等；②资本流动管制，如鼓励资本流入、限制资本流出等。

☆ 第二节　外汇与汇率

在中国国内购买商品或劳务时，可用人民币作为交易的媒介，到美国市场上购买东西时就不能用人民币了，要用美元。因为在国际经济交往中，各国都有独立的货币，一国货币不可能在另一国流通，所以在国际交易过程中首先遇到和要解决的问题就是外汇和汇率。

一、外汇

（一）外汇的概念

外汇又称国际汇兑，是一切以外国货币表示的资产。国际货币基金组织将外汇的范围概括为：①可以自由兑换的外国货币（纸币和铸币）；②各种外币长短期有价证券；③外币支付凭证；④其他外币资金。

根据《中华人民共和国外汇管理条例》的规定，外汇包括以下主要内容：①外国货币，包括纸币和铸币；②外币支付凭证，包括票据、银行存款凭证和邮政储蓄凭证等；③外币有价证券，包括政府债券、公司债券和股票等；④特别提款权等；⑤其他外汇资产，如黄金等；

（二）外汇的特点

从外汇的概念可以看出外汇具有以下特点。

1）外汇必须以外国货币来表示。任何以本国的货币及货币资产所表示的金融工具对本国人来说都不能称其为外汇。例如，英镑是国际间结算的一种常用外汇，这是针对英国以外的其他国家来说的，对于英国人而言，英镑不是外汇。

2）外汇必须具有自由兑换性。外汇在国际经济交往中能自由地兑换，这种兑换无需货币发行国的批准，不受任何限制，随时可以转换成其他各种金融资产。可自由兑换性也是外汇最本质的特点。

（三）外汇的种类

外汇的种类很多，国际货币基金组织及《中华人民共和国外汇管理条例》对外汇的内容和种类所作的说明如上文所述。另外，外汇还可以按自由兑换的程度分为自由外汇和记账外汇两类。①自由外汇是指无需货币发行国的批准即可自由兑换成其他国货币并且能在国际市场上流通转让的货币，如美元、欧元、英镑等 50 多种货币都是自由外汇；②记账外汇又称协定外汇，是指记载在双方指定银行账户上的外汇，它是一种非自由外汇，这种外汇需要货币发行国的批准才能在国际市场上兑换成其他国家的货币或对第三者进行支付。在清算（支付）协定下，两国之间的贸易往来无须逐笔结清。当一方完成一笔进口或出口交易时，两国银行根据协定分别记账，将交易金额以记账外汇记在双方指定银行的清算账户上，到协定的期限再清偿双方债权债务的账户差额。如我国对芬兰马克、几内亚西里等就是记账外汇。

此外，按照外汇的来源和用途，可将其分为贸易外汇和非贸易外汇；按照外汇的买卖交割期不同，可将其分为即期外汇和远期外汇。

二、汇率

（一）汇率的概念

中国人要去日本，要用日元在日本消费，这就涉及人民币兑换日元的问题，那么，按照多少比例来兑换呢？这个比例就是汇率。汇率是两个国家货币的折算比率，即以一国货币表示的另一

想一想

自由外汇与记账外汇有何不同？

小贴士

常用外国货币英文简写如表 9-2 所示。

表 9-2　常用外国货币英文简写

货币名称	英文简写
人民币	RMB
美元	USD
日元	JPY
欧元	EUR
英镑	GBP
菲律宾比索	PHP
德国马克	DM
瑞士法郎	CFR
法国法郎	FRF
加拿大元	CAD
俄罗斯卢布	SUR
意大利里拉	ITL

国货币的价格。假设用 A 表示本国货币，用 B 表示外国货币，则这两国之间汇率的表达公式为

$$汇率 = \frac{A货币}{B货币}$$

或

$$汇率 = \frac{B货币}{A货币}$$

至于是用本国货币来表示外国货币，还是用外国货币来表示本国货币，则取决于一国所采用的不同汇率标价方法

（二）汇率的标价方法

两种不同货币进行折算时，两种货币都可以作为货币的折算标准。但是其折算的意义和结构是截然不同的，由于折算标准的不同，便产生了不同的汇率标价方法。概括起来主要有下列两种标价方法。

1. 直接标价法

直接标价法是以单位外币为标准折算为若干本国货币的标价方法，也就是说，买进一定数额的外币需要支付多少本国货币。例如，2008 年 1 月 31 日，中国外汇交易中心公布：USD100=RMB718.53。意思是，在中国外汇市场上，购买 100 美元需要支付人民币 718.53 元。目前世界上绝大多数国家都采用直接标价法，我国目前采用的就是该种方法。

在直接标价法下，外国货币的数量是固定的，而折算成本国货币的数额是随着外汇市场行市的变化而变化的。这种变化表现为两种情况：一是当单位外币折算的本币的数额增多时，如 USD100=RMB718.80，则说明外汇汇率上涨，即外币升值，本币贬值；反之，如 USD100=RMB717.33，则说明外汇汇率下降，即外币贬值，本币升值。

2. 间接标价法

与直接标价法相对应的是间接标价法，是指以单位本币为标准折算为若干外国货币的标价方法。它表示支付固定单位的本国货币，应收回外国货币的数额。此种标价法下的本国货币数量是固定的，而折算成外国货币的数额是随着外汇市场行市的变化而变化的。汇率的变动情况正好与直接标价法相反。目前，世界上采用间接标价法的国家主要有美国和英国。需要注意的是间接标

价法下计算的汇率与直接标价法下的汇率互为倒数关系,所以掌握了其中一种标价法下的汇率值,就可以求出另一种标价法下的汇率值。值得注意的是,在判断某种货币汇率的涨跌时,必须先明确采用的是哪种标价法,因为两种标价法下汇率涨跌的含义正好相反。

(三)汇率的种类

汇率按照不同的划分标准可以分为不同的种类,以下是几种常用的汇率。

1. 按照银行买卖外汇的目的不同,可分为买入汇率、卖出汇率和中间汇率

买入汇率又叫外汇买价,是指银行买入外汇时所使用的汇率。卖出汇率又叫外汇卖价,是指卖出外汇时所使用的汇率。银行赚取其中的差额部分,例如,中国银行某日挂牌的美元汇率是买入价(人民币元)100 美元=720,而卖出价(人民币元)100 美元=723.36,则说明承做 100 美元的买卖,银行可得到外汇兑换收入 3.36 元人民币。在外汇市场上,银行报价通常是遵循双向报价的原则,即同时报出买入汇率和卖出汇率。而银行在买卖外汇时遵循的原则是:贱买贵卖。即卖价要高于买价,从中获得差额收益。买入和卖出汇率的差额幅度一般在 0.1%~0.5%,西方国家有的外汇买卖差价幅度可以低于 0.1%,而我国外汇买卖差价率为 0.5%。中间汇率是买入汇率和卖出汇率的平均数,即中间汇率=(买入汇率+卖出汇率)/2。例如,假设在纽约外汇市场上 1 美元折合 131.40/60 日元。那么其中间汇率是 1 美元兑 131.50 日元。

2. 按照汇率制定的方法不同,可分为基础汇率和套算汇率

由于世界货币种类繁多,将本国货币与每一种外国货币之间的汇率都一一折算出来,即麻烦又需要过高的成本费用。可以先折算出本国货币与一种外国货币的计算比率,在此基础上再折算本国货币与其他外币之间的汇率比例。例如,有甲、乙、丙等多种外币,一国在折算其本国货币汇率时,可以先计算出本币与某一种外币(如是甲)之间的比例,之后根据甲与乙、丙的汇率关系折算出本币与乙、丙的比例。则称本币与甲之间的汇率为基本汇率,本币与乙、丙之间的汇率为套算汇率。再如,2008 年 8 月 16 日人民币对美元的基本汇率是 1 美元=6.87 元人民币,当日美元对英镑的基本汇率是 1 美元=0.535 9 英镑,则可以套算成人民币对英镑的汇率为 1 元人民币＝0.078 英镑。

从上面的例子可以看出,基础汇率是指本国货币与外国某种货币之间的汇率,这里的"外国某种货币"一般是关键货币,即在国际交往中能自由兑换并且被普遍接受的货币。目前,美元是世界上最主要的货币,大多数国家一般选用本国货币与美元之间的汇率作为基础货币。本国货币与其他国家货币之间的汇率可以由基础汇率套算出来,套算出来的汇率就是套算汇率。

3. 按照外汇买卖成交后交割时间的长短不同,可分为即期汇率和远期汇率

即期汇率又称现汇汇率,它是交易双方达成外汇买卖协议后,在当时或两个营业日内办理交割时使用的汇率。即期汇率能较好地反映目前外汇市场的汇率水平,它适用于外汇的现货买卖。远期汇率又称期汇汇率,是外汇买卖双方达成协议,并事先约定在未来某一时间进行外汇实际交割时所使用的汇率。所谓"交割",是指买卖双方履行交易契约,进行钱货两清的授受行为。

4. 按照国际汇率制度的不同,可分为固定汇率和浮动汇率

固定汇率是指一国货币与另一国货币的兑换比率基本固定的汇率,它是一国政府用行政和法律手段确定下来的。值得注意的是,固定汇率并不是完全固定不变的汇率,而是围绕一个相对固定的上下限范围波动。浮动汇率是指汇率水平完全由外汇市场上的供求状况自行决定,政府不加任何干预的汇率。美国最早采用这种汇率,随后西方国家普遍采用。我国目前实行的是在市场供求的基础上,单一的、有管理的浮动汇率制度。

此外,汇率的种类还有很多,如按照对外汇管理的宽严程度不同,分为官方汇率和市场汇率;按照外汇资金的性质和用途不同,分为贸易汇率和金融汇率等。

（四）影响汇率变化的主要因素

影响汇率变化的因素是多方面的,既有经济因素也有政治因素,既有国内因素也有国外因素。但总体看来,决定汇率长期发展趋势的根本原因是一国经济实力的变化和该国宏观经济政策的选择。

想一想

举例说明基础汇率和套算汇率的关系。

1. 世界各国的经济实力和宏观经济政策

如果一国的经济实力雄厚，其在国际经济交往中贸易频繁，在国际经济中发挥重要作用，则对外汇的影响就大。而一国在货币、财政政策、经济增长政策等宏观经济政策和目标的选择，不仅会对国内经济产生重要影响，同时也影响了汇率的变化。

2. 外汇的供给与需求

外汇汇率的变化与其他商品的价格变化一样，同样受到供求关系的影响。如果外汇市场上外汇供给大于需求，外汇汇率就会呈现下跌趋势；反之，如果外汇供给小于需求，外汇汇率就会趋于上涨。

3. 国际收支状况

一国的国际收入和支出很难达到平衡，一般情况下，表现为两种情况：一是国际收入大于国际支出，即国际收支顺差，说明顺差国在一定时期内外汇收入大于外汇支出，别国对顺差国货币需求增加，就会导致顺差国货币汇率上升，外汇汇率就会下降；二是当一国出现国际收支逆差时，本币汇率下降，外汇汇率上升。应该注意，国际收支只是大体上能够反映外汇市场的供求状况，并且它反映的是过去一定时期的外汇供应状况，本身并不能反映未来的外汇供求关系，不能只从国际收支状况来判断外汇市场上汇率的变化。

4. 利率水平

在当今国际金融活动中，利率是影响汇率变化的最直接因素。利率水平高低反映了借贷资本的供求情况，其变动会引起金融资产的流入和流出。当一国利率水平高于其他国家时，对本国和外国投资者来说更具有吸引力，从而导致资本内流、对本国货币的需求量增大，结果是本币升值、外币贬值、外汇汇率下跌；反之，会导致国内资本外流，外汇需求增大，结果是本币贬值、外币升值、外汇汇率上升。近年来，中国人民银行不断地加息政策使我国的利率水平日趋走高，使人民币不断地升值，至2006年年底，人民币兑美元汇率中间价涨幅近4%。

5. 通货膨胀

通货膨胀产生的直接原因是流通中的货币量超过了商品流

通过程中实际需要货币量。它通常表现为该国物价的上涨，货币贬值。在其他经济条件不变的情况下，一国货币的对内贬值必然会导致外汇汇率的上涨。值得强调的是，如果两国都出现通货膨胀，而且程度大体相同，这时货币的对内贬值就不会引起对外贬值，也就不会过多地影响外汇汇率的变化。

6. 其他因素

在外汇市场上，汇率的变化是复杂的更是敏感的。各国的经济发展情况、汇率政策和对市场的干预程度、投机者的市场预期心理、国际上突发的重大事件等因素都对汇率的变化造成一定程度的影响。

（五）汇率变动对经济的影响

汇率与经济有着千丝万缕的联系，汇率的变动对一国或国际经济都有较大的影响，主要有以下两个方面。

1. 汇率变动对国内经济的影响

（1）汇率变动影响国内物价水平的上涨或下跌

汇率的变动对本国国内经济的影响最直接的表现是物价水平的变动。第一，当本币汇率下降，外币汇率上升时，以本币表示的进口商品（或原材料）的价格就会上涨，导致产成品或生产成本的上升，其价格必然上涨，进而带动国内其他商品价格的上涨。反之，则导致国内商品价格的下降。例如，日本、英国的食品和原材料主要依靠进口，其本币汇率的变动会立即对消费品及原材料的国内价格产生影响。在英镑对外汇率下跌的情况下，英国必需的原料与食品的进口又不能减少，国内以英镑表示的食品与原料的价格必然高涨，从而推动英国国内消费物价水平的提高。

（2）汇率变动影响国内利率的变动

在货币发行量固定的情况下，当一国本币汇率下降，外币汇率上涨时，由于贸易和资本流的影响，本国外汇收入增多，导致国内货币供给量增加，从而使国内利率水平下降；反之，国内利率水平会上升。

（3）汇率变动影响国内就业率和国民收入水平

当一国本币汇率下降，外汇汇率上升时，则有利于出口而不利于进口，会使该国的出口产业部门扩大生产规模，从而带动国内其他产业的发展，产业的发展要求增加更多的就业岗位，这样

2005 年 7 月 21 日，我国启动人民币汇率形成机制改革，人民币不再钉住单一美元，而是参照一揽子货币进行调整。除了美元，欧盟和日本也是我国主要贸易伙伴，因此，欧元和日元在一揽子货币中的地位举足轻重。

想一想

汇率变动对经济有哪些影响？

讨论

理查德·威尔基是威斯康星州的一家小公司老板，公司生产割草机和收割机使用的刀片。眼下，威尔基担心，来自中国的竞争不久就会让自己的生意受到影响。他还担心，如果政府的帮助来得太迟。威尔基说："如果让中国的汇率上升到应有的水平，也就是说比现在高 40%的话，那么我们所有的人都能获得一定程度的保护。"人民币升值意味着中国公司必须要提高出口商品的价格才（转下页）

不仅提高了就业率，而且推动国民经济的发展和国民收入的增加。反之，就会减少就业机会和国民收入。2008 年一季度，人民币对美元汇率升值步伐明显加快，人民币对美元升值，会压制主要以美元计价的出口企业的利润。尤其是纺织、服装等对出口依赖较大的行业受到的影响比较明显。近期，广东、山东等外资投资热点地区已经出现了劳动密集型出口企业外迁倒闭等现象。

2. 汇率变动对国际经济的影响

汇率的变动对国际经济的影响是比较大的。当一国货币汇率下跌时，有利于该国出口，而发达国家为了争夺销售市场不免会发生争执，这在一定程度上加剧了发达国家之间的矛盾，促进区域经济集团的建立和加强。同时，发达国家出口的扩大会冲击发展中国家的产业结构和发展规模，导致发达国家和发展中国家之间的矛盾加剧。此外，主要货币汇率的不稳定还会对资本流动方向、世界贸易和国际储蓄带来一定的影响。20 世纪 80 年代以前，美元汇率急剧下跌，日元与联邦德国马克的汇率日益上升，资本主义世界货币十分动荡。美国政府对美元汇率日趋下降的现象放任不管，其目的就在于扩大本国的出口，迫使日本及西欧等工业发达国家采取刺激本国经济发展的措施，以扩大从美国进口。美元汇率的一再下降，加深了西欧共同体国家的困难，使这些国家陷入经济增长缓慢、失业现象严重以及手中持有的美元价值日益下跌的困难处境。就是在这种情况下，当时欧洲共同体 9 国决定建立"欧洲货币体系"，确定成员国之间汇率波动界限，建立欧洲货币基金，并创设欧洲货币单位。"欧洲货币体系"的建立，固然是共同体实现财政经济联合、最终走向货币一体化的必然过程，但美元日益贬值，美元汇率急剧下降则是促进"欧洲货币体系"加速建立的一个直接原因。

第三节 外汇管制

当今世界，国际间的经济往来日益频繁，外汇交易也日趋重要和复杂，外汇市场的作用和地位备受各国政府的重视。外汇管制的重要性就不言而喻了，目前，世界上所有的国家都实行某种程度上的外汇管制，事实上，完全不受管制的自由外汇交易是不存在的。那么，什么是外汇管制？外汇管制的目的和体制是什么？我国外汇管制的主要内容有哪些？

一、外汇管制的含义和目的

（一）外汇管制的含义

外汇管制也称外汇管理，是指一国政府为了维持本国货币的汇率稳定、平衡国际收支状况及其他目的，而授权货币行政当局对外汇的收支、买卖、借贷及外汇汇率、外汇市场和外汇资金的来源与运用所采取的行政性限制措施。具体来讲，是指一国通过法律、法令或法规，授权中央银行或设立专门的外汇管理机构，对其管辖范围内的银行及其他金融机构、企事业单位、社会团体和个人所有涉及外汇收支、存储、兑换、转移与使用等的活动，以及对本国货币汇率制度和外汇市场所采取的各种限制性政策措施。

（二）外汇管制的目的

外汇管制是政府干预经济生活的一种强制性手段。一般来说，各国实行外汇管制的目的有以下几种：①稳定本币和外币的汇率，减少因汇率变动而带来的经济或政治风险；②保持国际收支平衡或改善国际收支状况；③减少或避免国际市场价格波动对本国市场价格的冲击，以稳定国内物价水平；④增强本国商品的国际竞争力；⑤促进本国商品和劳务的有效输出，有效利用外资，以保护和扩大本国经济的健康发展；⑥维护金融市场的稳定和金融的安全。

二、外汇管制的内容

由于经济和政治原因，各国在国际经济中的地位和作用不同，外汇管制方法会各有侧重，但其外汇管制的基本内容是一致的，即一国外汇管制的基本内容包括以下3个方面：管制的对象；管制的机构；管制的方式和措施。

（一）外汇管制的对象

外汇管制的对象也就是外汇管制的客体。一般来说，包括对

讨论

（接上页）能保持原有收入水平，那将缓解威尔基等小制造商的压力。但是，许多在中国制造产品、而向美国出口的大公司都因为人民币疲惫而受益。如威尔基一般的小制造商们纷纷支持国会的一项议案，如果中国再不采取行动，就要对中国实施惩罚。而一些大公司认为如果中国提高人民币汇率，该公司在全球范围内的业务并不能受益很大，正确的方式是"一步一步来"。

请问：

1）人民币汇率状况对中美双方制造商的影响有哪些？

2）在目前情况下人民币自由浮动是否可行？

277

人的外汇管制、对物的外汇管制、对地区的外汇管制、对行业的外汇管制和对国别的外汇管制 5 个方面。

1. 对人的外汇管制

外汇管制对于居民、非居民及不同国家的非居民，给予不同的待遇政策。一般情况下，外汇管制法令对居民的管制较严，对非居民的管制较宽松。这里需要指出的是什么是"居民"，什么是"非居民"。根据自然人（即个人）和法人（即依法成立的组织机构）居住地不同，可以将其分为"居民"和"非居民"。所谓"居民"，就是长期（一年以上）在本国境内定居和经营的自然人和法人。"非居民"的含义正好与"居民"相反，同时，驻本国的外国领馆人员和国际组织派驻本国的办事机构的工作人员也是"非居民"。

2. 对物的外汇管制

对物的外汇管制是指对各种形式的外汇进行不同的管制。主要包括对外国货币、外币支付凭证（如汇票、本票和支票等）和外币有价证券（如债券、股票和人寿保险单等）及贵金属等进行管制。

3. 对地区的外汇管制

对地区的外汇管制是指以本国国土为外汇管制地区进行管制，如通常各国对出口加工区、保税区和经济特区等实行较宽的管理政策。

4. 对行业的外汇管制

针对不同的行业采取不同的管制措施。例如，对传统的落后的产业实行较严的管理政策；而对高新技术和新兴产业实行优惠政策。对高新技术和人民生活必需品的进口采取较优惠的政策，而对生活奢侈品行业的进口则采取较严格的政策。

5. 对国别的外汇管制

针对不同国家（地区）的情况给予不同的管制政策。如对友好的国家和盟国外汇管制较松，而对其他国家外汇管制则较严。

（二）外汇管制的机构

行使外汇管制职能的机构通常是由一国政府的授权机构来完成的，可以是一国的中央银行，也可以是其财政部门或专门设立的机构。例如，美国的外汇管制机构是财政部；英国是由英格兰银行代表其财政部门来执行的；法国、中国等国家是由国家外汇管理局这一专门机构负责；而日本的外汇管制是由大藏省和通产省负责的。

（三）外汇管制的方式和措施

世界上所有的国家都实行某种程度上的外汇管制，区别只是管制的松紧程度不同。实行外汇管制的国家，一般从以下5个方面入手。

1. 对贸易外汇的管制

贸易外汇管制是整个外汇管制中最重要、最复杂的一项管理内容。它包括对出口收汇的管制和对进口付汇的管制两个方面。

（1）对出口收汇的管制

为了加强对出口外汇收入的控制，外汇管理当局一般要规定出口商必须把出口贸易所得外汇或部分外汇按官定利率结售给指定银行，还采取颁发出口许可证的办法以加强控制。此外，许多国家为了鼓励出口，给出口商一些优惠待遇，如税收优惠、信贷优惠等。

（2）对进口付汇的管制

进口付汇是指进口商品时，要付给外商外汇。在进口付汇方面的管制，各国一般通过进口许可证制度来管理。为了限制某些商品的进口，有的国家还经常采取下列措施：进口存款预交制；限制进口商对外支付使用的外币等。按照我国外汇管理体制的要求，付汇时要求提供货物进口时的进口报关单，到外汇管理局核销出口。这样就要求进口企业要严格按照正常贸易活动的外汇需要来使用外汇，杜绝各种形式的套汇和骗汇等违法犯罪行为，从而维护健康稳定的金融秩序。

2. 对非贸易外汇的管制

非贸易外汇收支的范围很广，他们包括运输费、保险费、佣金、股利、利息、许可证费、专利费、特许权费、版权费、稿费、奖学金、留学生费及旅游费用和侨汇外汇的收支等。基本上按照贸易外汇的管制办法来处理,各国政府为了鼓励本国人获得非贸易外汇的收入,允许居民将个人劳务收入和携入款项在外汇指定银行开设外汇账户,并免征利息所得税。

3. 对资本输出、输入的管制

资本的输出、输入对一国国际收支的顺逆差具有较直接的影响,因此,各国都结合本国国情、针对不同时期国际收支的不同情况,对资本的输出、输入采取一定的措施。一般来说,发展中国家很重视对资本的输出、输入管理,主要表现为限制资本输出、积极引进资本输入;而发达国家很少采取措施限制资本输出、输入,即使采取措施,也是为了减轻对汇率和储备的压力,避免通货膨胀。

4. 对汇率的管制

为了达到改善国际收支和稳定汇率的目的,各国在不同程度上对汇率进行管制。主要有直接管理和间接管理两种形式。

1）直接管理。这种管理是通过有管理的浮动、钉住单一货币、钉住一揽子货币和实行复汇率制度来实现的。

2）间接管理。这种管理主要是政府利用宏观的外汇干预政策来实现的,当一国发生国际收支逆差时,即国际收入小于国际收支,因外汇供不应求而引起外汇汇率上涨,中央银行就抛出外汇收回本币,以抑制外汇汇率的上升;反之,则中央银行用本币买进外汇,以防止汇率继续下跌。

5. 对货币、黄金的管制

实现外汇管制的国家,一般要禁止个人或企业携带、拖带或邮寄黄金出境,或是限制其数量,有的国家还禁止私人输入黄金;对本国现钞的输入要实行登记制度,规定输入的限额并要求用于指定的用途。对于本国现钞的输出则由外汇管理机构的审批,规定其限额。

三、我国现行外汇管制的主要内容

新中国成立以来,我国外汇管制工作在国家的不同发展时期做出了重要贡献。但是也存在许多问题,不适应现代市场经济的发展和国际间的交往与合作。1993 年 12 月 28 日，中国人民银行制定和发布了《关于进一步改革外汇管理体制的公告》，标志着我国的外汇管制进入了深化改革的新时期。2001年，我国加入了世界贸易组织，外汇管制也主动地顺应了这一趋势，进一步深化改革，使外汇管制体制得以继续完善，其主要内容如下。

（一）实行汇率并轨，建立浮动汇率制度

所谓"汇率并轨"，是指把外汇汇率与官方汇率合二为一，只保留一个汇率。1994 年 1 月 1 日起，我国的官方汇率与市场调剂汇率并轨，取消了人民币官方汇率，实行以市场需求为基础的、政府在必要时予以干预的浮动汇率制度。

（二）取消外汇留成和上缴，实行银行结汇、售汇制度

1．银行结汇

这是指企业把外汇收入按照当日的汇率卖给外汇指定银行，银行收取外汇，兑给企业人民币的过程。与外汇管制改革之前比较，我国现阶段的结汇制度有两个特点：一是结汇所需本币资金由外汇指定银行自行解决，中央银行不再提供，央行也不再是结汇银行；二是取消了外汇留成和上缴制度及外汇的额度管理。

2．银行售汇。

这是指当企业或事业单位需要外汇时，只需持有效凭证到外汇指定银行用人民币兑换，即可得到相应的外汇。

（三）实行人民币经常项目可兑换，对资本和金融项目下的用汇继续实行审批制度

1996 年，我国实行了人民币经常项目可兑换。包括以下几个方面：①经常项目外汇收入实行限额结汇制度；②对于境内机构的经常项目用汇，除了个别项目需审核外，可以直接凭有效凭证到外汇指定银行办理购汇或转账支付业务；③实行进出口收付汇核销制度。1991 年 1 月 1 日，我国开始实行出口收汇核销制度；1994 年 8 月 1 日始，又实行了进口付汇核销制度。出口收汇核销是指货物出口后，由外汇管理局对相应的出口收汇进行核销；进口付汇核销是指进口货款支付后，由外汇管理局对相应的

小资料

外汇管制的必要性

东南亚金融危机的诱因之一——东南亚各国过早放松外汇管制

亚洲各国和地区不合理的金融政策和金融结构是东南亚金融危机爆发的原因之一，其主要表现在盲目地实行金融自由化，过早放松外汇管制。金融自由化和全球化最初始于西方发达国家，其核心是通过放松外汇管制，实行货币兑换的自由化，资本账户的开放促进国际资本市场全球化。自 20 世纪 80 年代以来，亚洲各国作为新兴市场，陆续采取了金融自由化的政策。1990 年 4 月泰国正式接受国际货币基金组织协定的有关义务，取消了经常账户国际支付的限制。1993 年泰国出台两项重要政策以开放资本账户：一是开放离岸金融业务，批准数家商业银行可以从国外吸收存款和借款，并可以在国内外以外币形式贷款；二是允许非居民（转下页）

281

（接上页）在泰国商业银行开立泰铢账户，进行存款或贷款。非居民泰铢账户的建立，导致短期资本大量流入，因为泰国国内利率较高，外国居民从境外带入外币，再变成泰铢存款吃利差。据统计，在1996年通过非居民泰铢账户的资金有10万亿泰铢，是泰国私人国际资本流动中交易量最大的一项。除泰国外，马来西亚和印尼在开放本国货币方面也实行了积极的自由化政策，其结果是造成这些国家在经济发展未成熟前过早地实现了货币的可自由兑换，无法承受国际游资对本国汇市和股市的冲击，从而诱发东南亚金融危机。

中国外汇管制正在逐渐松绑

我国的外汇管制正在放松。2004年12月，央行调整人民币出入境限额，中国公民出入境、外国人入出境每人每次携带的人民币限额由原来的6 000元人民币调整为20 000元人民币。今年8月，外汇局调高居民出境换汇的额度，最高可至等值8 000美元，同时境（转下页）

到货进行核销。出口收汇核销和进口付汇核销制度，成为监督进出口外汇资金流动、进行经常项目下银行结售汇真实性审核、防范外汇资源流失和违规资本流动冲击的重要手段。但是为了防止资本项目下的外汇收支混入经常项目结售汇，以及不法分子通过结售汇渠道骗购外汇，对于资本和金融项目外汇的结汇、售汇及属于资本和金融项目的外汇收支均须经过国家外汇管理局的审批、核准，方可办理。

（四）禁止外币在境内计价、结算、流通

自1994年1月1日起，我国取消任何形式的境内外币计价结算；禁止外币在境内流通；禁止境内自由外汇买卖（指定的金融机构除外）；停止发行外汇券。

（五）进一步规范了外汇市场

外汇体制改革后，消除了外汇供求的分割和地区价差。从1998年12月1日起，取消了外商投资企业的外汇调剂业务，将该业务全部纳入银行结售汇体系，促使我国外汇市场的统一，同时对我国外汇资源的配置也起到了一定的优化作用。2001年8月，国家外汇管理局与公安部联合成立了"全国打击非法买卖外汇违法犯罪活动联合办公室"，各地也成立了相应的工作协调机构，通过外汇、公安部门紧密协作、优势互补，增强完善了打击非法买卖外汇的执法力度和手段。

第四节　国际信用

所谓国际信用，是指国际间相互提供的一种信用形式。它是世界经济一体化的产物，其目的是为了克服国际收支不平衡和在全球之间进行资金余缺的调剂。现代国际信用的主要形式有出口信贷、国际间银行信贷、补偿贸易、政府信贷和国际金融机构贷款、发行国际债券等。

一、出口信贷

出口信贷是一种国际信贷形式，是一国政府为了鼓励本国商

品出口加强本国商品的国际竞争能力,对本国出口给予利息补贴并提供信贷担保的一种贷款方式。

出口信贷具有官方资助的性质,是一种相对优惠的贷款,贷款的利差由出口国政府补贴。出口信贷的形式有卖方信贷和买方信贷。卖方信贷是出口国银行向出口商提供的一种信贷形式,其当事人有三方:出口商、进口商和出口国银行;买方信贷是指出口国银行向进口方提供的一种信贷形式,这种信贷有两种形式:一是出口方银行向进口商提供贷款,二是出口方银行向进口方银行提供贷款。其实,买方信贷的实质是一种银行信用,它相对于卖方信贷来说,更受进出口双方的欢迎。

二、国际间银行信贷

国际间银行信贷即国际商业银行信贷,是指一国借款人(银行、大型企业或政府等)向外国贷款银行借入货币资金的一种信贷形式。这里的"外国贷款银行"包括资金雄厚的大银行,也包括中小银行和非银行的金融机构。

与出口信贷不同的是,国际间银行信贷中的借款人可以根据自己的实际需要自由地使用这笔贷款资金,即其资金用途不受贷款银行的限制,也不和某一特定的进口项目有联系,且贷款的方式灵活多样,手续简单易行。正因为如此,国际间的银行信贷利率较高,而且利率的变化也较大。

在国际金融市场上,国际银行信贷按照贷款期限的长短可分为短期信贷、中期信贷和长期信贷 3 种。短期信贷一般指一年以内的信贷,借贷期限最短为一天,称之为日拆,还有一周、两个月、三个月、六个月等几种,其中以三个月或六个月的期限居多。中期信贷是指一年以上 5 年以内的信贷。信贷金额通常在 1 亿美元左右。长期信贷是指 5 年以上的信贷,金额在 1 亿美元以上。为了满足借款人需要和分散风险,长期信贷通常是由银团共同贷给某一客户,银团是由一家银行牵头,由该国或几国的多家银行参加的一种临时贷款组织。

三、补偿贸易

(一)补偿贸易的概念

补偿贸易是买方以赊购方式进口设备和技术或兴建工厂企

想一想

为什么说买方信贷更受进出口双方的欢迎？

讨论

擅自改变补偿贸易补偿形式的后果谁承担

2002 年 10 月，中国甲公司与比利时乙公司签订了《补偿贸易合同》，合同规定由乙公司向甲公司提供一种生产成套设备，设备金额 150 万法国法郎，甲公司以其使用乙公司提供的设备所生产的产品分 3 年偿还全部设备款，合同还规定了返销产品的价格与违约金。该合同经政府主管部门批准而生效。合同生效后，乙公司按照合同规定交付了设备，甲公司依照合同规定用该设备生产的产品向乙公司偿还了第一年的设备款 50 万法郎。到了第二年，国际市场发生激烈变化，该产品价格上涨幅度达 30%。

（转下页）

业等，双方规定，投产后以所生产的全部产品或部分产品或是双方规定的其他指定商品偿还贷款的本息。早期的补偿贸易主要用于兴建大型工业企业，后来的补偿贸易趋向多样化发展，不仅有大型工业企业，也有中小型项目，我国在 80 年代时，曾广泛地利用补偿贸易的方式引进国外先进的技术设备，对我国利用外资促进商品生产和销售有重大意义。

（二）补偿贸易的形式

1. 直接产品补偿贸易

这是指买方以赊购方式进口设备和技术，双方在协议中规定，以该项目（或技术）投产后所生产出来的产品偿还本息。直接产品补偿是开展补偿贸易的最基本形式，这种方法局限于该设备或技术生产的直接产品必须是对方所需的，或是国际上畅销的，否则对方不愿意接受。例如，某国进口日本的技术设备用于建设摩托车厂，在进口技术设备时先不付现汇，待该厂投产生产出摩托车后，用该厂生产的摩托车偿还债务。

2. 间接产品补偿贸易

当引进设备技术所生产的直接产品不是提供设备技术方所需要或在国际市场销路不好时，由引进方和提供方进行协商，可以采用间接产品来补偿。它是指买方以赊购方式进口设备和技术，双方在协议中规定，用与进口设备或技术没有直接联系的其他商品或劳务来偿还本息。其中，以劳务偿还本息一般常用于同来料加工或来件装配相结合的中小型补偿贸易中。承上例，若以摩托车以外的产品（如布匹）来偿还债务的话，这就是间接产品补偿贸易。

以上两种情况可以根据实际情况单独使用，也可以根据需要将它们结合起来综合使用，有时也可以经过双方协定，一部分采用直接产品或是间接产品来偿还，而其余部分用现汇偿还等。这种偿还的方法叫做混合补偿贸易。同时，当补偿贸易的形式确定之后，任何一方不得擅自改变补偿贸易的形式。

四、政府信贷和国际金融机构贷款

（一）政府信贷

政府信贷也称政府贷款，是指一国政府利用本国的财政资金向另一国政府提供的中长期优惠贷款.政府信贷一般用于借款国的基础设施、基础工业、公共设施、福利设施等领域,与其他信贷方式相比,政府信贷的最大特点是其具有双边经济援助性质.所以,这类贷款的期限较长、利率较低.政府信贷属于中长期贷款,一般为 10～30 年,有的甚至长达 50 年,且利率低,一般在 1%～3%,有的无息。

政府信贷虽然是一种经济援助性质的优惠贷款,但是取得这项贷款的条件和限制也较多.首先,政府信贷的前提条件是要求双边国家政府要有良好的政治关系;其次,政府信贷款项大多与项目相联系,如美国的政府贷款主要是专款专用;再次,利用政府贷款,必须在建设项目按照规定程序及审批权限经过批准后,才可以向国外借款。

(二)国际金融机构贷款

人们在生活或生产中遏制资金短缺时可以向亲朋借钱或向银行贷款,那么一个国家财政出现赤字时应该怎么办呢?解决的方法有两种:一是向国内借钱;二是向国际借钱.向国际借钱就是向国际金融机构贷款的问题

国际金融机构贷款是指国际金融机构的成员国从世界性国际金融机构或是从区域性国际金融机构获得的一种贷款.国际金融机构贷款是一种中长期的国际信贷,这种信贷形式极大地促进了世界贸易的发展。

国际金融机构分为两类,一类是世界性国际金融机构,主要有国际货币基金组织、世界银行、国际开发协会、国际金融公司和国际清算银行;一类是区域性国际金融机构,主要有亚洲开发银行、欧洲投资银行、非洲开发银行和阿拉伯货币基金等组织.只有国际金融机构的成员国才能获得国际金融机构的贷款,而且各个国际金融机构的贷款条件和业务内容都不尽相同.我国常得到国际货币基金组织、世界银行和亚洲开发银行的贷款,目前,向世界银行贷款是我国最大的外资来源,在贷款部门结构中,基础建设项目的比重在不断地扩大。

五、发行国际债券

国际债券是指一国政府当局、公司企业、金融机构或国际组织等单位,为了筹措和融通资金而在国际债券市场上发行的以外国货币为面值的债券.国际债券的重要特征是债券

讨论

(接上页)甲公司认为,原合同对返销产品的作价不合理,要求修改合同或签订补充协议,提高返销产品的价格,乙公司不同意。于是,甲公司擅自将产品直接出口,在国际市场销售,并用所得外汇向乙公司偿还设备款 50 万法郎。为此,双方发生争议,经协商不能解决,1999 年 12 月 2 日,乙公司遂根据合同中的仲裁条款提起仲裁,要求甲公司交付产品或按 130%支付设备款,并按合同规定支付 5%的违约金。在仲裁庭辩论中,甲公司认为,其已如数支付了设备价款,就履行了合同。而乙公司则认为,合同规定用产品偿还,该产品国际市场价格上涨 30%,其转售产品应得的利益被剥夺,故甲公司应补偿 30%,并支付违约金。

请问:

1)甲公司不交付产品而直接支付外汇是否合理?为什么?

2)甲公司擅自改变补偿贸易补偿形式的后果应由谁承担?

的发行者和投资者属于不同的国家，筹集的资金来源于国外市场。

依照发行债券所使用的货币和发行地点的不同，可将其分为外国债券和欧洲债券两种。

外国债券是指债券发行者在其本国以外的任何一个国家发行的、并以发行地所在国的货币为面值的债券，即债券的发行地和债券面值的货币同属于某一外国。外国债券是传统的国际金融市场业务，它的发行必须经过发行地所在国金融管理当局的批准，并遵守该国的有关制度和规定。例如，1982 年 1 月，中国国际信托投资公司在日本东京资本市场上发行了 100 亿日元的债券就属于外国债券。

欧洲债券是指借款人在债券票面货币以外的国家发行的债券，即这种债券的发行地和债券面值的货币属于不同的国家。这类债券的发行灵活性较大，它不受某一国家金融管理当局的管辖。例如，法国一家机构在英国债券市场上发行的以美元为面值的债券就是欧洲债券。

无论是外国债券还是欧洲债券，都不是发行者直接发行的，而是筹资人委托某一国外银行或证券公司来负责承销的。国际债券的发行和交易，既可用来平衡发行国的国际收支，也可用来为发行国政府或企业引入资金从事开发和生产。

思考题

一、填空题

1．一个国家或地区在一定时期内发生的国际收支情况都被系统地记录和反映在（　　　）中。

2．国际收支所记载的各项经济交易绝大多数是在居民和（　　　）之间进行的。

3．（　　　）项目是人为设立的用以平衡国际收支平衡表的一个特殊的项目。

4．按照外汇自由兑换的程度不同，可以将其分为（　　　）和（　　　）两种。

5．（　　　）是指两个国家货币的折算比率，是以一国货币表示的另一国货币的价格。

6．（　　　）汇率是买入汇率和卖出汇率的平均数。

7．我国目前实行的是在市场供求的基础上，单一的、有管理的（　　　）制度。

8. 汇率的一般表示方法有（　　）和（　　）。

二、单选题

1. （　　）是指国际金融机构的成员国以世界性国际金融机构或是以区域性国际金融机构获得的一种贷款。

A．政府信贷　　　　　　B．国际金融机构贷款

C．出口信贷　　　　　　D．国际间银行信贷

2. 1996 年，我国实行了人民币（　　）可兑换。

A．短期资本项目　　　　B．金融项目

C．经常项目　　　　　　D．长期资本项目

3. 我国人民币市场调剂汇率和官方汇率并轨的改革时间是（　　）。

A．1993 年 8 月 1 日

B．1994 年 1 月 1 日

C．1994 年 8 月 1 日

D．1996 年 1 月 1 日

4. 我国外汇管制的机构是（　　）。

A．大藏省　　　　　　　B．通产省

C．国务院　　　　　　　D．国家外汇管理局

5. 在直接标价法下，如果一定数额的外国货币能够换得的本国货币比以前少，表示外币币值（　　）。

A．上升　　　　　　　　B．下降

C．不变　　　　　　　　D．先降后升

三、多项选择题

1. 下列选项中对国际收支的理解正确的有（　　）。

A．国际收支是一个事后概念

B．必须是一个独立的国家才能进行国际收支活动

C．国际收支是一个静态概念

D．国际收支所记载的经济交易都是居民和非居民之间发生的经济交易

2. 下列的经济交易中，（　　）属于无偿转移的性质。

A．商品的进出口贸易

B．补偿贸易

C．无偿的物资捐赠

D．无偿的侨汇

3. 经常项目包括（　　）。

A．贸易收支　　　　　　B．劳务收支

C．单方面转移收支　　　D．官方储备

4. 外汇包括（　　）。

A. 外国纸币　　　　　　　B. 外币表示的支票

C. 外币表示的股票　　　　D. 黄金

5. 按照外汇买卖成交后交割时间的长短不同可以将汇率分为（　　）。

A. 固定汇率　　　　　　　B. 基本汇率

C. 即期汇率　　　　　　　D. 远期汇率

四、简答题

1. 平衡国际收支的措施有哪些？

2. 如何划分汇率的种类？

3. 影响汇率变化的因素有哪些？

4. 什么是外汇管制？外汇管制的基本内容包括哪些？

5. 什么是国际信用？现代国际信用的主要形式有哪些？

五、案例分析题

1997 年 6 月，亚洲爆发了一场震惊全球的经济危机，这场经济危机的发展过程十分复杂。到 1998 年年底，大体上可以分为 3 个阶段：1997 年 6～12 月，1998 年 1～7 月，1998 年 7 月到年底。

第一阶段：1997 年 7 月 2 日，泰国宣布放弃固定汇率制度，实行浮动汇率制度，引发了一场遍及东南亚的金融风暴。当天，泰铢兑换美元的汇率下降了 17%，外汇及其他金融市场一片混乱。在泰铢波动的影响下，菲律宾比索、印度尼西亚盾相继成为炒家的攻击对象。印度尼西亚虽是受"传染"最晚的国家，但受到的冲击最严重。10 月下旬，国际炒家把目标转移到中国香港。"台湾当局"突然弃守新台币汇率，一天贬值 3.46%，加大了对港币和香港股市的压力。10 月 23 日，香港恒生指数剧跌 1 211.47 点；28 日，下跌 1 621.80 点，跌破 9 000 点大关。面对金融炒家的猛烈进攻，香港特区政府重申不会改变现行汇率制度，恒生指数上涨，再上万点大关。接着，东亚的韩国也爆发了金融风暴，韩元对美元的汇率跌至创纪录的 1 008∶1。12 月 31 日，韩元对美元的汇率又降至 1 737.60∶1。韩元危机也波及日本金融业，1997 年下半年日本的多家银行和证券公司相继破产。于是，东南亚金融风暴演变为亚洲金融风暴。

第二阶段：1998 年初，印尼金融风暴再起，为此，国际货币基金组织为印尼开出的药方未奏效。2 月 11 日，印尼政府宣布将实行印尼盾和美元保持固定汇率的联系汇率制度，以稳定印尼盾。此举遭到了国际货币基金组织和美国等国家的一致反对，使印尼又一次陷入政治经济大危机。2 月 16 日，印尼盾同美元比价跌破 10 000：1。受其影响，东南亚汇市再起波澜，泰铢、比索等纷纷下跌。这次经济危机使日本的经济陷入困境，因其与东南亚各国贸易往来密切。日元汇率从 1997 年 6 月底的 115 日元兑 1 美元跌至 1998 年 4 月的 133 日元兑 1 美元。随着日元的大幅度贬值，亚洲经济危机进一步深化。

第三阶段：1998 年 8 月初，国际炒家对中国的香港发动新一轮攻击，恒生指数一直跌至 6 600 多点。中国香港特别行政区政府予以回击，金融管理局动用外汇基金进入股市和期货市场，吸引国际炒家抛售港币，将汇市稳定在 7.75 港币兑换 1 美元的水平上。经过努力，使得国际炒家损失惨重。国际炒家在香港地区失利的同时，在俄罗斯也遭惨败。8 月 17 日，俄罗斯中央银行宣布年内将卢布兑换美元汇率的浮动幅度扩大到 6.0～9.5：1，并推迟偿还外债及暂停国债交易。9 月 2 日，卢布贬值 70%。使得俄罗斯股市和汇市急剧下跌引发了金融危机乃至政治危机。俄罗斯经济危机的爆发带动了欧美国家的股市和汇市的剧烈波动。至此，亚洲金融危机已经超出了区域性范围，具有全球意义。直到 1999 年，这次金融危机才结束。

阅读案例，分析亚洲金融危机爆发的内在原因和外在原因。

案例分析

2000 年我国国际收支状况继续保持良好态势，外汇储备稳步增长，人民币汇率继续保持稳定，国家经济稳定、持续发展。

一、案例内容

国际收支依然保持较大顺差，外汇储备稳步增长。2000 年我国经常账户顺差 205 亿美元，资本和金融账户顺差 19 亿美元，2000 年年末外汇储备达到 1 655.7 亿美元，我国对外清偿能力进一步增强。人民币汇率继续保持稳定。2000 年年末人民币汇率比上年年末上涨 12 个基本点，人民币小幅升值。国内经济成功抵御亚洲金融危机冲击，进入了新的发展阶段，周边国家及主要贸易伙伴国经济繁荣，在这种情况下，我国的资本和金融账户逐步恢复了 1998 年以前的顺差局面。

二、案例评析

首先,国民经济持续快速健康发展,对外开放水平不断提高,是保证国际收支平衡和人民币汇率稳定的最基本因素。2000 年 GDP 增长 8%,外贸进出口保持快速发展,进一步为人民币汇率的稳定奠定了基础。根据世界贸易组织统计,2000 年我国进出口贸易总额的世界排名继续上升,出口上升至第 7 位,进口上升至第 8 位。

其次,吸引外资规模增大和吸引外资质量提高是保持我国对外经济活力的重要因素。根据联合国贸发会议的统计,我国吸引的外商直接投资自 1993 年以来始终名列发展中国家之首。20 多年改革开放形成了良好的经济基础,以及加入世界贸易组织后所创造出的诸多商机,都将使我国在今后相当长的一段时间内,依然会大量吸引外国直接投资。我国外债依然以长期性外债为主,规模控制在国际收支保持平衡的范围内。

第三,国家宏观调控能力和水平的不断提高是保证国际收支平衡维持人民币汇率稳定的重要力量。合理有效的外汇管理和本外币政策的协调发展是维持汇率稳定的重要力量。近年来,本外币政策之间的逐步协调、外汇监管水平的不断提高和外汇法制建设的不断完善是促进国际收支平衡和人民币汇率稳定的制度因素。2000 年我国外汇管理部门进一步强化了部门之间的协调,完善了外汇管理法规,加强了金融机构和涉外企业的外汇业务监管,堵塞了管理中的漏洞。这些措施对于我国国际收支的稳健发展提供了重要保障。此外,自 1996 年我国实行国际收支统计申报制度以来,我国的国际收支统计质量不断提高,净误差与遗漏所占比例稳步下降,成为我国制定宏观经济政策和完善外汇管理的重要依据。

三、2000 年国际收支状况值得关注的几个方面

1)2000 年我国货物进出口总额虽然大幅增长,但贸易顺差进一步缩小。与上年可比口径相比,虽然 2000 年我国货物出口同比增长 28%,进口同比增长 35%,但是全年进出口贸易顺差同比下降 4.8%。预计 2001 年我国的进出口贸易规模将进一步扩大,但是鉴于出口增速将小幅回落,进口仍将保持一定增长,并且增速将高于出口,进出口贸易顺差可能略有下降,但近期内不会出现贸易逆差。

2)2000 年我国服务贸易逆差依然存在。2000 年服务项目收入与支出均平稳增长,但是服务项目依然为逆差。2000 年服务贸易中运输、旅游、咨询等项目发展平稳;通讯、计算机和信息服

务、广告宣传和其他商业服务各项顺差规模明显扩大；但是建筑、金融、保险、专有权利使用和特许费及电影音像项目继续保持逆差。由于我国服务行业的整体水平与世界发达国家的差距较大，因此，短期内服务项目逆差的局面不会改变。

3）2000 年我国收益项目的逆差依然维持在较大规模。2000 年收益项目逆差比 1999 年下降 18%，但规模依然较大。外商来华直接投资存量增加是导致较大规模投资收益逆差的原因。

4）2000 年外债流入有所减缓，金融机构境外金融资产大幅上升，导致资本和金融账户顺差下降。2000 年资本和金融账户顺差为 19 亿美元，比 1999 年下降 75%。2000 年直接投资继续保持平稳发展。我国企业在国际资本市场融资增加，对外发行债券和股票规模扩大，当年偿还发债本金规模下降，证券投资逆差回落。值得注意的是，我国资本和金融账户中其他投资的逆差规模有所上升。新借外债趋缓和金融机构拆放和存放境外同业的金融资产大量增加是导致资本和金融账户顺差下降的主要原因。

基于上述认识，尽管今年世界经济出现的新变化对我国外贸出口带来新的压力，但我们对保持今年的国际收支平衡和汇率稳定仍然持乐观态度。预计 2001 年我国国际收支经常账户仍将保持顺差，但规模会有所下降；资本和金融账户将大体保持平衡，外汇储备仍将平稳增长，人民币汇率仍将保持稳定。

四、案例思考

1）2000 年我国贸易逆差表现为哪些项目？

2）结合案例分析我国在 2000 年是怎样保持国际收支的良好发展态势？

第十章

网络银行及金融安全

解析

20 世纪以后，全世界进入网络的多元化发展。地球村的出现打破了传统的时空观念，使人们与外界乃至整个世界的联系更为紧密，人类相互间变得更加了解。地球村现象的产生改变人们的新闻观念和宣传观念，迫使新闻传播媒介更多地关注受传者的兴趣和需要，更加注重时效性和内容上的客观性、真实性。地球村促进了世界经济一体化进程。地球村是互联网的发展；是信息网络时代的集中体现；是知识经济时代的一种形成，而现代交通工具的飞速发展，通信技术的更新换代，网络技术的全面运用使地球村得以形成。而电子商务正是为了地球村的更高发展应运而生，电子商务与网络银行的发展不仅缩短了人与人之间的距离，而且使得全球的经济贸易发生了翻天覆地的变化。

本章导读

兴起于 20 世纪 90 年代的电子商务是一种崭新的企业经营方式，被认为是 Internet 第二次革命，而且将成为 21 世纪人类信息经济的核心。电子商务改变人们的购物方式和支付方式，网络银行成为提高效率、快速服务的亮点。

本章引例

电子商务最大的受益者应该是商人，我们该赚钱因为我们提供工具，但让我们做工具的人发了大财，而使用工具的人还糊里糊涂，这是不正常的。所谓新经济，就是传统企业利用好网络这个工具，去创造出更大的经济效益，使其成几十倍的增长，这才是真的新经济的到来。今天新旧经济是两张皮。——引自马云语录

关键词

电子支付　电子支付工具　网络银行

☆ 第一节　电子商务与电子支付

随着社会经济的迅猛发展，应用计算机网络技术的不断深入，银行已经能够利用计算机应用系统将上述"现金流动"、"票据流动"进一步转变成计算机中的"数据流动"。资金在银行计算机网络系统中以人类肉眼看不见的方式进行转账和划拨，是银行业推出的一种现代化支付方式。这种以电子数据形式存储在计算机中并能通过计算机网络而使用的资金被人们越来越广泛地应用于电子商务中。

在电子商务中，银行是连接生产企业、商业企业和消费者的纽带，起着至关重要的作用，银行是否能有效地实现电子支付已成为电子商务成败的关键。以一个简单的网上交易流程为例，首先买方向卖方发出购物请求；卖方将买方的支付指令通过支付网关送往卖方的收单行；收单行通过银行卡网络从发卡行获得授权许可，并将授权信息再通过支付网关送回卖方；卖方取得授权后，向买方发出购物完成信息。如果支付获取与支付授权不能同时完成，卖方还要通过支付网关向收单行发送支付获取请求，把该笔交易的资金由买方转账到卖方的账户中。银行与银行之间通过支付系统完成最后的行间结算。

从上述交易流程中不难发现，网上交易可以分为交易环节和支付结算环节两大部分，其中，支付结算环节是有包括支付网关、发单行和发卡行在内的金融专业网络完成的。因此，离开了银行，便无法完成网上交易的支付，从而也谈不上真正的电子商务。

一、电子支付介绍

电子支付是电子商务系统的重要组成部分，是指消费者、商家和金融机构之间使用安全电子手段交换商品或服务，通过网络安全传送到银行或相应的处理机构，来实现货币支付或资金转移。

与传统的支付方式相比，电子支付具有以下特征。

1）电子支付是采用先进的技术通过数字流转来完成信息传输的，其各种支付方式都是通过数字化的方式进行款项支付的；而传统的支付方式则是通过现金的流转、票据的转让及银行的汇兑等物理实体来完成款项支付的。

想一想

电子支付与传统支付有什么区别？

2）电子支付的工作环境是基于一个开放的系统平台（即互联网）；而传统支付则是在较为封闭的系统中运作。

3）电子支付使用的是最先进的通信手段，如 Internet、Extranet，电子支付对软、硬件设施的要求很高，一般要求有联网的微机、相关的软件及其他一些配套设施；而传统支付使用的是传统的通信媒介。

4）电子支付具有方便、快捷、高效、经济的优势。用户只要拥有一台能够上网的 PC 机，便可足不出户，在很短的时间内完成整个支付过程。支付费用仅相当于传统支付的几十分之一，甚至几百分之一。

电子支付为用户提供了很大的方便，得到了用户的欢迎。但由于电子支付要用户承担一定的风险，故要顾客普遍接受电子支付还需时日。主要有以下问题：①安全问题，安全支付一直是困扰电子支付发展的关键性问题，大规模地推广电子支付，必须解决黑客入侵，内部作案，密码泄漏等涉及资金安全的问题；②支付条件问题，消费者所选用的电子支付工具必须满足多个条件，要由消费者账户所在的银行发行，有相应的支付系统和商户所在银行的支持，被商户所认可等，如果消费者的支付工具得不到商户的认可，或者说缺乏相应的系统支持，电子支付则难以实现。

二、电子商务支付系统的安全性

电子商务支付系统的安全要求包括保密性、认证、数据完整性、交互操作性等。目前，国内外使用的保障电子商务支付系统安全的协议包括 SSL（secure socket layer）、SET（secure electronic transaction）等协议标准。

1. SSL 协议

SSL 协议即安全套接层方法协议，该协议在网络上普遍使用，能保证双方通信时数据的完整性、保密性和互操作性，在安全要求不太高时可用。它包括以下两个方面的协议。

1）握手协议。即在传送信息之前，先发送握手信息以相互确认对方的身份。确认身份后，双方共同持有一个共享密钥。

2）消息加密协议。即双方握手后，用对方证书（RSA 公钥）加密一随机密钥，再用随机密钥加密双方的信息流，实现保密性。

由于其被 IE、NESCAPE 等浏览器所内置，实现起来非常方便。目前的 B2C 网上支付大多采用这种办法。利用招商银行提供的网上支付接口可以很方便地实现基于此协议的网上支付。

2. 安全电子交易协议 SET

SET 是实现在开放的网络（Internet 或公众多媒体网）上使用付款卡（信用卡、借记卡和取款卡等）支付的安全事务处理协议。它的实现不需要对现有的银行支付网络进行大改造。该协议的 1.0 版本于 1997 年 5 月 31 日发布。

SET 规定了电子商务支付系统各方购买和支付消息传送的流程。电子商务支付系统的交易三方为持卡人、商家和支付网关。交易流程如下。

1）持卡人决定购买，向商家发出购买请求。

2）商家返回同意支付等信息。

3）持卡人验证商家身份，将定购信息和支付信息安全传送给商家，但支付信息对商家来说是不可见的（用银行公钥加密）。

4）商家验证支付网关身份，把支付信息传给支付网关，要求验证持卡人的支付信息是否有效。

5）支付网关验证商家身份，通过传统的银行网络到发卡行验证持卡人的支付信息是否有效，并把经果返回商家。

6）商家返回信息给持卡人，送货。

7）商家定期向支付网关发送要求支付信息，支付网关通知卡行划账，并把结果返回商家，交易结束。

安全电子交易使用的安全技术包括加密（公开密钥加密、秘密密钥加密）、数字信封、数字签名、双重数字签名、认证等。它通过加密保证了数据的安全性，通过数字签名保证交易各方的身份认证和数据的完整性，通过使用明确的交互协议和消息格式保证了互操作性。由于其实现起来比较复杂，每次交易都需要经过多次加密、HASH 及数字签名，并且须在客户端安装专门的交易软件。因此现在使用该协议的电子支付系统并不多。目前，中国银行的网上银行的支付方式是基于 SET。

三、我国电子商务支付系统

金融业方面用卡付款代替传统的现金付款已越来越被人们所接受，但目前还只有少数银行推出了网上银行业务。随着银行间竞争的加剧，各商业银行都把目光投向了网络银行。可以预计一两年内绝大部分的银行都可实现网上支付。对于支付网关建设，目前各家商业银行也已达成了一定的共识。支付网关作为金融专用网和公用网之间的安全接口，有的为商业银行自己建设，也有的为由多家商业银行联合共建。

1. 支付系统体系结构选择

目前，电子商务支付系统体系结构有 SET 结构和非 SET 结构两种。非 SET 结构的电子商务支付系统指使用除 SET 协议外的其他协议的电子支付系统。电子商务使用的支付手段可以有 E-CASH、E-CHECK、智能卡、商家或别的机构发行的购物卡、银行卡等。鉴于中国国情，现阶段大多使用非 SET 协议结构，使用商家或商家授权的银行机构发行的购物卡，银行卡来支付。

2. 银行卡非 SET 电子商务支付系统（SSL）

此类型是国内网上支付普遍采用的方法。该系统使用 SSL 协议，RSA 加密算法、数字签名和防火墙等保证交易的安全，支付时使用的是银行发行的储值卡（借记卡）、信用卡。该方式风险较高，只要银行肯参与，该系统是可行的。该系统的主体有持卡人、商家、支付网关和发卡银行。流程如下。

1）持卡人登录商品发布站点，验证商家身份。

2）持卡人决定购买，向商家发出购买请求。

3）商家返回同意支付等信息。

4）持卡人验证支付网关的身份，填写支付信息，将定购信息和支付信息通过 SSL 传给商家，但支付信息被支付网关的公开密钥加密过，对商家来说是不可读的。

5）商家用支付网关的公开密钥加密支付信息等，传给支付网关，要求支付。

6）支付网关解密商家传来的信息，通过传统的银行网络到发卡行验证持卡人的支付信息是否有效，并即时划账。

7）支付网关用它的私有密钥加密结果，把结果返回商家。

8）商家用支付网关的公开密钥解密后返回信息给持卡人，送货，交易结束。

该支付系统有以下特点。

1）有银行的参与，支付网关必须得到银行的授权。

2）商家及支付网关使用证书，支付网关为自签名的 Root CA。

3）持卡者支付时使用的微型电子钱包是一个 APPLET 应用程序，放在支付网关的服务器上，并经过支付网关的签名认证。

4）商家与持卡者通信用 SSL 协议，商家与支付网关通信使用 RSA 加密。

5）持卡者必须与支付网关签约，成为其会员。

6）支付网关与发卡行的通信可通过 POS 机拨号上银行的前置机（业务量不大时用），或走专线，用 ISO8583 等协议上银行的前置机。

3. 银行直接参与的非 SET 电子商务支付系统（类 SSL）

该系统支付信息不经商家，直接到银行站点支付，即银行直接接收处理用户的支付信息。该系统风险较小。该系统的主体有持卡者、商家和发卡银行。支付流程如下。

1）持卡者登录商品发布站点。

2）持卡者决定购买，向商家发出购买请求，并跳转到发卡行支付站点。

3）持卡者验证发卡行支付站点身份，通过 SSL 向发卡行传送支付信息。

4）银行处理用户的支付信息，划账。

5）商家定期到发卡行站点查询成交商品，送货，交易完成。

该支付系统有以下特点。

1）银行亲自建立支付站点，成为支付系统的主体。

2）支付信息不经商家。

3）使用 SSL 协议保证交易的安全。

目前，中国各商业银行推出的网上支付都可归类到以上 3 种支付系统。

第二节 电子支付工具

支付工具是适用于资金清算和结算的一种载体，可以是记录和授权传递支付指令和信息的发起者的合法金融机构账户证件，也可以是支付发起者合法签署的可用于清算和结算的金融机构认可的资金凭证。它是加快资金周转、提高资金使用效率的保障，支付工具在支付结算的环节中应具有方便、快捷和安全的特点。随着网络和计算机处理技术的发展，在网上进行支付的工具将不断地发展和创新，本节将简略介绍现有用于网上支付的工具的基本情况。

一、银行卡

银行卡是由银行机构发行的具有消费支付功能的金融产品，它作为网上购物的支付工具，只需要在消费时输入卡号和密码，即可实现资金的划转，从而实现网上购物消费。银行卡主要包括信用卡和借记卡，是目前大家最为熟悉的电子支付工具，已经成为应用最广泛的零售支付工具。因为各种银行卡是用塑料制作的，又用于存取款和转账支付，所以有人称为"塑料货币"。美国的银行卡发行量超过 2 亿张，英国有 8 500 万张。国际上最著名的银行卡是 VISA 卡和 MASTER 卡，如图 10-1 所示。

（a）VISA 卡　　　　　　（b）MASTER 卡

图 10-1　银行卡

（一）信用卡

信用卡是消费者信贷的一种工具和形式，也称贷记卡，是指发卡银行给予持卡人一定的信用额度，持卡人可在信用额度内先消费、后还款的银行卡。信用卡的发放始于 1951 年的大来卡（diners card），它是信用卡的雏形。持卡人就餐消费时出示这张卡，不需要付现，而由大来卡公司替持卡人垫付并向商家索取手续费，每月再向持卡人收费。

后来其业务范围从原先的餐馆逐渐扩及饭店、航空公司等旅游相关行业及一般零售店。美国运通公司则凭借其丰富的旅游业经验，在 1959 年开始发卡，将业务范围扩及美国以外的地区。

信用卡的使用涉及持卡人、提供商品或劳务的卖方和发卡银行三方，按照分别订立的协议，信用卡的发卡银行授权持有人可以凭卡在一家零售商店取得商品或服务，而不用支付现金；允许零售商先通过提供商品或服务，然后由发卡银行偿还，零售商需向发卡银行支付一定的手续费；持卡人需在发卡银行开立账户，

想一想

贷记卡与借记卡有什么区别？

每次凭卡购物或取得服务应支付的金额都借记在该账户内。银行向持卡人收款，一般是每月一次，持卡人接到通知后应按约定的要求一次付清或分次付清，自通知日起一般都有一个免息期，超过免息期还款则要收取利息。在使用信用卡时，持卡人有时还能从发卡银行取得一些贷款。

由于银行具有联系面广的特点，一种信用卡可以由多家银行、各种商业和服务业实行联营，以满足持卡人多方面的支付需要，因此银行信用卡很受消费者欢迎。

（二）借记卡

借记卡是银行面向大众百姓推出的现代化电子支付工具，它安全、方便、通用，集储蓄存取、ATM 服务、消费购物、投资理财等各种功能于一身，真正实现一卡通用。一般是需要存入一定金额、不能透支的一种印有磁条，专供在 ATM、CRS 及 POS 机等自助银行设备上使用的塑料卡片。卡上除标明发行银行、卡片号码外，还记录着刻录的存款账号、密码和余额。使用时，客户将卡插入机内，即可自动办理存款、提款、转账及余额查询等业务。如图 10-2 所示。

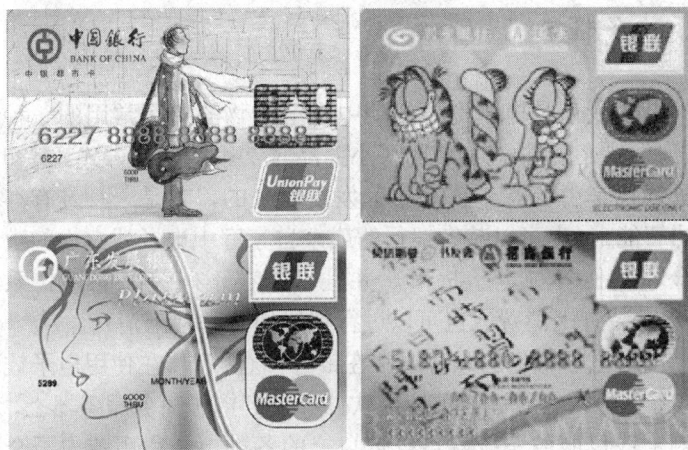

图 10-2　借记卡卡样

（三）支票卡

支票卡又称为支票保证卡，是供客户开具支票时证明其身份的卡片。支票保证卡在欧洲比较通行。1968 年开始发行"欧洲支票"，可以在欧洲各国和一些地中海沿岸国家用作支付的工具，同时发行欧洲卡作为证明支票之用。欧洲卡同一般信用卡的区别是只起证明作用，而无授信功能，卡片上载明客户的账号、签名和有效期。使用时客户要出示卡片，并当着收款人的面签署支票，经检验卡片在有效期内，支票的账号和签名又与卡片相符，银行即可付现，也可给商店支付货款。

（四）记账卡

记账卡是一种印有磁条，用于出纳机和商店的售货终端机等电子设备的塑料卡。它与信用卡的不同之处在于使用时立即借记往来或储蓄账户，而不是先用款、后付款的授信。现在的信用卡上也增加了磁条条，也可在这些电子设备上使用，但是它是立即计入信用卡欠款账户，而不是从存款余额中减去。

（五）智能卡

智能卡也称记忆卡。卡上含有一个微型集成电路芯片，可以存储大量数据，并有计算功能。因此，可以单独使用，不必与终端机相连。每张卡上储有一定金额，每用一次就减去部分金额，用完以后再到银行去补充余额。许多智能卡是专用的，如地铁卡、电话卡；也有多用途的，可以打电话、乘地铁、付停车费等。

二、电子钱包

电子钱包是电子商务活动中网上购物的顾客常用的一种支付工具，是在小额购物或购买小商品时常用的支付方式。最初的电子钱包是由智能卡（IC 卡）发展而来的，它是一种具有存储值的智能卡，也可以装有银行的或来自家庭中电子钱夹内的数字现金和其他各种电子货币，并且可以在正确装配的销售系统（POS）装置上消费，也可以进行在线消费和网上消费。

使用电子钱包的顾客通常在银行都有账户。在使用电子钱包时，将电子钱包通过有关应用软件安装到电子商务服务器上，利用电子钱包服务系统就可以把自己的各种电子货币或电子金融卡上的数据输入进去。

在国外，电子钱包被设计成用于取代现金和许多消费者支付10 美元以下硬币用的小额购物钱包。在电子钱包内只能完全装电子货币，电子现金、电子零钱、安全零钱、电子信用卡、在线货币、数字货币和网络货币等。这些电子支付工具都可以支持单击支付方式（也成为点击式支付方式）。在电子商务服务系统中设有电子货币和电子钱包功能管理模块，叫做电子钱包管理器

（wallet administration），顾客可以用它来改变保密口令或保密方式，查看自己银行账号上收付往来的电子货币账目、清单和数据。电子商务服务系统中还有电子交易记录器，顾客可以通过查询记录器查询全部交易记录，可以了解自己都买了什么物品，购买了多少，也可以把查询结果全部打印出来，或者有选择地进行打印。

目前世界上有 VISA Cash 和 Mondex 两大电子钱包服务系统，其他电子钱包服务系统还有 HP 公司的电子支付应用软件、微软公司的电子钱包 MS Wallet、IBM 公司的 Commerce Point Wallet 软件等。

我国也在近年开始开发和研制电子钱包服务系统。使用电子钱包购物，通常需要在电子钱包系统中进行。电子商务活动中电子钱包的软件通常都是免费提供的，可以直接使用与自己银行账号相连接的电子商务系统服务器上的电子钱包软件，也可以采用各种保密方式直接调用互联网上的电子钱包软件。

三、电子支票

支票不仅可以满足个人客户的需求，更重要的是可以满足公司客户的需求。在传统的支付领域，支票获得了很大成功，但是，支票的交换和退票等问题也确实给系统运营者造成了很大的负担，极大地影响了系统运行的效率。

为了更加充分利用互联网的便利性，近年来人们开发出了电子支票。电子支票是一种被电子化的支票形式，最早由"金融服务技术联盟"设计发展而成，该联盟包括银行、政府机构和其他金融业参与者。它模仿纸质支票，但其开出、递送、存入、交换和清算的每一步都通过电子化方式处理。因此，它有两个优点，一是它尽可能地尊重人们使用传统支票的习惯，如保留传统支票的某些要素，能够在计算机屏幕上出现电子支票票样等；二是充分利用了网络的便利性，改造或重新设计支付流程，更好地满足了网络环境下的支付需求，更好、更快地完成支付。支票一直是银行大量采用的一种支付工具，将支票改变为带有数字签名的报文或者利用数字电文代替支票的全部信息，就是电子支票。电子支票是网络银行常用的一种电子支付工具。利用电子支票，可以使支票支付的业务和全部处理过程实现电子化。网络银行和大多数银行金融机构通过建立电子支票支付系统，相互发出和接收电子支票，就可以向广大客户、向全社会提供以电子支票为主要支付工具的电子支付服务。

建立电子支票支付系统的关键技术有两项,一是图像处理技术,二是条形码技术。支票的图像处理技术首先是将物理支票或其他纸质支票进行图像化处理和数字化处理,再将支票的图像信息及其存储的数据信息一起传送到电子支票系统中的电子支付机构。条形码技术可以保证电子支付系统中的电子支付机构安全可靠地自动阅读支票,实际上,条形码阅读器是一种软件,即一种条形码阅读程序,能够对拒付的支票自动进行背书,并且可以立即识别背书,可以加快支付处理、退票处理和拒付处理。

在当前金融业还在大量使用纸质支票和其他纸质票据的情况下,通常利用自动票据清分机对各种纸质金融票据和银行票据进行自动阅读、自动识别和自动清分。电子支票支付系统仅是自动清算系统的一部分,各种纸质票据(包括纸质支票)进入自动清算系统,通过自动清分机进行自动阅读、自动识别、自动清分后,经过自动清算系统进行传输和各种处理,如果是支票,则进入电子支票支付系统,使支票处理过程全部实现自动化和电子化。按照中国人民银行的布署,我国也将在近两年开通全国的影像票据交换系统,到时票据的交换、清分和结算将会完全地实现电子化的网络处理。

四、电子货币

支付工具发展的最新阶段是电子货币,其定义可以表述为,使用者以一定的法定货币从发行者处兑换代表相同金额的电子数据,并以可读写的电子信息方式存储起来,当使用者需要清偿债务时,可以通过某些电子化媒介或方法将该电子数据直接转移给支付对象,这种电子数据便可称为电子货币。

1. 电子货币的特征

1)无形的,不再以实物、贵金属或纸币的形式出现;

2)普遍性和多用途性,无需在线授权,也无需在交易后对客户银行账户进行借记或贷记处理,即能离线和匿名支付;

3)预先储值性;

4)隐秘性,给金融监管带来了难度。

电子货币是相对传统货币而言的一种新型支付手段。电子货币主要有智能卡形式的支付卡或数字方式的货币文件。前者主要用于离线的支付,后者用于网上的支付。电子货币具有用途广、使用灵活、匿名性、快速简便等特点,使用电子货币无须直接与银行连接便可进行操作。

2. 电子货币发展带来的问题

电子货币系统的安全受到侵害的可能性直接关系到中央银行的利益，因为任何损失都将得由发行者和系统经营者承担。侵害安全的情况会发生在消费者层、商家层或发行者层，而且侵害安全的企图会是，偷窃消费者或商家设备；制造与真实信息一样能被接受的假的设备或报文；在设备上修改存储的数据或包含在被传递过程中的信息，或修改产品的软件功能。攻击安全最可能是为取得钱财，也可能企图造成系统瘫痪。

所有的零售支付系统在某种程度上都容易受到攻击，但可采取措施控制潜在的风险。电子货币产品特有的安全特征可以用于保护电子货币产品。进一步的问题是安全侵害可能很难被检查出来。中央系统的运营者主要在事务基础上监督电子货币系统中这类安全侵害。这种监督方法，对个人设施或中央数据库的记录维护及跟踪个人交易情况，非常有益于电子货币产品的安全性。电子货币能直接在用户之间进行转账的范围，也可能与电子货币产品的安全性的评判相关，因为这类交易信息通常不完整，也很可能在很长时间后才被中央系统的运营者接收，这会使安全侵害检查更加难以察觉。

许多与电子货币安全性相关的特性也会影响其对洗钱和其他犯罪活动吸引力。它对这类意图的作用取决于在多大程度上电子货币余额能够在无须同系统运营者交互的情况下进行转账，取决于电子货币设施中所能保存的最大额度和保持记录的能力，取决于跨国转移电子货币的便利程度。如果能很快地将来源于非法活动的钱转账到那些在法律上对洗钱限制较为薄弱的国家去，那么允许电子货币通过计算机网络方式进行跨国支付就会对罪犯非常具有吸引力。

即便不考虑电子货币系统的专门技术及机构特征，消费者、零售商及发行者和经营者之间的各种契约关系和法律关系仍可能很复杂。至于何时支付是最终的，消费者或商家在结算发生之前是否承担信用风险、结算风险和其他风险，各个系统不尽相同。问题是所有有关各方的权利和义务是否确定和透明。例如，关于欺诈、伪造、事故（如损失或盗窃）、一个或多个参与者违约等可能产生于责任问题。法律对不能赎回的电子货币余额的处理是个很特别的问题。

现有的银行管理或其他管理是否适用于电子货币安排是

一个一般权益的法律问题。此外，当进行电子货币跨国支付时（特别是通过计算机网络运行的软件系统），在什么程度上确定电子货币体制的特定司法范围，假如最终要确定的话，可能是困难的。与中央银行相关的特定法律问题包括电子货币系统是否侵犯了银行发行货币的铸币权（此项权利通常得到立法保护）还包括在现行立法条件下，中央银行能否自己发行电子货币。

所有开发中的电子货币系统实质上都需要机构间的清算和结算安排。许多电子货币系统计划使用现有的银行协定。行间清算结算系统的经营者和监督者需要保证此类系统在制度和经营协议、风险管理和结算办法方面具有足够的能力。

引入电子货币可能对货币总量需求和货币政策的制定产生潜在的影响。电子货币能够引起货币流通速度的改变，对于那些把货币总量作为其目标和指标的国家而言，货币流速的改变可以暂时减少货币总量尤其是狭义货币的有效性。电子货币对实施货币政策的影响将取决于是否对银行的准备金的需求或中央银行提供这些准备金的能力构成首要影响。对需求的影响可能产生于电子货币对存款替代，或者产生于银行对结算余额需求的大幅度削减（银行间结算主要发生在中央银行的账簿上。大额银行间资金转账结算的（包括金融市场产生的）价值使零售支付产生的价值相形见绌）。可以相信，广泛使用的替代品会使中央银行用于确定货币市场利率的程序复杂化。然而，由于期望电子货币主要用于替代现金而不是存款，对运营技术作重要调整的要求已不必要。

对供给的影响可能产生于电子货币对中央银行资产负债表规模的影响，这种影响将取决于电子货币替代现金的范围。由于现金在许多国家中是中央银行的一个很大的或最大的债务组成部分，电子货币的广泛发展可能大大缩小中央银行资产负债表的负债。问题在于这种缩减在什么时候开始对货币政策的实施产生不利的影响。正常情况下，公开市场业务相对适度的规模使人联想到相对较小的资产负债表可能就足够了。然而，在特殊情形下，由于中央银行在其资产负债表上缺少足够的资金，可能会产生中央银行不能实现足够大的储备吸收操作（如在外汇市场上消除大宗购买所产生的影响）。

由于流通的银行券代表了中央银行的不计息债务，代替现金的电子货币可能导致中央银行的资产相应下降，并导致中央银行铸币收益即这些资产的利息相应递减。由于此类收益与中央银行的运作成本有很大关系,在他们变得很小以至于不能支付中央银行的运作成本之前可能大大减少。如果电子货币拓展的范围足够大,铸币收益的损失就会成为中央银行关切的问题,其后果是它将变得更加依赖其他收入来源。此外,甚至适度的铸币收益损失都会成为一些政府关心的问题,特别是在那些预算赤字很高的国家里。

有些问题与中央银行的责任有关如监督支付系统。此外,在那些中央银行具有银行监管责任的国家,他们或许也需要积极投身电子货币产品的开发,因为银行(吸收存款的机构或信用机构)作为电子货币的发行者可能扮演的是一个重要的角色。与其他支付或金融产品一样,各种可能产生的风险必须加以适当的管理。对中央银行来说,关键问题是能够接受的风险程度。这会部分地取决于每个机构承受风险的能力。其他的考虑是,某个参与者的破产是否可能威胁整个系统的生存,或某个系统的崩溃是否会威胁别的系统的生存或更为普遍地影响电子支付系统的声誉。由于给予系统的零售特征,所涉及的数量可能很小,电子货币的系统性问题有可能限制住。

☆★ 第三节　网络银行

20世纪90年代以来,计算机技术的发展及互联网的广泛应用,使社会生产、生活和工作格局发生了根本性的变化。这种变化在金融领域尤为突出,网络银行成为银行业为社会提高高效、快捷服务方面最具影响力和最具特色的亮点。技术促进了经济发展和进步,影响和推动了经济运行模式的改变。它打破了银行传统业务的局限,以低成本、高效率的特点提供的3A化(Anywhere任何地点,Anytime 任何时间,Anyway 任何方式)服务在全世界迅速发展。网络银行的发展将对银行业的业务模式和机构、制度改革产生深远的作用和影响。

一、网络银行的概念

1995年10月18日,全球首家以网络银行冠名的金融组织——美国安全第一网络银行诞生,从此打开了金融领域"虚拟世界大门"。一种新的银行模式的诞生,对300年来传统金融业模式产生了前所未有的冲击,这种冲击的深远意义至今仍在发展和继续。

网络银行是通过互联网或通信网络的公共资源,采用相关技术,实现银行与客户之间安全、方便、友好连接的,并能提供银行各类业务服务和功能的网上银行,由于所提所的服务打破了传统银行面对面的柜台业务方式,是一种不谋面的网络服务方式,网上银行也被称为虚拟银行。

网络银行为客户提供的服务包括利用互联网信息发布和沟通的一切手段,如信息发布、信息搜集、业务咨询、产品营销、金融服务乃至新产品的创新和设计等。它的主要目的就是实现随时(Whenever)、随地(Whereever)与任何账户(Whomever)利用任何方式(Whatever)进行安全和支付结算等服务。网络银行所提供的服务的最大特点是,用户可以不受时间、空间限制,通过网络终端享受全天候的网上金融服务。这里的网上金融服务是指实质性的金融服务,包括查询、转账、贷款和支付结算等的一系列金融服务。其业务分为以下三大块。

1)传统商业银行服务及证券清算、外币业务、信息咨询、消费信贷等新型商业银行服务。

2)在线支付。包括商户对商户模式下的网上采购或批发交易,金融机构间的资金融通与清算。

3)新的业务领域。例如,集团客户通过网络银行查询子公司的账户余额和交易信息,在签订多边协议的基础上实现集团公司内部的资金调度与划拨,提供财务信息咨询、账户管理等理财服务,还可以进行网上国际收支申报、发放电子信用证、开展数据统计等。

网络银行有狭义和广义之分,狭义的网络银行(net bank 或 internet bank)又可称为纯网络银行(internet-only bank),是指没有分支银行或自动柜员机(ATM),仅利用网络进行金融服务的金融机构。广义的网络银行则包括纯网络银行、电子分行(e-branch)和远程银行(remote-bank)。电子分行是指在同时拥有"实体"分支机构的银行中仅从事网络银行业务的分支机构。远程银行是指同时拥有 ATM、电话、专有的家用计算机软件和纯网络银行的金融机构。以下沿用广义的网络银行的定义,狭义的网络银行用纯网络银行表示。

网络银行通过建立自己的互联网点和制作 www 主页,在互联网上向客户提供开户、销户、查询、对账、行内转账、信贷、网络证券、支票、信用卡及个人投资等银行金融服务项目,使客户可以安全、便捷地管理定期存款、支票、信用卡及个人投资等。客户与银行之间可以通过互联网直接进行双向交流。是否一家拥有互联网网址和网页的银行就可以算做网络银行？一般来说，仅仅简单地在互联网上建立一个银行主页还不是网络银行，网络银行必须具备电子支付功能，具备在互联网上开展银行金融业务和服务等功能。美国最著名的网络银行评价网站 Gomez 要求在线银行至少提供以下 5 种业务中的一种才可以称为网络银行：网上支票账户、网上支票异地结算、网上货币数据传输、网上互动服务和网上个人信贷。

网络技术的广泛应用使网络银行的快速发展成为可能。网络银行具有容易实行成本控制、实现规模经济，以及可以进行金融产品交叉销售的优点，因此，现代的商业银行已不再单纯地追求铺点设摊式的外延扩张，而是更加重视和依靠现代信息技术和网络环境提供更加便捷、周到的金融服务，以提高服务的质量和效益。

因此，网络银行服务的特殊性表性现在：服务的数字化，所有服务都是通过计算机和网络中的数据处理来进行的；运行环境的开放性，所有的服务都是在开放式的网络上进行的；业务处理的实时性，业务处理采用计算机技术，效率高。

人们常常提到一些与网络银行相近的概念，并将电子银行与网络银行不加区别地相提并论。其实，电子银行的概念要比网络银行更宽泛，网络银行属于电子银行，而电子银行应包括依靠电子手段提供银行服务的各种方式的银行，如网上银行、电话银行、手机银行等，只要是以电子为载体传递信息处理银行业务的方式都属于电子银行的范畴。

二、网络银行的发展模式

目前，网络银行的发展模式按其经营的方式特点可分为大银行发展模式、社区银行发展模式和纯网络银行发展模式 3 种。

（一）大银行发展模式

对于大银行而言，网络银行通常是一个独立的事业部或者是银团控股的子公司，作为其发展新客户、稳定老客户的手段。实践中，这些虚拟机构总是比大银行中其他部门的发展要快得多。大银行在发展网络银行业务时可以通过两种方式，一是收购已有的纯网络银行，二是组建自己的网络银行分支机构。

1. 收购现有的网络银行

加拿大皇家银行是加拿大规模最大、赢利能力最好的银行之一。在超过一个世纪的时间里，加拿大皇家银行在美国只能从事金融批发业务。1998年，加拿大皇家银行以2 000万美元的价格收购了美国安全第一网络银行除技术部门以外的所有部分，此时，该网络银行的客户户头有1万个，其存款余额早在1997年就超过了4亿美元。

在加拿大皇家银行收购美国安全第一网络银行的时候，后者的发展已经出现停滞的迹象，加拿大皇家银行的战略目的，一是扩大其在美国金融市场的业务和份额。加拿大皇家银行以收购美国安全第一网络银行的方式步入了美国金融零售业务的市场，利用美国安全第一网络银行吸收的存款投资于加拿大的中小企业，获取收益。更重要的是，加拿大皇家银行利用这次收购，将业务拓展至一个新兴的、飞速发展的领域。这次收购使加拿大皇家银行站在了网络银行发展的最前沿，况且在美国设立一家传统分行需要200万美元，而维持安全第一网络银行这样一个10人机构的费用要远远低于任何一家传统分行，所以这完全是一次低成本、高效益的兼并典范。

2. 发展自己的网络银行

威尔士·法戈银行是这方面的典型例证。这家位于加利福尼亚州的银行是美国最大的银行之一，在10个州拥有营业机构，管理着1 009亿美元的资产。早在1992年，威尔士·法戈银行就开始建设作为网络和以网络银行服务为核心的信息系统。

威尔士·法戈银行建立网络银行的战略目的在于适应客户的交易偏好和降低经营成本。在开发其网络银行业务时，威尔士·法戈银行通过调查发现，客户不仅需要查询账户余额、交易记录、转账、支付票据、申请新账户和签发支票等基本网络银行业务，还需要一种有关账簿管理、税收和财务预算的服务。它们便在1995年与微软货币（Microsoft Money）、直觉（Intuit）和快讯（Quicken）建立战略联盟，利用它们的软件包提供这方面的服务。在降低成本面，每天有40多万客户通过网络与威尔士·法戈银行进行交易，据银行估计，每200万笔交易从银行柜面服务转向网络服务将节省1 500万美元，即每笔交易节省7.5美元。截至2000年末，威尔士·法戈银行拥有100万的网络用户，随着客户从分行向低成本的网络转移，它们将节约大量的费用。

（二）社区银行发展模式

信托银行（Intrust Bank）是一家位于美国堪萨斯州的社区银行，信托银行建立网络银行的战略目的是与美洲银行（Bank of America）等大银行在竞争中维持均衡态势。它们建立网络银行是为了起到战略防御作用，并仅将网络银行视为其防止当地客户流失的一种手段。信托银行作为一家社区银行，一直将目标客户市场定义为当地客户。当新兴的网络银行出现，并对以地理位置确定目标客户市场的策略产生强大冲击时，发展自己的网络银行以保证在目标客户市场中的份额，是信托银行最好的选择。

（三）纯网络银行发展模式

对于纯网络银行的发展模式也有两种不同的发展理念：一种是以美国安全第一网络银行为代表的全方位发展模式，另一种是以休斯敦的康普银行（Compu-Bank）为代表的特色化发展模式。

1. 全方位发展模式

对于应用这种发展模式的网络银行而言，它们并不认为纯网络银行具有局限性，而是认为随着科技的发展和网络的进一步完善，纯网络银行完全可以取代传统银行。这些纯网络银行一直致力于开发新的电子金融服务，以满足客户的多样化需求。为了吸引客户和中小企业，纯网络银行必须提供传统型银行所提供的一切金融服务。印第安纳州第一网络银行正准备推出"中小企业贷款服务"，改变纯网络银行没有企业在线贷款的历史。

2. 特色化发展模式

持有这种观点的纯网络银行发展更多一些。它们承认纯网络银行具有局限性，与传统银行相比，纯网络银行提供的业务服务要少得多，因为缺乏分支机构，无法为小企业提供现金管理服务，也不能为客户提供安全保管箱。纯网络银行若想在竞争中获取生存必须提供特色化的服务。这类银行的代表就是康普银行，这家位于休斯敦的纯网络银行只提供在线存款服务。在康普银行的高级管理人员看来，纯网络银行应该专注于具有核心竞争力的业务发展，至于其他业务可以让客户在别的银行获得。他们认为，客户可以在互联网上发现想要的一切,如果一家银行想将客户局限在自己提供的业务中是绝对错误的。

三、网络银行的竞争优势及其对传统银行的影响

在互联网高速发展的今天,网络银行以其地域经营范围理论上无限的优势,来弥补其网点少、规模不足的缺陷,这必将成为现代商业银行、金融行业的发展方向。

(一)网络银行的竞争优势

"竞争战略之父"迈克尔·波特提出了企业三大竞争优势,即总成本领先优势、差异化优势、专一化优势。银行也是企业,故迈克尔·波特的三大竞争优势均适合用来分析网络银行的竞争优势。但由于网络银行是新兴的事物,迈克尔·波特的竞争优势理论中不可能充分包含网络企业或网络银行创造的新的竞争优势。在此基础上,我国学者在研究中提出网络经济时代企业竞争优势的实现形式,除了迈克尔·波特的三大竞争优势外,还存在第四种竞争优势,即知识优势。它同样适用于对网络银行竞争优势的分析。

1. 成本领先竞争优势

建立网络银行无需设立分支机构,不必建造大量固定房舍、布置营业网点及雇用大量人力。据外国资料报道,实体银行网点每一笔交易所需的费用为 1.07 美元,而网络银行每笔交易的成本仅为 0.01 美元,这使网络银行具有明显的成本优势。网络银行可以通过降低银行的经营和服务成本来降低客户的交易成本。

2. 差异化竞争优势

网络银行可以突破地域和时间的限制,使银行为客户提供个性化金融服务产品成为可能。网络银行的营业范围从理论上可以遍布全部网络环境,并可随时随地提供不间断的 24 小时服务,提高工作效率。而传统的商业银行的营销目标只能细分到某一类客户群,很难提供一对一服务,即使能提供,成本也比较高,而网络银行能在低成本下实现一对一服务,从而形成差异性服务的明显优势。

3. 专一化竞争优势

由于网络银行节约了运营成本、提高了工作效率，可以使银行专心于网上电子新产品的设计和开发，从而加速金融产品创新。

4. 无边界竞争的知识优势

在现代信息技术条件下，特别是在网络经济环境下，银行竞争的优势选择将是知识因素。网络银行是对传统银行业务和管理知识的集成和创新，是在集成基础上的知识创新、技术创新、产品创新和制度创新，而非简单地叠加。获取客户知识并将这种知识转化为银行利润是网络银行知识优势的核心业务基础之一。网络银行利用它的信息技术和信息资源可以为商业银行提供竞争所需要的知识要素和竞争手段，这种知识的竞争在网络上是无边界的，网络银行可以从客户信息的资源中挖掘知识而用于获得经营上的赢利。

（二）网络银行的产生对传统银行的影响

网络银行将日益受到青睐。除了互联网的普及和飞速发展所带来的人们金融消费观念和方式的转变，随着人口素质的提高，实体银行网点会逐渐呈萎缩的趋势，取而代之的是网络银行的高速扩张。人们观念转变对网络银行有着推动作用，但根本的原因在于银行所面临的日益加剧的竞争压力。因为客户变得不像以前以前那样固定，银行想在未来能够生存和赢利，就必须在既能够充分满足客户需求又能够大幅度降低成本的新型业务渠道上投资，所以网络银行就成为必然的选择之一。网络银行的产生对商业银行的影响主要体现在以下几个方面。

1. 网络化扩大了商业银行的市场覆盖范围

传统的以网点和柜台为基础的商业银行其市场服务范围往往局限在某一地理区域，商业银行网络化的过程就是商业银行市场服务范围不断扩大的过程。当商业银行的一个区域网（城市网、省域网、地区网）建成运营时，商业银行的市场服务范围就覆盖了这个区域；当商业银行建成了自己的全国性电子网络时，其市场业务服务范围就遍及全国；当商业银行将自己的全国性电子网络与其他国际金融电子网络（如

SWIFT、CHIPS 等）连接时，商业银行的市场业务空间将覆盖全世界。

2. 网络化扩展了商业银行的市场业务领域

以网点和柜台为基础的商业银行其市场业务领域主要集中在传统的存、放、汇业务上。电子化在扩大商业银行业务经营范围的同时，使得商业银行向社会其他业务领域的渗透成为可能。商业银行的电子网络与不同企业的电子网络连接时，可以办理诸如代理预订房间、代理税收业务、代理客户进行广告宣传等业务，还可以支持网上购物、网上支付与结算等，并使商业银行的服务渗透到社会行业的各个领域。

3. 网络化优化了商业银行的市场组织结构体系

传统的商业银行组织机构是一种金字塔式的。这种组织机构形式大多按照行政区划对等设置，管理层次多，管理机构庞杂，业务上的条块分割造成管理效率低下，雇员较多，管理的费用成本高，不利于商业银行的经营与发展。商业银行电子化、网络化即时沟通了各分支行与各部门之间的信息联系。在网络的作用下，商业银行职能部门的作用加强了，影响商业银行的运作效率的中间环节减少乃至消失了，信息的反馈及时了，商业银行的组织机构和内部管理模式必将发生深刻的变化。传统商业银行的市场组织体系一般都是以实体形式存在的，在电子网络化的过程中，各种虚拟的、以电子信息为媒体的组织机构形式会不断产生，网上银行、电子银行、移动银行等新的商业银行市场组织体系将在网络化的过程中逐步出现。

4. 网络化创新了支付工具产品

银行业务的电子化、网络化，必将对传统的商业银行支付手段产生影响。商业银行要适应客户在电子网络上进行买卖交易时的支付结算需要，就必须创新与网络交易相关联的交易支付手段和金融工具产品。而网络银行除了可以利用网络创新电子数字钞票、电子支票、电子信用卡外，还可以对传统银行金融工具进行电子化改造，以提高这些业务的效率与质量，改善对客户的服务，降低经营管理成本，扩大银行的收益水平。例如，基于电子网络系统的电子承兑汇票、电子信用证、电子抵押担保等业务的开发与运营，无疑会给商业银行的经营管理注入新的活力。

5. 网络化扩大了客户群体，改善了服务，降低了成本

在网络环境下，商业银行对客户的空间和时间限制减弱了，商业银行的客户群体不仅在数量上会急剧扩大，在质量结构上也会得到优化。网络环境下的客户既是具备较高科技文化素养的知识型客户，同时也是拥有一定资金实力的黄金客户，网络银行客户的平均信用要高于整个社会的平均信用。商业银行建设自己的电子网络，并不断地完善网络系统的功能，就是为了提高自身的市场竞争实力，拓展新的市场领域和新的市场空间，发展更多新的优良客户群体，为广大客户提供各种快捷、高效、安全和便利的综合金融服务。

据英国艾伦米尔顿国际管理顾问公司的调查，利用网络进行付款交易的每笔成本平均为 13 美分或更低，而利用银行本身软件的个人电脑银行服务为 26 美分，电话银行服务为 54 美分，银行分支机构服务则高达 108 美分。网络银行无须开设分支机构，雇员极少，如美国安全第一网络银行员工只有 19 名。由此剩下的巨额资金可以用来提高利息，如花旗银行储户必须在活期账户上有 6 万美元余额，才能获得 1%的利息，而亚特兰大网络银行规定的最低限额是 100 美元，存款所付利息为 4%。另外，以 1 年定期存款的利率为例，花旗银行为 4.8%，而亚特兰大网络银行为 6%。高利息在增加客户收益的同时，也壮大了银行的客户基础，极大地改善了银行的盈利能力。

综上所述，基于互联网平台的网络银行能够比电话银行、ATM 和早期的企业终端服务提供更丰富、快捷、方便的金融服务。与银行的物理营业点相比，网络银行提供的金融服务更加标准化、规范化，运作成本更低，效率更高，因此，和传统银行相比，网络银行作为一种高科技的产物具有相当明显的优势。总之，网络银行利用成本竞争、差异性竞争优势及知识优势，向客户提供了低成本、高质量的金融服务，改善了商业银行的形象，也扩大了主要客户的来源，提高了商业银行的综合经济效益。

四、网络银行的系统组成

网络银行系统由用户系统、银行网站、网银中心、业务数据中心、银行柜台和 CA 中心等组成。

讨论

真假工商银行

www.icbc.com.cn 和 www.1cbc.com.cn 只有"1"和"1"一字之差。但一些犯罪分子就利用了人们对细节的疏忽，进行犯罪活动。进入假工商银行网站后，输入卡号并修改密码后，该网站显示"密码修改成功，请牢记"。专家介绍，此时输入的是正确卡号和密码已经被盗取了。

中国工商银行的一位技术人员说，一旦犯罪分子掌握了他人银行卡号和密码，就可以做假卡到提款机上提取现金了。

工行 95588 客户服务热线有关人员也提醒储户切莫轻信来源不明的电子邮件、信函和电话，以免被套取密码。

银行工作人员提醒广大用户：要有定期查看网上银行余额的习惯，最好于月末或季末打印网上银行业务对账单，如果发现账户被非法登录或资金被盗转，要及时对账户进行挂失，（转下页）

（接上页）并提请开户银行协助采取相应措施。

很多储户都是因为个人的疏忽以及对网络认识的不足导致银行信息被盗。要避免损失的话，就必须从我做起，让"网银大盗"无机可乘。将密码设为生日、电话号码等一些易被猜测的数字；在公用的计算机上或网吧登录网上银行，没有及时"退出系统"；在家上网时，喜欢下载没有合法来源的软件，浏览小网站，随意打开陌生人发的邮件附件……殊不知这里面都隐藏着日后盗用其账户和密码的病毒。网络银行用户的安全意识淡薄为"网银大盗"行窃提供了理想的环境。

万变不离其宗。"网银大盗"们的"高科技手段"不外乎两种。

一种是假银行网站链接，直接发送假地址或利用微软 IE 浏览器的漏洞，从而避开网上银行系统的安全认证，用户输入的账号和密码都会被假网站记录下来。对此，银行提醒用户，（转下页）

（1）用户系统

用户系统使用户进行网上交易的环境，在用户系统中可完成认证介质登录、访问网上银行系统等工作。

（2）银行网站

负责银行信息公布和对外宣传，并提供到网银中心的链接。网站是提供给用户的唯一访问站点，用户只需记住网站，无须了解银行内部其他的主机地址。

（3）网银中心

位于银行端，通常包括交易服务器、安全认证加密系统等。交易服务器起到支付网关的作用。在应用层上负责转发用户系统到业务数据中心的通信。交易服务器安装有 SSL 服务器，将客户端发送来的数据进行解密，然后转化成银行业务格式，与数据中心进行交易，同时加密业务数据中心返回的信息并发往客户端。交易服务器还负责检验签名的工作，由于加密解密运算需要耗费系统开销，为提高效率，有些网络银行系统建立了安全认证加密系统，专门用于数据加密和验证数字签名。交易服务器还与 CA 有接口，用于查询用户证书的合法性和有效性。

（4）业务数据中心

业务数据中心是银行的账务中心，保存用户账户的信息。

（5）银行柜台

银行柜台为一银行的营业网点，可收取进行网上银行业务交易。银行柜台进行开户、存取款交易，此时系统与业务数据中心相连；又可与 CA 中心相连，完成用户公私钥对生成和证书颁发、撤销等工作。

（6）CA 中心

CA 中心是一个复杂的系统，负责银行和用户证书颁发、验证、废止和维护等工作。

五、网络银行国内外的发展情况

（一）国外银行发展状况

1985 年，英国出现了第一个全自动化银行——苏格兰哥拉斯哥银行的 TSB 分行。1989 年 10 月，英国米兰银行开创了电话银行业务，出现了世界上第一家电话银行。其后英国又出现了类似巴克莱银行和西敏寺银行等全自动化银行，英国的老合银行还在伦敦的牛津大街创办了未来银行。

1995 年 10 月，全球第一家真正意义上的网络银行美国安全第一网络银行在美国诞生。同年美国花旗银行紧随其后，在互联网上设置了资金站点。1999 年年底，介入网络银行的美国家庭已有大约 600 万户，占美国家庭总数的 5%以上，而 1998 年这个数字约为 380 万户至 430 万户，1 年间增长了约 1.5 倍。而欧洲兴起网络银行后，1999 年英国就关闭了 3000 多家银行分支机构。网络银行发展十分迅速，以美国为例，其发展数量相当迅猛，而且提供的服务品种十分丰富具有特色。例如，美洲银行在网上提供了个人金融服务、企业银行业务、商业银行、社区服务、今日美洲银行、特殊服务等六大项目服务；花旗银行用网络主动营销，只要客户在网络上约定时间、地点，花旗银行都会派人当面进行投资理财分析；美国某些银行已在网上提供投资服务，包括股票买卖、债券经营、互助基金管理等业务。

据 Online Banking Report 的资料，到 1999 年 12 月 5 日，美国共有 512 家提供在线交易服务的网络银行，而 1997 年 5 月 27 日这个数字仅为 26 家。根据艾瑞咨询对 eMarketer 的资料整理显示，美国不同渠道的零售银行业务中，网络银行业务交易量的增长速度最快，2006 年交易量为 118 亿美元，在各种渠道的交易量中是最少的，预计 2008 年网络银行交易量将超过其他渠道达到最多，到 2010 年交易量将快速增长到 310 亿美元。

在欧洲，包括德意志银行、巴莱克银行、国民西敏寺银行等巨头在内的各知名银行纷纷推出网络银行服务，希望凭此与那些刚刚"破壳而出"的网络银行一争高下。据不完全统计，到 1999 年年底，全欧洲超过 2 000 家金融机构开办了网络银行业务，与此前 6 个月的数量相比翻了一番还多。此外，在美国及欧洲，还有一些不具有任何传统商业银行背景的小型公司，也在互联网上推出了没有传统银行营业柜台的所谓虚拟银行，如 CompuBank、SFNB、TeleBank 等，都在为争夺未来的网络金融市场而努力。

（二）国内网络银行发展现状

与发达国家或地区相比，我国网络银行起步较晚，但近年发展较快。目前国内主要商业银行都已经推出网络银行业务，如招商银行、中国工商银行、中国银行、中国建设银行、中国农业银行及其他一些股份制银行都在开发自己的网上金融服务。

中国银行 1996 年建立了自己的网页，成为国内第一家上网银行。目前中国已有 20 多家银行的 200 多个分支机构拥有网址

（接上页）对一些有诱惑性的网站信息不能轻易相信，应该及时打电话与银行相关部门进行核实。不要轻易打开不认识的邮件，尤其是一些可执行文件。还应该定期更换登录密码和交易密码，避免被盗用。

另一种常见手段就是利用木马程序，入侵银行用户的电脑。木马程序一旦发现用户登录银行界面，就记录下其在此期间所有的键盘和鼠标动作，以此窃取客户的信息。安全专家认为，用户应该尽量避免在网吧等公共场所的电脑上使用"网上银行"。对于个人电脑，最好能安装一套带有隐私信息保护的杀毒软件，并经常升级病毒库，随时关注反病毒专业网站的最新病毒消息。使用"网上银行"后，切记点击"退出交易"，以清除电脑数据库中暂存的密码，以充分保证账户安全。

和主页,其中,开展实质性网络银行业务的分支机构达 50 余家,企业与个人客户超过 1 000 万户,网络银行用户已达到 250 万户。

2007 年中国网络银行市场发展十分迅速,交易额规模实现爆发式增长,达 245.8 万亿元,环比增幅高达 163.1%。仍以企业网银为主,其交易额环比增长 157.6%,达 230 万亿元。个人网银的增长态势非常突出,2007 年的交易额规模猛增至 15.8 万亿元,增幅高达 284.6%,翻了两倍多。可见网络银行具有巨大的发展空间,未来网络银行将成为金融业竞争的主要战场。

近年来,我国网络银行的发展较为迅速。互联网的迅速发展,为网上银行市场提供了强大的基础硬件设施和庞大的用户数基础。自 1996 年 6 月中国银行在国内率先设立网站、面向社会提供网络银行服务以来,招商银行、交通银行、工商银行、建设银行、中信实业银行等商业银行也陆续推出了各具特色的网络银行业务,其他一些金融机构也正在推出网络银行的各种新业务。1998 年招商银行"一网通"正式推出成为网上银务服务的起点。虽然网络银行业务起步较晚,但在短短十年中有较大发展,不仅国有银行、股份制商业银行,甚至民营银行都纷纷推出网络银行业务。2001 年 7 月 9 日,中国人民银行发布了《网络银行业务管理暂行办法》。2002 年 4 月 11 日,中国人民银行组织有关部门和专家正式成立"网络银行发展与监管工作组",并讨论《网络银行业务操作系统安全性评估指引》。至此,中国的网络银行业务从自发性为主逐渐纳入了有序发展的轨道。2007 年中国网上银行交易额环比增长 157.6%,达 230 万亿元,占比九成以上。据艾瑞(I-research)统计数据显示,个人网银 2007 年的交易额规模猛增至 15.8 万亿元。增幅高达 284.6%,翻了两倍多。网络银行以其不可替代的比较优势,日益成为银行竞争的新一轮焦点,给我国正迅速发展信息化的商业银行提出了一个具有战略意义的课题。

思考题

1. 目前,人们常用的电子支付工具有哪些?它们各有哪些特点?

2. 网络银行是银行业的一场革命,它带来了怎么的变化?

参 考 文 献

鲍静海，伊成远．2003．商业银行业务经营与管理．北京：人民邮电出版社

北京福来得实用管理培训学校编写组．2004．金融专业知识与实务．北京：华东理工大学
　出版社

陈利荣．2002．金融基础．北京：高等教育出版社

陈元．2007．国际货币市场变化趋势及对策研究．北京：中国财政经济出版社

房燕．2004．金融学概论．北京：机械工业出版社

韩文亮．2007．现代商业银行业务．北京：中国金融出版社

侯志红，阮铮．2007．金融学．北京：经济管理出版社

黄达．2003．金融学．北京：中国人民大学出版社

贾玉革．2006．货币市场结构变迁的效应分析．北京：中国人民大学出版社

康书生，鲍静海．2003．货币银行学．石家庄：河北人民出版社

刘肖原．2007．中央银行学教程．北京：中国人民大学出版社

刘振华．2004．金融专业知识与实务．上海：华东理工大学出版社

潘淑娟．2008．货币银行学．北京：中国财政经济出版社

钱日华．2002．金融概论．北京：中国财政经济出版社

秦艳梅．2002．金融学案例教程．北京：经济科学出版社．

任淮秀．2003．证券投资案例教程．北京：北京大学出版社

王国星．2001．金融基础．北京：中国财政经济出版社

王忠诚．2005．电子商务安全．北京：机械工业出版社

吴国祥，邓路．2007．金融市场学习手册．北京：中国金融出版社

项俊波．2007．现代金融市场知识手册．北京：中国金融出版社

张晓，赵志恒．2006．北京：机械工业出版社

张亦春．1996．金融市场．北京：高等教育出版社

中国高教学会秘书学会组织编写．2005．秘书金融实务．北京：中国建材工业出版社

朱新蓉．2007．金融学．北京：中国金融出版社

国家外汇管理局网站

中国保监会网站

中国工商银行中国网站

中国经济信息网

中国农业银行网站

中国人民银行网站

中国证监会网站

http://www.edusa.com

http://www.worldbank.org.cn